Otto Meltzer

Papst Gregors VII Gesetzgebung und Bestrebungen in Betreff der Bischofswahlen

Leipzig, Priber 1869

Otto Meltzer

Papst Gregors VII Gesetzgebung und Bestrebungen in Betreff der Bischofswahlen
Leipzig, Priber 1869

ISBN/EAN: 9783743336186

Hergestellt in Europa, USA, Kanada, Australien, Japan

Cover: Foto ©ninafisch / pixelio.de

Manufactured and distributed by brebook publishing software
(www.brebook.com)

Otto Meltzer

Papst Gregors VII Gesetzgebung und Bestrebungen in Betreff der Bischofswahlen

Papst Gregors VII.

Gesetzgebung und Bestrebungen in Betreff der Bischofswahlen.

Von

Dr. ph. Otto Meltzer.

Leipzig, 1869.

Verlag von M. G. Priber.

Vorwort.

Die vorliegende Abhandlung erhebt von vornherein auf keinen andern Werth Anspruch, als auf denjenigen einer Vorarbeit. Genügt sie den Anforderungen, welche man an eine solche zu stellen hat, fördert sie in dieser Eigenschaft nur irgendwie die geschichtliche Erkenntniß, so hat sie das Höchstmögliche erreicht.

Durch äußere Umstände auf die Untersuchung der Frage geführt, welche dieser Arbeit den Titel gibt, setzte d. V., auch als die beregten Anlässe längst nicht mehr vorhanden waren, jene mit Liebe fort. Endlich einmal glaubte er doch einen Theil dessen, was sich ihm ergeben, der öffentlichen Kenntnißnahme und Beurtheilung vorlegen zu sollen; er sieht der letzteren entgegen, und wird dieselbe um so freudiger begrüßen, je rückhaltsloser sie auf Grund besserer Erkenntniß seine Fehler treffen wird.

Es wird ohne Zweifel sofort von verschiedenen Seiten nicht ohne Verwunderung die Frage aufgeworfen werden, warum d. V. den Kreis seiner Untersuchung in der vorliegenden Weise beschränkt habe; und namentlich dürfte der Umstand Befremden erregen, daß nicht entweder der ganze sogenannte Investiturstreit behandelt, oder wenigstens von vornherein die Arbeit als ein

Beitrag zur Geschichte des letzteren charakterisirt worden ist. Beides lag allerdings nicht in der Absicht des Verfassers; und warum dies nicht der Fall war, sei ihm gestattet in wenigen Worten zum mindesten anzudeuten.

So sonderbar vielleicht Manchem auf den ersten Blick diese Ansicht erscheinen mag: d. V. ist — wie er versichern kann, auf Grund gewiß nicht unzureichender Kenntniß der Quellen — zu der Ueberzeugung gelangt, daß der sogenannte große Investiturstreit als solcher, und namentlich in dem Sinne, welcher diesem Ausdruck in der Regel beigelegt wird, überhaupt nicht existirt. Denn nicht als geschlossene Einheit darf man einen Kampf zusammenfassen und nicht so ihn nennen, der, um ganz andere und ungleich höhere Ziele entbrannt, erst mit der zunehmenden Abschwächung aller Kräfte und Interessen, mit der Verflachung der Ideen, welche die wachsende Ausdehnung nach Zeit und Zahl der Kämpfenden bedingte, jenen Charakter annahm, einen Kampf, der in seinen letzten Zielen mit jedem Wechsel der leitenden Person auf der einen Seite, nach Maßgabe der gegebenen Organisation der letzteren, allemal von Neuem fundamentale Aenderungen erlitt. Wer auch immer die Geschichte jenes Streits genauer verfolgt hat, wird ähnlichen Bedenken haben Platz geben müssen, wird dem Verf. in der Meinung beistimmen, daß die entgegengesetzte Ansicht kaum hätte Platz greifen können, wenn nicht das lange Regiment der leitenden Person auf der andern Seite einen rein äußerlichen Grund dazu hergegeben hätte, wenn nicht eine Zeit, die dem Verständniß der beregten Periode noch ziemlich fern stand, sich hätte fälschlicherweise dazu verführen lassen durch das schon sehr früh vorhandene Bestreben der einen unter beiden Parteien, zu Gunsten der sittlichen Beurtheilung ihrer Absichten ihre Ziele in einem andern Lichte darzustellen, wie durch den Umstand, daß die andere in Verkennung des wahren Sachverhalts gerade den einen untergeordneten Anlaß des Streites eine Zeit lang in erster Reihe zu betonen gewohnt war. Beharre man aber auch auf der gegentheiligen Ansicht, so wird trotzdem feststehen müssen, daß zu einer gründlichen Erkenntniß der Geschichte jenes Kampfes erst dann zu gelangen sein wird, wenn derselbe zuvor nach seinen einzelnen Phasen, die in ihrer wesentlichen Verschiedenheit nun einmal nicht wegzuläugnen sind, und nach seinen gesammten einzelnen Gliedern kritisch beleuchtet worden ist; und soll sein Product in dieser Richtung verwerthet werden, so hat d. V. Nichts dagegen einzuwenden, so wenig auch in letzter Instanz diese Absicht seine Entschlüsse bestimmte. Er ging von der Meinung aus, daß es wohl an der Zeit sei, eine allseitig vollständige, bis in die Einzelheiten urkundlich festgestellte und in dieser Eigenschaft nach unsern Kräften abschließende Biographie und Würdigung Gregors VII. ins Auge zu fassen — eine Aufgabe, deren Lösung freilich weit kundigeren Händen, als die seinigen sind, überlassen werden muß —, daß aber eine solche so lange unmöglich sein wird, daß wir so lange zwischen den verschiedensten, anscheinend gleich gut begründeten Ansichten über die Thätigkeit und die Ziele jenes Mannes uns werden hin- und herbewegen müssen, als nicht alle einzelnen wesentlichen Bestandtheile derselben zunächst gesondert für sich, aber in ihrem thatsächlichen Zusammenhang unter einander, der speciellen, unparteiischen Untersuchung unterzogen worden sind, so lange, als nicht der nur zu oft beliebten Weise zuvorgekommen worden ist, nach einzelnen, willkürlich ausgewählten Merkmalen das geforderte Bild entwerfen zu wollen. Die letztere ist eben der Grund des gegenwärtigen Zustandes der Erkenntniß, soweit sie wenigstens in weiteren Kreisen verbreitet ist, und bedingt seine unveränderte Fortdauer, indem sie der falschen

Meinung eben so viele Stützen darbietet, als sie der wahren zur sichern Begründung wenige gewährt. Sind dagegen die Bestrebungen des Papstes wenigstens in ihren hauptsächlichsten Beziehungen in einer Weise behandelt, wie sie in der vorliegenden Abhandlung freilich sicher nicht von fern erreicht, sondern nur mit gutem Willen angestrebt wurde, dann wird das Gesammtbild entworfen werden können, dann wird es anerkannt werden müssen eben auf Grund der Art seiner Entstehung.

Die Frage über Gregors VII. Gesetzgebung und Bestrebungen in Betreff der Bischofswahlen bot sich in erster Reihe zu einer derartigen Untersuchung als eine solche dar, die wegen ihrer relativen, und unter dieser Beschränkung allerdings bedeutenden, Wichtigkeit, wie wegen ihrer weitreichenden Beziehungen eine Inangriffnahme unter dem genannten Gesichtspunkte zuerst verdiente und — insoweit steht wohl dem Verfasser das Urtheil zu, welches ihm über den Werth seiner Behandlung selbst abgeht — lohnte. Sie wurde in Betracht gezogen in möglichst strenger Absonderung von allem nicht unmittelbar dazu Gehörigen, soweit dies eben bei der großen Schwierigkeit der Sache möglich war, ohne daß natürlich das Vorhandensein von Ueberschreitungen der Grenze nach dieser oder jener Seite hin in Abrede gestellt werden soll. Gänzlich ausgeschlossen wurde die Frage über die Erhebung der Würdenträger innerhalb der Klostergeistlichkeit, die, auf durchaus verschiedenen Grundlagen beruhend, unter ganz andere Gesichtspunkte fällt. Schon insofern dieses Glied des kirchlichen Organismus an äußerer Wichtigkeit jenem andern bei Weitem nachsteht, insofern bei der Stellung der Klöster zum Papstthum auf Bestrebungen wesentlich umgestaltender Natur über diejenige nach möglichst allgemeiner Exemtion von der bischöflichen Gewalt, wie nach der Befreiung vom Lehnsverband, die anderweit hinreichend klar gelegt werden wird, hinaus von vornherein verzichtet werden durfte: — schon deßwegen hielt d. V. sich zu diesem Verfahren verbunden.

Hauptquelle war natürlich das gregorianische Registrum. Vielleicht wurde im Verlauf der Untersuchung hier und da zu sehr auf eine allgemeine Verbreitung seiner Kenntniß gerechnet; indeß würde dies ein Fehler sein, dem sich von Seiten der Betroffenen durch Kenntnißnahme von jenem sofort in leichtester Weise abhelfen ließe, — und Nichts lag dem Verfasser mehr fern, als Hirngespinnste für quellenmäßige Geschichte ausgeben zu wollen. In Betreff der Entstehung des Registrum und des Zwecks seiner Veröffentlichung stimmt er Wort für Wort dem bei, was von Jaffé in der Einleitung zu seiner Ausgabe desselben aufgestellt worden ist. Konnte des hochverdienten Mannes Vermuthung — denn dies bleibt sie trotz aller Wahrscheinlichkeit doch immerhin — nicht für jeden einzelnen Fall berücksichtigt und zu den geeigneten Schlußfolgerungen benutzt werden, so erscheint es um so angemessener, hier für die Gesammtheit darauf hinzuweisen und ihre fortwährende Erwägung zu empfehlen, die allerdings nur neue Bestätigung der gefundenen Ergebnisse wird gewähren können. Auf Giesebrechts Frage, ob wohl bei der Auswahl der Stücke mehr der kirchenrechtliche oder der historische Gesichtspunkt vorgeherrscht habe, meint d. V. nach sorgfältiger Erwägung aller einschlagenden Verhältnisse an diesem Orte nebenbei die Antwort geben zu dürfen, die freilich hier sich nicht weiter ausführen läßt, daß entschieden das Letztere der Fall gewesen sei; im Uebrigen sieht er sich nach dem Trefflichen, was Giesebrecht (de Gregorii VII. registro emendando, Braunschw. 1858) und Jaffé (in seiner Ausgabe, bibliotheca rerum Germanicarum, tom. II: monumenta Gregoriana, Berlin 1865, nach welcher alle Anführungen gemacht sind) für das Registrum geleistet haben, jeder weitern Bemerkung in Bezug darauf überhoben. Die Art seiner Benutzung desselben aber wird jedenfalls aus der folgenden Abhandlung selbst am besten hervorgehen. Daneben besitzen die übrigen Quellen insgesammt nur einen mehr oder weniger subsidiären Werth: was über sie zu bemerken sein dürfte, wird in jedem einzelnen Falle beigebracht werden.

Die neuere Literatur über Gregor VII. und sein Zeitalter wurde in möglichster Vollständigkeit zu Rathe gezogen. Sehr bald ergab sich hier zunächst die Beschränkung, daß diejenige des vorigen Jahrhunderts — um so eine ungefähre, äußerliche Grenze zu ziehen — von der Betrachtung und weiteren Rücksichtnahme überhaupt auszuschließen sei. Sie stand dem Verf. in sehr reichem Maße zu Gebote: — allein jemehr derselbe aus ihr für die Geschichte des vorigen Jahrhunderts gelernt hat, desto weniger kann der größte Theil für jene des 11. Jahrhunderts in Betracht kommen; und auch die wirklich tüchtigen Arbeiten jener Zeit, wie z. B. die von Mascov und Dithmar, sind jetzt mehr oder weniger veraltet, beziehentlich durch die nicht unerhebliche Vermehrung des Quellenmaterials unvollständig geworden. Um so größer war der Aufschwung, den nach Begründung der neuen Epoche durch Joh. Voigt (Hildebrand als Papst Gregor VII. u. s. Zeitalter, 1. Aufl., Halle 1815) mit Stenzels glänzender, in Einzelheiten zwar seitdem vielfach berichtigter, in ihrer Gesammtheit jedoch bis heute wohl noch nicht übertroffener „Geschichte Deutschlands unter den fränkischen Kaisern“ (2 Bde., Leipzig, 1827. 28) die Geschichtschreibung jener Zeit nahm; und rüstig hat die Folgezeit an dem Begonnenen fortgearbeitet. Was aus dem weiten Umfange dieser Litteratur hervorzuheben ist, was d. V. im Besonderen ihr verdankt, wird an den einschlagenden Stellen verzeichnet werden. Wenn die Zahl der Letzteren im Verhältniß zu jenem Umfange vielleicht gering erscheint, so hat dies seinen Grund in dem Umstand, daß überall fast nur die allgemeineren Belange in zusammenhängender Weise ihre Behandlung gefunden haben, und daß ebenso ein Eingehen auf einzelne Behauptungen, die nicht auf ausgesprochener Specialforschung beruhen, als eine durchgängige polemische Behandlung von gelegentlichen Beobachtungen jener Art nach allen Seiten hin als mißlich erschien. Ueberhaupt wurden für allgemein feststehende Thatsachen Anführungen jeder Art vermieden. Sollten solche jedoch irgendwo an nothwendiger Stelle übergangen sein, so bittet d. V., ihm dies nur als ein Versäumniß anzurechnen, welches vielleicht auf einer allzu ängstlichen Beobachtung des angedeuteten Grundsatzes beruht, dem aber nirgends auch nur der geringste böse Wille gegenüber fremdem Verdienste zu Grunde lag.

Die Zahl der speciellen Hülfsmittel reducirte sich, da Staudenmaiers „Geschichte der Bischofswahlen, mit besonderer Berücksichtigung der Rechte und des Einflusses christlicher Fürsten auf dieselbe“ (Tübingen 1830) alsbald als unbrauchbar sich erwies, auf die in den Jahrbüchern der hist. Klasse der k. Akademie der Wissenschaften zu München v. J. 1866 enthaltene Abhandlung Giesebrechts „Die Gesetzgebung der römischen Kirche zur Zeit Gregors VII.“, welche zu den einschlagenden Stellen seiner „Geschichte der deutschen Kaiserzeit“ die willkommenste Ergänzung bietet. Beide letztere hat d. V. gewissenhaft und allseitig benutzt, und glaubt diese Worte nicht würdiger abschließen zu können, als mit dem lebhaftesten Danke für die viele Förderung, welche er durch dieselben gefunden.

Dresden, im October 1868.

Inhaltsübersicht.

Einleitung.

Das bischöfliche Amt im Sinne der Kirche leitete sich unmittelbar von den Aposteln Jesu Christi her. Er hatte sie, sie hatten ihre Jünger und Nachfolger auserwählt, und in verschiedener Weise, entsprechend den uranfänglichen Verhältnissen der Kirche, waren dieselben Hirten und geistliche Häupter der Gemeinden geworden. In den heiligen Schriften fand sich keine irgendwie ausreichende, bestimmte Anweisung in Betreff des Verfahrens, welches man bei der Neubesetzung erledigter Hirtenämter einzuhalten habe. Indeß es bildete sich aus dem Wesen der Gemeinde selbst heraus, und in Gemäßheit der Bedeutung des Amts ebensowohl als der Stellung der Kirche, bald ein solches, welches allen Bedürfnissen und Anforderungen zu entsprechen und in dieser seiner Beschaffenheit ganz die Zukunft für sich zu gewinnen geeignet war. War ein Bischofssitz erledigt, so trat die Gemeinde, Geistlichkeit und Laienschaft, der verwaisten Kirche unter der persönlichen Leitung und Aufsicht der benachbarten Bischöfe zusammen und erkor — zunächst, wenn möglich, aus ihrer eigenen Mitte — im Einverständniß unter einander, sowie mit Jenen, in freier Wahl dem Dahingeschiedenen einen Nachfolger, der den Anforderungen, welche man an die persönlichen Eigenschaften eines Bischofs machen zu müssen glaubte, genügte und dann, um der vollen bischöflichen Würde theilhaftig zu werden, von eben jenen, seinen künftigen Amtsgenossen, die Weihe erhielt.

Durchgreifende Veränderungen machten sich im Laufe der Zeit in der ganzen Verfassung und Stellung der Kirche überhaupt geltend, und am wenigsten hätte im Einzelnen die Art und Weise jener so bedeutungsvollen Handlung davon unberührt bleiben können. So namentlich, um unwesentlicher Einzelheiten nicht zu gedenken, ging mit dem Aufkommen der Metropolitanverfassung das Recht der Leitung und Bestätigung der Wahl, sowie dasjenige der Weihe, in der Hauptsache auf die Metropoliten über, wurde das Wahlrecht der Laien innerlich und äußerlich mehr und mehr beschränkt, ja ging denselben in der morgenländischen Kirche schließlich ganz verloren, während in seinem Bereich der römische Bischof mit der allmäligen Ausdehnung seines Einflusses zunächst auch auf die Erhebung der Metropoliten einen solchen zu erreichen wußte, wie er die Meinung, daß er selbst auf Erden der alleinige Ausfluß jeder geistlichen Würde sei, in Anregung und nach und nach zum Durchbruch brachte. Allein nicht minder galt eben jene Weise, wie sie durch die Beschlüsse uralter Kirchenversammlungen, durch die Aussprüche der Väter der Kirche festgestellt und geheiligt war, innerhalb der abendländischen Kirche auch fernerhin durchaus als die einzig rechte, wahre, schriftgemäße, kurz als die kanonische. Sie behauptete immer, zum mindesten theoretisch und je nach den Zeitverhältnissen mehr oder weniger allgemein, das Ansehen, welches den ersten Zeiten der Kirche mit ihren Zuständen beigemessen wurde, mochte nun die betreffende Anschauung auf ächter oder auf falscher Ueberlieferung beruhen; sie war der Maßstab, der an jede einzelne Handlung oder Meinung auf diesem Gebiete angelegt zu werden verlangte und angelegt wurde von Allen, welche über die unmittelbare Gegenwart hinaus zu allgemeineren Betrachtungen und Bestrebungen sich erhoben. Das entscheidende Merkmal war und blieb vor Allem die freie, lautere Wahl des Bischofs durch Klerus und Laien der betreffenden Kirche, seine künftigen geistlichen Untergebenen, sodann die Bestätigung und Weihe durch die zuständigen Oberen und Amtsgenossen.

Ganz anders freilich war die Weise, welche uns gegen die Mitte des 11. Jahrhunderts allgemein entgegentritt.

Seitdem die Kirche aus ihrer völlig selbstständigen Stellung heraus als Staatskirche in das engste Verhältniß zum Staate getreten war, konnte es bei dem gewaltigen Einflusse, welchen sie in dieser Eigenschaft, über ihre ursprünglichen Ziele hinweg, auf alle Gebiete des Lebens ausübte und immer zu vergrößern suchte, den Machthabern des Staates unmöglich gleichgültig sein, wer das wichtige Amt eines Bischofs in den Händen habe. Durchgehends hatten sie, wenn auch in äußerlich verschiedener Weise, eine bestimmende Einwirkung sowohl auf die Führung desselben, als auch insbesondere auf die Art der Gelangung zu ihm geltend gemacht, in ihren Ansprüchen unterstützt durch die Analogie des von der Kirche im Interesse der Ausbreitung und Sicherung des Christenthums in Betreff der niederen geistlichen Stellen anerkannten Patronatsrechtes; in mannigfacher Form, vom bloßen Wunsch bis zur gewaltsamen Einsetzung, gab sich ihr Wille kund. Die Kirche, im Hinblick auf die gegentheiligen Bestimmungen und überhaupt auf die angeblichen Zustände der alten Zeit, protestirte wohl in manchen Fällen dagegen und setzte ihren Widerspruch hier und da durch, in den allermeisten aber ließ sie stillschweigend geschehen, was factisch nicht zu ändern, den gegebenen Verhältnissen nach ganz natürlich, und eben infolge dessen in der Erkenntniß der großen Menge als unrecht noch nicht durchgedrungen war. Am wenigsten wäre bis gegen die Mitte des 9. Jahrhunderts die Stellung des römischen Papstes angemessen dazu gewesen, eine grundsätzlich betriebene Opposition gegen jenes Verfahren in die Hand zu nehmen: selbst später noch finden wir derartige Besetzungen von Bisthümern ausdrücklich von Rom anerkannt. In der Hand der Fürsten lag die Macht zu der gewünschten Umgestaltung; aber auch hier dauerten die Bemühungen und Gesetze von Männern, wie Karl der Große und Ludwig der Fromme, nicht über ihren Tod hinaus. Es bestand die Gewohnheit fort, beziehentlich in Verbindung damit das von der Kirche geforderte Verfahren, das denn doch auch in nicht geringen Fällen zur Geltung, in fast allen wenigstens zur Anwendung kam, — zum mindesten nicht ein Princip konnte man das nennen, was gegenüber stand. Ein solches konnte es erst werden, als im Verlaufe der weitern Entwickelung ein neues Moment hinzutrat, welches, als ein in noch bei weitem höherem Grade fremdes und im inneren Widerspruch mit dem ursprünglichen Wesen der Kirche stehendes, sie noch viel mehr von den ihrer ersten Anlage nach ihr vorgezeichneten Bahnen abdrängen mußte, und denn auch, getragen von dem unwiderstehlichen Zug der äußern Entwicklung und der ihm entsprechenden Richtung der Anschauungen, nicht verfehlt hatte, seine Wirkung zu äußern.

Indem die Kirche begann, weltliche Güter, namentlich liegende Gründe mit ihrem Zubehör und dem Anspruch auf Ausübung der Landeshoheit über sie nach Maßgabe der bestehenden staatlichen Verhältnisse, in ihren Besitz zu nehmen, übernahm sie zugleich, zu den aus ihrer bisherigen Stellung bereits erwachsenen hinzu, alle diejenigen Verpflichtungen gegen den Staat, welche auf dieser Art des Besitzes hafteten.*) Schon

---

*) Wie jene Zeit über den weltlichen Besitz der Kirche dachte, werden wir noch oft genug zu erwähnen und in seinen Consequenzen auszufüh-

für die früheren, soeben angedeuteten Zustände war dies von hervorragender Bedeutung gewesen. Wenn nun aber der Staat sich immer mehr und mehr, und namentlich in der Zeit, in welcher jene Erwerbungen hauptsächlich gemacht wurden, in den Rahmen des Lehnswesens einfügte, wenn nach der relativen Vollendung dieses Processes — soweit sie im Einzelnen je nach den Umständen möglich war — der größte Theil alles Besitzes, aller Aemter als Lehn erschien, besonders jeder neu erworbene zu einem solchen wurde: so mußte auch auf die Erlangung der geistlichen Würden, mit welchen Lehnbesitz verbunden war — mithin aller Bisthümer —, der Wille des Lehnsherrn einen entscheidenden, und zwar im Unterschied von dem obigen, systematisch und principiell den entscheidenden Einfluß gewinnen. Nur um so gewichtiger mußte derselbe sein, je mehr die Kirche weltlichen Besitz als nothwendig und von ihrem Wesen unzertrennlich betrachtete.

ren haben. Ansicht und Consequenz sind beiderseits richtig — und nur von hier aus wäre eine vernunftgemäße Lösung der schwebenden Frage möglich gewesen — in dem Vertrage Heinrichs V. und Paschalis II. v. J. 1111; — wohl der einzige Fall, in welchem man überhaupt auf diesen Gedanken kam. Doch liegt derselbe außerhalb unserer Betrachtung. Für diese Stelle ist es interessant darauf hinzuweisen, wie mit der obigen Ausführung und dem Grundgedanken des genannten Vertrages in dem einen Hauptpunkte Deusdebit (S. Anselmi Luc. contra Guibert. pro defens. Greg. VII. lib. II. bei Roccaberti, biblioth. max. pontif. t. IV., p. 46 B) in seiner Herleitung der „Simonie" genau zusammentrifft. Auch ein Ausspruch Gregors selbst läßt sich sehr wohl in dieser Beziehung verstehen; es sind die Worte des reg. VII., 11: Denique non tantum saecularibus oneri videtur inopia, quantum spirituales viros gravant divitiae, simul etiam diffusa potestas. Er selbst freilich war keinesfalls gewillt, diesem Ausspruch gemäß, dem andere von ihm in großer Zahl entgegenstehen, zu handeln; hier thut er ihn nur, um die desto größere Verantwortlichkeit der Betreffenden zugleich für das Seelenheil so vieler Menschen in das rechte Licht zu stellen.

Seit längerer Zeit hatte um die Mitte des 11. Jahrhunderts diese Entwicklung ihren naturgemäßen Verlauf beendet und war an dem ihr vorgezeichneten Abschluß angelangt. Als hochwichtige Glieder aller politischen Staatsverbände standen die höhern geistlichen Würdenträger da. Zugleich aber auch waren ihre Würden, will man die Sache mit einem Worte bezeichnen, zu Lehen geworden; als solche wurden sie durch die Investitur mit Ring und Stab, den sinnbildlichen Abzeichen des bischöflichen Amtes, vergeben, wie weltliche Lehen unter andern ihnen entsprechenden. Die freie kanonische Wahl hatte nur noch auf Grund besonderer Privilegien, kraft welcher sie ausdrücklich gewissen Kirchen nachgelassen war, oder der persönlichen Vergünstigung für den einzelnen Fall Geltung. Denn wenn zwar das Wesen jener Belehnung an sich nur darin bestand, und man recht wohl hätte darauf zurückgehen können, daß durch sie der Lehnsherr einem kanonisch gewählten Prälaten den weltlichen Besitz seiner künftigen Kirche zum herkömmlichen Gebrauche übergab, so mußten doch schon von selbst die bereits in anderer Verbindung angedeuteten Erwägungen dieselbe sehr bald als die Hauptsache erscheinen lassen, ohne welche an eine wirkliche Uebernahme des Amts gar nicht zu denken sei, während das kanonische Wahlverfahren ihr gegenüber an Bedeutung allgemach verlor und zuletzt ganz wegfallen konnte.

Es kann hier nicht unsere Aufgabe sein, alle einzelnen Arten der Besetzung von Bisthümern, welche in diesem Sinne zum Vorschein kamen, an- und auszuführen. Bald erfolgte eine kanonische Wahl und der Lehnsherr belehnte den präsentirten Kandidaten, oder es stellten ihm die Wähler, unter Verzicht auf ihr Recht, die Ernennung eines Nachfolgers durch Ertheilung der Investitur anheim; bald erfolgte eine solche von Seite des Lehnsherrn, ohne eine Präsentation abzuwarten oder selbst im Widerspruch mit ihr; — und wenn in den erstgenannten Fällen beide Factoren in einer den Verhältnissen nach wohlberechtigten und ihrer ursprünglichen Bedeutung noch ziemlich nahestehenden Weise sich geltend machten, so war hier das Wahlrecht der Gemeinde selbst im günstigsten Falle, dem nämlich, daß es etwa noch in Gestalt einer nachträglichen Beistimmung auftrat, zur bedeutungslosen Form geworden; — bald war überhaupt schon die Vornahme einer Wahl, die dann in ihren Ergebnissen außerdem noch allen den angegebenen Bedingungen unterworfen war, an die Erlaubniß des Lehnsherrn geknüpft. Auf jeden Fall folgte erst nach Erlangung der Investitur, gewöhnlich auf Befehl des Lehnsherrn, die Weihe*), die jetzt nicht minder insofern, als in ihr ursprünglich das Bestätigungsrecht des Metropoliten zur Geltung kommen sollte, ihre Bedeutung so gut wie gänzlich verloren hatte, folgte erst dann die wirkliche Uebernahme und Ausübung der Amtsgewalt. Diese Weise galt jetzt — so hatte es das Naturgemäße ihrer Entwicklung ebenso sehr, als dann weiterhin schon das längere Herkommen sammt seiner Macht über die ganze Denk- und Anschauungsweise des Mittelalters mit sich gebracht — allgemein als eine unanstößige, natürliche, gesetzmäßige. Als solche wurde sie von den weltlichen Fürsten ausgeübt, von der überwiegenden Mehrzahl der Laien sowohl, als der Geistlichen, bis hinauf zum Haupte der abendländischen Christenheit, anerkannt. Mehr als ein Papst heiligte sie durch seine Autorität, sowohl in Gestalt der Bestätigung im einzelnen Falle,

*) Bei derselben wurden dem zu Weihenden Ring und Stab, natürlich nur in ihrer geistlichen Bedeutung, nochmals übergeben, — ein Punkt, dessen Beachtung für die Geschichte und Beurtheilung des Investiturstreits von Wichtigkeit ist.

als auch der ausdrücklichen Verleihung des Rechts an weltliche Fürsten insgemein.*)

Die Kirche an sich hatte gleicherweise in ihrem Innern einer Entwicklung und fortschreitenden Veränderung sich nicht entziehen können. Wir haben hier deren Gründe und Verlauf nicht darzulegen; nur das haben wir festzuhalten, daß auch im Allgemeinen als Ideal und Maßstab für alle diejenigen, welche in Wahrheit die Bedingungen des Heils der Menschheit erfaßt zu haben meinten, die Zustände der Urzeit des Christenthums feststanden, wie man sie eben auf Grund der vorhandenen geschichtlichen Erkenntniß betrachtete. Und davon allerdings war die Kirche, die freilich auch dieses Ideal in Wirklichkeit nie erreicht gehabt hatte, in jener Zeit weit genug entfernt. Die endlosen Wirren, welche die Neugestaltung des europäischen Staatensystems mit sich brachte und in welche jene durch ihren weltlichen Besitz noch mehr verwickelt war, als dies sonst der Fall gewesen sein würde, hatten ganz besonders vieles Mißbräuchliche hervorgerufen, was sofort die Angriffe einer etwaigen Gegenbewegung auf sich ziehen mußte. War zwar die lehenmäßige Ertheilung kirchlicher Würden an Laien glücklich beseitigt, so waren doch mindestens nicht wenige unter den Prälaten noch viel zu sehr in die Welthändel verwickelt, um den Anforderungen ihres Amtes wahrhaft genügen zu können. Die kirchliche Zucht, der kirchliche Verband war überall gelockert, wenn nicht aufgehoben,

---

*) Die Privilegien Leo's VIII. an Otto I. und Clemens II. an Heinrich III. sind es, an welche bei den letzten Worten gedacht worden ist. Gegen ihre Aechtheit kann ein durchschlagender Zweifel kaum erhoben werden. Die des ersteren hätte Floß (Leonis p. VIII. privil. de invest. Ottoni I. concessum etc. Freiburg i. Br. 1858) meines Erachtens durch zahlreichere und stärkere Gründe noch erheblich unterstützen können. Für das letztere vgl. Jaffé, reg. pont. Rom. a. 1046 S. 364.

auf Anderes, als ihre Pflicht, der meisten Kirchendiener Sinn gerichtet; und wie, so lange diese Zustände dauerten, an die von streng kirchlicher Seite nach der althergebrachten Anschauung immer in Aussicht genommene Aufhebung des ehelichen Lebens der Weltpriester, um von wirklichen Lastern zu schweigen, nicht gedacht werden konnte, so waren die Verhältnisse gleich ungünstig der Ausrottung der schon so lange bekämpften Simonie. Mit Macht wirkte sie innerhalb der Kirche, wie in ihren Beziehungen zur weltlichen Gewalt. Und gerade die beiden letzten Punkte waren es, auf welche sich die Opposition bald vorzugsweise und mit unglaublicher Betriebsamkeit warf, von welchen aus sie eine früher nicht abzusehende Umwälzung in den Gemüthern und in den äußeren Verhältnissen zu ihren Gunsten hervorrief.

Mit dem Namen der Simonie bezeichnete man, im ursprünglichen und eigentlichen Sinne, den Erwerb oder die Ertheilung geistlicher Weihen, Würden oder Aemter um Geld oder Geldeswerth. Nicht ein neues Uebel konnte man sie nennen: sie war fast so alt, als das Christenthum selbst, und soweit wir zurückgehen können, finden wir bereits allerwärts Beschlüsse, Ermahnungen, Verordnungen gegen dieselbe von Kirchenversammlungen, den heiligen Vätern, den Päpsten gerichtet. Es dürfte sehr schwer sein, die oft gehörte Behauptung zu beweisen, daß die von uns ins Auge gefaßte Zeit reicher an Fällen von wirklicher Simonie gewesen sei, als die frühere. Aber allerdings war bis zu einem gewissen Grade das Bewußtsein von der Unrechtmäßigkeit derselben im Sinne der Kirche geschwunden; und je mehr Umfang und Hitze des an diesem Begriff sich entspinnenden Kampfs wuchsen, desto mehr drehte er sich um Dinge, die zwar ebenfalls mit dem Namen der Simonie belegt wurden und auf die ganze Zeit ein dem entsprechendes Licht warfen, deren Verwandtschaft mit der wirklichen und eigentlichen Simonie aber nur durch sehr spitzfindige und zweideutige Deductionen sich herleiten ließ.

Soweit Simonie innerhalb der Geistlichkeit selbst stattfand, indem von den Bischöfen oder andern höhern Würdenträgern die von ihnen zu ertheilenden Weihen und Aemter gegen Entgelt vergeben wurden, mochte sie vielfach ihren natürlichen und, wenn wir billig urtheilen wollen, wenigstens principiell nicht geradezu verwerflichen ersten Grund in der Entrichtung bestimmter, an jene Ertheilung geknüpfter Taxen von Seiten der Empfänger haben. Gewiß würde es ebenso von vornherein verkehrt sein, als der geschichtlichen Ueberlieferung widersprechen, wenn man jeden Simonisten als solchen für einen schlechten, unwürdigen Geistlichen halten wollte: — gewiß aber auch war diese Art und Weise der Erhebung eine der Natur der Sache und den Aufgaben der Kirche für ihre Zeit nicht gerade angemessene, die schlechteste, um das Eindringen Unwürdiger zu verhüten. Und gerade sie überschritt allerdings sehr bald, von der Habsucht der höhern Würdenträger ausgebeutet, die Schranken der Duldung, seitdem sie anfing, von denselben wie zur Beschaffung eines Ersatzes für das von ihnen selbst bei der Erlangung ihres Amtes an weltliche Fürsten Erlegte betrieben zu werden. War nun diese letztere Art der Ausübung der Simonie an sich ebenso alt, als der Einfluß der Fürsten auf die Besetzung der höhern geistlichen Würden überhaupt, so mußte sie durch das Zusammentreffen der Umstände gegen die Mitte des 11. Jahrhunderts hin mehr als je Anstoß erregen; denn wie die damalige Weise der Geltendmachung dieses Einflusses sich von der früheren unterschied, so war man jetzt auf dem besten Wege, gegenüber jenen, obschon kaum weniger zahlreichen, doch ihrem Wesen nach immer je für sich vereinzelten und mehr auf jeweiligen persönlichen Interessen beruhenden Vorkommnissen, das als solches erkannte Uebel eine, um diesen Ausdruck zu gebrauchen, gattungsmäßige, systematische Form annehmen zu sehen. Sicherlich schloß auch ein äußerlich vollständiges kanonisches Wahlverfahren, wie überhaupt ein jedes, verwerfliche Einwirkungen auf die Wähler von außen her nicht aus, am wenigsten in einer Zeit, wie jene war, wo das Wirken wahrhaft sittlicher Ideen nur an sehr wenigen Höherstehenden wahrzunehmen ist; es liegt zu Tage, wie leicht bei Ehrgeizigen gegenüber einem Fürsten jener ältern Staatenbildung oder seinen Berathern der Gedanke an den Versuch einer Bestechung entstehen konnte. Im nunmehrigen Lehnsstaate mußte Derartiges durch die Stellung der geistlichen Würden innerhalb desselben geradezu an die Hand gegeben erscheinen.*) War es nämlich — so wie wir es überall auf den niedern Kulturstufen finden — überhaupt Sitte, daß man des Herrschers Majestät, zumal wenn es galt, eine Bitte auszusprechen, nicht ohne Geschenke nahte, und daß namentlich ein zu belehnender Vasall gleichsam als vorläufiges Aequivalent des zu empfangenden Beneficiums oder als Versicherung seiner Bereitwilligkeit zur Erfüllung der zu übernehmenden Pflichten eine gewisse Gabe darbrachte, so konnte es im Anschluß daran nicht ausbleiben, daß aus solchen Gaben erwählter Prälaten, welche die Belehnung suchten, ein Mittel für alle diejenigen wurde, welche überhaupt, sei es nach vorhergegangener Wahl oder nicht, ein höheres geistliches Amt eben durch den entscheidenden Act der Belehnung zu erwerben gedachten. Um so mehr konnte dies um sich greifen, je mehr bei der in der Natur des Lehns-

---

*) In vorzüglicher Weise handelt darüber vor Andern Stenzel, Gesch. Deutschl. unter d. fränk. Kaisern, I., S. 108 f.

staats begründeten, immer größeren Abnahme der Krongüter und bei den fortwährenden Kriegen, ja selbst für viele Fälle bei dem Mangel an baaren Werthzeichen derartige Zuschüsse den Lehnsherrn willkommen sein mußten. Und waren die letzteren selbst solchen Einwirkungen unzugänglich, so ließ durch jenes Mittel, wie früher, immerhin noch dasselbe sich erreichen, so lange es auf Personen angewendet werden konnte, welche einen bestimmenden Einfluß auf sie auszuüben im Stande waren und diese Art des Gewinns nicht scheuten.

Von verschiedenen Seiten aus und nach verschiedenen Richtungen hin begann nun um eben jene Zeit, schon lange und sorgfältig im engern Kreise vorbereitet, jetzt durch die Weltlage plötzlich zu allgemeinerer Bedeutung erhoben, ein gewaltiger Ansturm gegen dieses ganze Wesen der Kirche, ein Drängen von ihm ab nach dem durch die Ueberlieferung vorgezeichneten Ideale.

Wir müssen es Jedem überlassen, vom heutigen Standpunkte der Erkenntniß aus nach Maßgabe seiner Auffassung der letzten Zwecke des Menschengeschlechts den Werth jener Zustände zu beurtheilen, — zu beurtheilen, ob und inwieweit eine Besserung derselben nöthig oder möglich, wie eine solche durchzuführen war. Hier haben wir vor Allem den Standpunkt jener Zeiten zu begreifen und darzulegen. Wohl aber müssen wir, um dies in klarer und verständlicher, somit zweckentsprechender Weise thun zu können, oft trennen und zerlegen, was damals großentheils ohne scharfe Scheidung vermengt in den Ansichten und Bestrebungen der Menschen durcheinander wogte und so im Kampf zusammenstieß, ein Chaos, über welches nur wenige selbstständiger denkende und schärfer auffassende Männer sich erhoben, — die dann freilich und ebendeßwegen um so wirksamer in den Gang der Ereignisse eingreifen, den Verlauf der weitern Entwicklung bestimmen durften.

Das Stichwort aller der angedeuteten Bestrebungen wurde die Befreiung der geknechteten Kirche. Aus dem Sinne, in welchem wir dieses jedesmal gefaßt finden, läßt sich sofort die ganze Stellung jeder einzelnen unter jenen entwickeln; und will man die Standpunkte der Hauptbestrebungen in der Kürze — doch natürlich nur annähernd, wie es ja überhaupt bei so allgemeinen Bestimmungen allein möglich ist — bezeichnet sehen, so wird zu unterscheiden sein: das Streben nach Befreiung der Kirche von der Knechtschaft der Weltlichkeit, dasjenige nach Befreiung derselben von der Knechtschaft der weltlichen Gewalt durch Vernichtung jedes Einflusses der letzteren auf die Kirche und Beschränkung jeder von beiden auf das ihr eigenthümliche Gebiet, endlich das Streben nach absoluter Befreiung der Kirche, als der corporativ aufgefaßten Vertreterin des Geistes und aller geistigen Interessen, von jeder Schranke der Materie, und nach Erringung der gebührenden Stellung zu ihr, d. i. nach der absoluten Herrschaft über dieselbe sammt allem Zubehör.

Von jeher hatte es nicht an Anstrengungen gefehlt, den Schäden der Kirche, soweit sie der Zeitgeist als solche erkannte, abzuhelfen. Mußten dieselben in den ersten Jahrhunderten des neuen Europa, indem sie in jeder Beziehung nur vereinzelt auftraten, im Wesentlichen ohne Ergebniß bleiben, so entstand dann eine Gewalt, welche ihrer Natur nach ganz zur Trägerin derselben geschaffen, ja ausdrücklich darauf hingewiesen war, das Kaiserthum eines Karl des Großen. So wenig wir aber geneigt sein können, seine großen Erfolge zu unterschätzen, so wenig wurde doch auch dadurch Dauerndes erzielt; und es minderten sich nicht, es mehrten sich mit der Zeit die Mißbräuche. Von seinen Nachfolgern im Reiche, die nur zu wenig seine Nachfolger im Geiste waren, übernahm das eben damals auf neuen Bahnen aufstrebende Papstthum die Idee; nur freilich bedingte gerade die Richtung, welche es genommen, daß Alles einzig und allein auf die Persönlichkeit des Mannes ankam, der an der Spitze stand. Indeß konnte ihm diese Mission doch auch nie wieder gänzlich entrissen werden: wer hinfort eine allgemeine Besserung erwirken wollte, mußte es im Bunde mit ihm. So that es in einzelnen Vertretern das neu erstandene römisch-deutsche Kaiserthum, so that es von unten her eine aus selbstständigen Anfängen erwachsene Bewegung mit allgemeinen Tendenzen. Daß die letztere fortbestand, war der dauernde Gewinn dieser Epoche. Im Uebrigen wurden die angestrebten Ziele bei Weitem nicht erreicht; und gerade der Umstand, daß an den entscheidenden Stellen nur die einzelne Persönlichkeit den Ausschlag gab, brachte gegen die Mitte des 11. Jahrhunderts hin erheblichen Rückgang.

Die Zustände, welche wir oben in mehreren wesentlichen Punkten berührten und deren Bekanntschaft im Uebrigen vorausgesetzt werden muß, verfehlten auch jetzt nicht, das Streben nach einer Besserung in ernsten, wohlmeinenden Männern hervorzurufen, denen das Heil der Welt, wie sie es im Anschlusse an jenes eine, feststehende Ideal auffaßten, am Herzen lag. Man kann sich nicht verhehlen, daß die Mittel, welche man von dieser Seite der Bestrebungen an bis da hinauf anwendete, wo das specifische Papstthum für seine Zwecke zu wirken begann, zum großen Theil recht äußerliche, am allerwenigsten nach principiellen Gesichtspunkten bestimmte waren. Indeß sie regten doch die Geister an, über das alltägliche Leben hinaus auf Besseres und auf Besserung zu sinnen. Zahlreiche Mißstände im öffentlichen Leben trugen nur noch mehr dazu bei, weitere Kreise und namentlich die niederen Schichten der Gesellschaft für religiöse Einwirkung empfänglich zu machen, die Sehnsucht nach einer Aenderung der Dinge zum Guten hervorzurufen; in den neuerstandenen Klöstern der wiederhergestellten Ordnung, obgleich ihre letzten Ziele noch weit jenseits der hier ins Auge gefaßten lagen, stand denn doch auch zum Kampf zunächst für diese ein gewaltiges Heer bereit. Kurz, Geistliche und Laien aller Arten vereinigten sich in dem Bestreben, den offen daliegenden wirklichen Uebelständen abzuhelfen, ohne doch blind gegen alles Neue schlechthin zu eifern, vielmehr in Anerkennung dessen, was in der bisherigen Entwicklung der Dinge wohlbegründet erschien, namentlich auch eines von dieser Erwägung aus vernünftig abgegrenzten Einflusses der Staatsgewalt auf die kirchlichen Angelegenheiten. In dieser Richtung bewegten sich die Absichten eines Heinrich III. und vieler wackerer Männer, an ihrer Durchführung durfte sich getrost ein jeder Geistliche betheiligen, ohne seine doppelten Pflichten, die denn doch einmal nicht abzuläugnen waren und sind, zu verletzen.

Bezog sich immerhin schon, wenn auch unter Zugeständnissen an die nächstliegende Vorzeit, jene Richtung über die letztere hinweg, wie noch jede reformirende Partei, auf die Zustände der Vorvergangenheit, so erhob sich auf ihren Zielen eine neue strengere, welche, in der Hauptsache im Stande der Klostergeistlichen und Eremiten begründet, consequent ein strictes Zurückgehen auf jene Zustände verlangte. Aufrichtig fromme und nicht minder wohlmeinende Männer waren es, welche sie leiteten, aber nur mönchisch war der Charakter ihrer Reform, angemessen der Askese, welche sie eifrig betrieben. Sie führte vom Leben ab auf Gebiete, die dem Menschen für immer verschlossen sind. Ihr stärkstes Werkzeug war der für den Schwärmer allezeit bereite Fanatismus des großen Haufens, und je aufrichtiger der eigene Eifer war, in desto höherem Maße stand jener zu Gebote. Klarheit und Scharfsichtigkeit würde man vergebens bei den Vertretern dieser Bestrebungen suchen; und indem sie, was die nachgerade brennend gewordenen, nächstliegenden Fragen betraf, nicht nur Abschaffung der Mißbräuche in dem geschlechtlichen Leben der Kirchendiener, sondern Aufhebung desselben überhaupt,*) sowie die Beseitigung des Erwerbs kirchlicher Aemter nicht nur für Geld und Geldeswerth, sondern auch durch Bemühungen jeder Art, Versprechungen oder Bitten,**) überhaupt die Beseitigung jedes weltlichen Einflusses und die Wiederherstellung des Verhältnisses, welches dem heid-

*) Ueber den Heros eponymus, um diesen Ausdruck zu gebrauchen, der „Nicolaiten", wie man bekanntlich die Zuwiderhandelnden benannte, s. Petr. Dam. (Ausgabe des Card. Gaetano, Paris 1651) opusc. XVII. (de coelibatu sacerd.), c. 3: Nicolaus quippe unus ex his, quos Petrus Apostolus diacones consecraverat, dogmatizabat, clericos cuiuslibet ordinis nuptialibus foederandos esse coniugiis. — Das treffendste Bild der Stellung dieser Partei im Allgemeinen und namentlich auch zu der weitergehenden päpstlichen gibt bekanntlich der genannte Schriftsteller, ihr Schriftsteller par excellence, wenn dieser Ausdruck erlaubt ist, selbst. Wie gut und ernst meinte es Petrus mit seinen Absichten! und doch, wenn wir der Sache auf den Grund gehen, hat er eigentlich nie recht gewußt, was er wollte. Daß Hildebrand schließlich denn doch ganz Anderes erstrebe, als er selbst für gut und recht hielt, sah er; dennoch ließ er sich von demselben vollständig beherrschen und nach Belieben verwenden. Er stand im Bereich der bannenden Gewalt, die der überlegene Geist über den beschränkten ausübt; dieselbe Rolle spielten mehr oder weniger alle andern Träger jener Richtung.

**) Gerade über diese, schon seit alter Zeit ventilirte Frage werden wir noch weiter unten zu sprechen haben. — Wie weit man im Laufe der Zeit mit dem Begriff „Simonie", in dieser Richtung angewendet, kam, möge von unzähligen Stellen nur eine andeuten. Bruno, de bell. Sax. c. 91, in seiner Erzählung von der Wahl des Gegenkönigs Rudolf, sagt: At cum singuli deberent eum regem laudare, quidam voluerunt aliquas conditiones interponere, ut hac lege eum super se levarent regem, quatinus sibi de suis iniuriis specialiter promitteret iustificationem . . . Quod intelligens apostolici legatus fieri prohibuit . . . Ait etiam, si eo modo, quo coeptum fuerat, promissionibus singillatim promissis eligeretur, ipsa electio non sincera, sed h a e r e s i s s i m o n i a c a e veneno polluta videretur. Daß

nischen Staate gegenüber bestanden hatte, auch dem nunmehrigen christlichen- gegenüber sich zum Ziele steckte, ohne doch die aus der bisherigen Stellung erwachsenen Vortheile aufgeben zu wollen*); — indem sie endlich das durchgreifendste Mittel zur Hebung der Zucht und Ordnung innerhalb der Kirche in der Herstellung einer nach Maßgabe eines stufenweisen Gehorsams und Geschäftsgangs streng gegliederten Kirchenverfassung erblickten, deren einheitliche Spitze mit absoluter Macht ausgerüstet sein müsse —: indem sie dies Alles zu erreichen suchten, berührten sie sich mit Bestrebungen dritter Art, die, obwohl an und für sich jener Richtung völlig fremd, dennoch in ihr gerade die wesentlichste Stütze finden sollten, und bei nur irgendwie umsichtiger Benutzung der vorhandenen Mittel ganz besonders von dieser Grundlage aus die sicherste Aussicht hatten, ins Werk gesetzt zu werden.

Sie wurden getragen von der Idee des römischen Papstthums. Die Ziele desselben lagen, sobald jene Idee nur einmal gefaßt war, klar vor Augen; sie waren seitdem und sind, so wie sie sich von der einmal angenommenen Grundlage aus vermittelst des einfachsten Schlußverfahrens ergeben, fest und unverrückbar in jeder Hinsicht; sie bestehen in jedem Augenblicke

---

derartige Bestrebungen an sich am Ende auf Nichts, als auf vage Träumereien hinauslaufen, deren letzten Grund wir in dem überspannten Dualismus, beziehentlich Spiritualismus des Mittelalters zu suchen haben, leuchtet von selbst ein.

*) An eine Aufgabe der Kirchengüter zu denken, wäre natürlich, wie schon erwähnt, Todsünde gewesen. Das Verhältniß zwischen Kirche und Staat, nachdem sie in der gewünschten Weise getrennt worden wären, malte man sich dann aus als begründet in der schönsten Eintracht und Bereitschaft zu gegenseitiger Unterstützung, soweit die beiderseitige Competenz reichte. So thut es Petrus Damiani an vielen Stellen, unter denen es genügen möge, auf epist. VII. 3 (p. 111) und opusc. IV. (discept. synod.) p. 30, zu verweisen.

mit dem Anspruch auf Verwirklichung. „Mit den Grundanschauungen hatte das Papstthum in unserer Zeit bereits überall Wurzel gefaßt“ — und wenn es seit seiner Entstehung eine Geschichte desselben gibt, so ist sie nicht eine Darstellung der Entwicklung seiner Idee, sondern der größern oder geringern Schärfe, mit welcher jeder einzelne unter seinen Vertretern sie auffaßte, der Energie, mit welcher er sie verfolgte, der Mittel, welche ihm dabei zu Gebote standen. Ihr Inhalt ist: die unumschränkte, persönliche Herrschaft des Papstes als Statthalters Gottes durch die von ihm in ihrer Gesammtheit, wie in jedem ihrer Theile repräsentirte Kirche über alle Gebiete des Glaubens und Lebens, sowohl im Ganzen, als in jeder einzelnen Beziehung. Mit solchen Zielen gab das Papstthum selbst das Wesen einer religiösen, rein kirchlichen Macht auf; es wurde eine ganz eminent politische und ist von hier aus allein zu betrachten, allein zu verstehen. Wie aber jene viel zu hoch waren, um von der großen Masse erfaßt, wie die Wege zu ihnen viel zu schmal waren, um von dieser auch nur betreten werden zu können, so war es in der That, um diesen Ausdruck zu gebrauchen, auch nur eine Clique, welche die jetzt in dem angedeuteten Sinne hervortretende Bewegung machte und eben wegen dieser ihrer Beschaffenheit mit um so größerem Erfolg leitete. Auch diese Richtung erhob Anspruch auf den Namen einer Reformation: sie durfte es vor ihrer Zeit. Denn nicht bloß äußerlich schon berief auch sie sich auf jene immerhin vielfach fingirten, aber doch durch die allgemeine Anerkennung geheiligten Satzungen der Vorzeit, sondern sie ging auch wirklich in ihrem eignen Interesse mit der zuletzt genannten reformatorischen Richtung bis zu deren äußersten Punkten zusammen. Von da aus strebte sie selbstständig weiter; aber im Unterschied von jener that sie mehr, als sie sprach, und im Fluge

wurde, indem man das Entwickeln beliebig gearteter, auf rein kirchlichen Anschauungen beruhender Grundsätze getrost den Eiferern so gut wie ausschließlich überließ, eine Position nach der andern genommen, ein wichtiges Princip nach dem andern zur Geltung gebracht, während an der bedrohten Stelle noch kaum eine Ahnung der Gefahr vorhanden war. So bemeisterte sie sich sofort jener strengen reformatorischen Bewegung, was bei der Ueberlegenheit, die das Vorhandensein klar ausgesprochener Ziele gegenüber der mehr oder weniger überall innerhalb jener herrschenden Unklarheit geben mußte, um so leichter fiel, und zwang sie für ihre eigenen Zwecke zu arbeiten: für die politischen Ziele des Papstthums einzig und allein wirkte der Fanatismus derer, die da ein Gottesreich auf Erden mit engelgleichen Gliedern herstellen wollten und herstellen zu können meinten. Es durfte das aufstrebende Papstthum endlich auch darum vor seiner Zeit sich reformatorisch nennen, weil ein gewichtiges Moment des als letztes Ziel von ihm erstrebten Zustandes eine strenge äußere Zucht und Ordnung in allen Verhältnissen war, die, den heillosen Wirren der Gegenwart gegenübergehalten, schon an und für sich als eine ganz wesentliche Besserung erscheinen mußte. Dasselbe war entstanden und hatte sich ausgebildet im directen Gegensatze zu dem in gleicher Weise natur- wie sachgemäßen, vom Anfang der Kirche an gegebenen und ins Auge gefaßten Princip der Autonomie der einzelnen Bestandtheile; und Schritt für Schritt hatte es diesem einen Erfolg nach dem andern abgerungen. Wenn nun — auch ohnedies muß uns dies deutlich geworden sein — bei dieser Lage der Dinge ein Mann an die Spitze dieser Bewegung, als der am höchsten stehenden und leitenden, sich stellte, der die Verhältnisse überschaute und seiner Endziele sich vollbewußt war, so standen ihm zu deren Erreichung Mittel zu Gebote, wie sie noch selten eines Menschen Hand in sich vereinigt hatte: — er konnte in gewaltigem Schwunge von weiter Ferne her die Kirche dem gefaßten Ideale wunderbar nahe bringen.

Dieser Mann fand sich, wie wir Alle wissen, in Gregor VII.

Nur eine Seite seines Wirkens soll uns hier beschäftigen, in möglichst strenger Absonderung von allen den übrigen, so schwer sie auch aus dem geschlossenen Ganzen des Wirkens und Kampfes sich loslösen läßt. Denn je in Eins fest zusammengefaßt stießen hier gleichzeitig alle gegenseitigen Interessen zusammen, nirgends geschieden von denen, die im Streite standen — und das waren Alle, die nicht sich selbst zur Gleichgültigkeit, d. i. zum moralischen Tode verurtheilten —, bei aller partiellen Verschiedenheit je für sich in dem einen Gegensatz als Hauptmerkmal begriffen, daß hier Rechtgläubigkeit, dort Ketzerei das Banner hält. Ein nicht zu umgehender, wenn auch auf die äußersten Umrisse beschränkter Ueberblick über den Verlauf der Ereignisse, die unmittelbar und unter seiner thätigen Mitwirkung der Zeit vorausgingen, von wo an Gregor mit seiner Person in die entscheidende Stellung eintrat, wird uns zu unserer Aufgabe selbst hinüberleiten, und diese wird vor Allem darin bestehen, aus den vorhandenen Fällen und Verordnungen in der von uns zu behandelnden Beziehung festzustellen, welche von den für den Begriff der kanonischen Besetzung der Kirchen möglichen Bedeutungen für die Bestrebungen Gregors maßgebend gewesen ist und welche Stellung sie zu einem etwaigen allgemeinen Plane desselben einnimmt. Der Zeitfolge nach vorschreitend, werden wir unter diesem Gesichtspunkte seine Verfügungen im Einzelnen prüfen, und das jeweilige Vortreten seiner Absichten in allgemeiner Form, in den Beschlüssen der römischen Synoden, wird unserer Betrachtung die sichersten Anhaltpunkte gewähren, ihre Abschnitte bezeichnen.

I.

Der 22. April des Jahres 1073 brachte Hildebrand, den Archidiaconus und Kanzler der römischen Kirche, auf den päpstlichen Stuhl.

Eine bedeutende, wahrlich nicht thatenarme Vergangenheit lag hinter ihm; eine gewaltige Umwälzung mußte sich vollzogen haben, wenn jetzt er mit seinen Ansichten, nicht ohne den besten Willen zu ihrer Durchführung, obschon zu gleicher Zeit nicht ganz ohne Bangen, an diese Stelle trat.

Als in einer gräuelvollen Spaltung die traurige Zerrüttung der Kirche so recht offenkundig wurde, als in ihrem Mittelpunkte Aergerniß an der Tagesordnung, ehrbares Leben eine wunderbare Seltenheit war, hatte ein kleiner Kreis von Männern jener specifisch päpstlich-politischen Tendenzen, wie wir sie zuletzt besprachen, es unternommen, sich an die Spitze zu schwingen und eine Bewegung zum Bessern von seinem Standpunkte aus hervorzurufen. Gregor VI. war sein Haupt, der geistige Vater eines Hildebrand und andrer Männer, die in der Folgezeit eine entsprechende Bedeutung gewinnen, denen die Zukunft gehören sollte; noch schien eine Erhebung auf den päpstlichen Stuhl in der Art möglich, wie man sie nach den nächstfolgenden Ereignissen erst wieder schwer erkämpfen sollte, und

Simonie wurde nicht gescheut, als es galt; die geeignete Grundlage für die beabsichtigte Wirksamkeit in Besitz zu nehmen. Wir können nicht mehr feststellen, inwieweit Hildebrand an diesen Unternehmungen betheiligt war. Jedenfalls beweist auch nur ein Blick auf die Art seiner Verbindung mit Gregor VI., auf seinen Charakter, seine spätern Schicksale und Pläne die Möglichkeit, ja selbst hohe Wahrscheinlichkeit seiner kräftigsten Mitwirkung*). Indeß wurde durch die Ereignisse sehr bald jede

---

*) Bekanntlich ist der Antheil Hildebrands an den Vorgängen besonders seiner frühern Jahre ein viel umstrittener Punkt, in Betreff dessen neben dem nicht gerade ganz unumstößlich Festgestellten noch Jeder das Privileg beansprucht, sich denken zu dürfen, was er will. Viele überschätzen ihn; in neuester Zeit namentlich macht sich die Tendenz bemerklich, ihn zu unterschätzen. So stellt z. B., entsprechend der ganzen Richtung seiner Schrift, jede Betheiligung Hildebrands an der Erhebung und dem Wirken Gregors VI. am stärksten und zeitlich uns am nächsten in Abrede Schirmer, de Hildebr. subdiac. eccl. Rom. (Berl. 1860) p. 30 f. — mit ganz unzureichenden Gründen. Und wenn er, wie Andre, den Kauf der Würde durch Gregor VI. hinwegdisputiren will, so vergessen sie, daß selbst die eifrigst päpstlich Gesinnten der nächsten Folgezeit, um Andrer nicht zu gedenken, denselben nicht läugneten. Im Uebrigen schwieg man über ihn, wie über den dadurch nicht makellosen Papst, aber erkannte ihn an. Gregors VI. Absetzung ist endgültig bewiesen durch Jaffé in seiner Einleitung zu Bonizo, S. 594 ff.; und man sollte sich gegenüber der schlechthin entscheidenden Nachricht des Petrus Damiani (opusc. XIX, c. 11) durch Stellen, wie die im 3. Dialog des Desiderius, die schon auf Grund der spätern fälschenden Tendenz umgemodelt ist, nicht von Neuem beirren lassen. Wenn man endlich schon in Rücksicht auf Hildebrands „Jugend" hier, wie unter Leo IX., jeden Einfluß desselben abläugnen will, so wird diese Annahme in gleicher Weise, wie die Anstrengungen, die Schirmer (vor ihm Floto, Kaiser Heinr. IV. und seine Zeit, Bd. I. S. 173.) macht, um Hildebrand nicht mit Leo IX. 1049 nach Rom kommen zu lassen, zwar schon durch die bisher bekannten Gründe widerlegt, vollständig vernichtet aber durch die von Jaffé zu Bonizo pag. 632, Anm. 6. gegebene so werthvolle Aufklärung über seine Altersverhältnisse. Uebrigens sollte doch schon Gregors eigner Aeußerung, reg. I, 79 — (vgl. Jaffé, reg. pont. Rom. 3161, wogegen nun natürlich auch aller Zweifel wegfällt) — mehr Gewicht beigelegt, bei weitem weniger

weitere Wirksamkeit in dieser Richtung, deren Erfolg ohnehin nur sehr zweifelhaft hätte sein können, abgeschnitten. Zu klein war der Kreis der Neuerer, viel zu hoch waren ihre Pläne, um in genugsam weiten Kreisen begriffen werden und Wurzel fassen zu können, wennschon ihr Auftreten von einzelnen Näherstehenden freudig begrüßt wurde. Auf andre Weise und von andrer Seite aus sollte der Weg für sie bereitet werden.

Mit dem Ende des Jahres 1046 begann zuerst in bestimmter und allgemein wirksamer, dabei aber durchaus den bestehenden Verhältnissen angemessener Weise die Reform. Die

---

jene bekannte andere Stelle aus dem 3. Dialog des Desiderius urgirt werden. Auch Giesebrecht, G. d. d. K. Bd. III. S. 17, überschätzt die letztere, während er im Allgemeinen die Stellung und Thätigkeit Hildebrands vor seiner Gelangung zum päpstlichen Stuhl unter Allen am besten und verläßlichsten darstellt. Freilich ist es sehr erklärlich, daß eifrige Gregorianer den Einfluß ihres Vorbildes, zumal für die früheren Zeiten, bei Weitem übertreiben, wie z. B. Bonizo p. 637 u. a. m. — Es ist vielleicht nicht unpassend, in diesem Zusammenhange die Stellen des Registrum insgesammt anzuführen, in welchen Gregor selbst von seinen frühern Verhältnissen und seiner Wirksamkeit — wie sie sich namentlich in den äußern Beziehungen der Curie kundgibt — spricht. Es geschieht insgemein reg. IV, 27 sed et antea pluribus annis; VIII, 31 ex longo tempore (beide Male in Bezug auf sein Verhältniß zu Venedig); und in derselben Beziehung beschränkt reg. II, 39 ab ineunte aetate; ep. coll. 2 olim (in Betreff des Klosters Vallombrosa); — mit ausdrücklichem Bezug auf die Zeit Alexanders II. reg. II, 75 (gegenüber König Suen von Dänemark), wonach wahrscheinlich auch II, 51 cum adhuc in ordine diaconatus eramus und die ganz allgemeine Aeußerung VII, 21. zu bestimmen sein dürfte. Das Letztere gilt ganz sicher für sein Verhältniß zu Heinrich IV. — reg. IV, 1. ep. coll. 14 — obgleich in beiden Schreiben der diaconatus als Zeitpunkt angegeben wird. Unzweifelhaft gehören ebenfalls dahin die Erwähnungen in reg. I, 3. 6. 13. II, 29 (vgl. die Briefe Siegfrieds von Mainz im Cod. Udalr.), 77; während die Beziehungen zu Wilhelm von England im Allgemeinen als längere hervorgehoben werden: reg. VIII, 60 ex longo tempore — inter aliquos praedecessores meos; VII, 1 pristina amicitia; VII, 23 (hier allerdings mit ganz besonderem und nachdrücklichem Hinweis auf die Eroberung Englands durch Wilhelm).

weltliche Gewalt behauptete ihre wohlerworbenen Rechte, aber sie war, wenigstens in ihrem obersten Repräsentanten, ernstlich bestrebt sie ohne Mißbrauch zu üben und innerhalb ihres Bereichs die ihrem Schutze untergestellte Kirche von dem, was zu gerechten Klagen Anlaß gab, zu reinigen. Strenge Gebote ergingen von Rom aus auf dem Wege einer neu entstehenden Gesetzgebung zur Herstellung der verfallenen Zucht und Ehrbarkeit in der Kirche, zur Beseitigung namentlich der als fühlbarster Uebelstand in den Vordergrund getretenen Simonie — in ihrem wahren und eigentlichen Sinne —, ohne daß doch, zur langsamern zwar, aber sicherern Ausrottung des tief eingewurzelten Uebels, mildernde Uebergangsbestimmungen, soweit es der Würde der Kirche gemäß war, gefehlt hätten. Es begann — wir dürfen wohl so sagen, wenn sie auch noch so kurze Zeit dauerte — eine rege, fröhliche Wirksamkeit, welche geeignet war, ohne selbstsüchtigen Zwecken auf der einen oder andern Seite Raum zu geben, für die Erreichung einer wahren Kirchenverbesserung die schönsten Hoffnungen zu erwecken. In diesem Sinne wirkte der Kaiser, der edle Papst Clemens II., würde allen Anzeichen nach Damasus II., der nach vorübergehender fremder Usurpation an seine Stelle trat, kräftig fortgefahren haben. Sie beide vertreten die Reformbewegung der ersten Stufe, um diesen Ausdruck zu gebrauchen, auf dem päpstlichen Stuhle.

Mit Leo IX. gelangt auf ihn die der zweiten Stufe. Ihre Anhänger hatten an der bestehenden Bewegung selbstverständlich den lebhaftesten Antheil genommen; aber während die Begründer derselben mit den oben bezeichneten Zielen sich zu begnügen gewillt waren, erblickten jene darin nur eine vorläufige Grundlage des zu Erstrebenden und gingen nunmehr ohne Scheu, aber mit um so größerer Aussicht auf Erfolg, darüber hinaus, indem sie namentlich jede Berechtigung der bestehenden Verhältnisse direct negirten. Gerade dieser Punkt war es, der sie sofort zu Herren der Lage machen mußte; gerade von hier aus war es am ehesten möglich, die Geister fortzureißen und zu lenken. Eben derselbe Punkt aber auch war es, von welchem aus dann eine weitergehende Richtung sich dieser bemächtigte und sie zwang, ihr in ihrem Interesse zu dienen. Von Leo IX. an datiren beide den eigentlichen Anfang der großen Umwälzung*). Mit bewundernswürdiger Thätigkeit wirkte er, überall persönlich eingreifend, von oberster Stelle aus; und wenn in gleicher Weise von unten her die gesammte Partei mit ihrer ganzen Gewalt über die Zeitgenossen für ihn eintrat, so sammelte er selbst um sich — vielleicht ohne anderen Grund, als die in der Unklarheit der eignen Partei begründete Vermengung der Ziele, vielleicht aber auch in der Ahnung, daß allein entweder den Vertretern des Herkömmlichen, oder diesen, als den Einzigen, die wirklich Consequenzen zu ziehen wagten, die Zukunft gehöre, — jenen Kreis von weitsichtigen, entschlossenen Männern, der, ganz im Gegensatz zu dem geringfügigen Anschein, welchen er erweckte, gar bald das Ruder in den Händen haben sollte**). Jeder in der jetzt obwaltenden

---

*) Die bekannteste und bezeichnendste unter den darauf bezüglichen Stellen ist die des Desid. Casin. dial. III: Huic successit Leo . . . vir . . omnique ecclesiastica doctrina apprime eruditus ac qui, quemadmodum scriptum est, coepit invocare nomen Domini etc. Natürlich wäre ohne die vorhergegangene Epoche Clemens II. diejenige Leos IX. gar nicht möglich gewesen; aber factisch datiren die Gregorianer, so wenig sie auch Jenen und Damasus verwerfen, von Leo an; und wenn zwar die für die Epoche Clemens II. maßgebend gewesenen Verhältnisse für die spätere Zeit des Kampfes gar nicht mehr in Betracht kamen, so ist jenes Verfahren noch um so viel mehr bezeichnend, als bekanntermaßen Leo IX. eigentlich über die Bestimmungen Clemens II. hinaus gar Nichts durchsetzen konnte.

**) Die Kardinäle Friedrich, der Bruder des Herzogs Gottfried von

Richtung errungene Erfolg war eine neue Grundlage für die Erreichung dessen, was sie erstrebten; sie waren die Leute dazu, dieß zu begreifen und die Bewegung systematisch und sicher nach den von ihnen ins Auge gefaßten Zielen zu lenken. Auch Hildebrand war durch den Papst wieder in den Mittelpunkt der letzteren gebracht worden; seine in der That einzige Geschicklichkeit in weltlichen Geschäften, namentlich in der Beschaffung und Verwaltung von Geld, sicherte ihm, gegenüber der notorischen Unfähigkeit der bisherigen, sowie folgenden Päpste und ihrer Berather in dieser Beziehung, eine einflußreiche und, was ihren Werth erhöhte, dauernde Stellung. Und geistig, wenngleich nicht äußerlich, war er bald genug der Erste auch jenes engeren Kreises.

Die Bewegung hatte bis jetzt in durchschlagender Weise immer von oben her Anstoß empfangen, war von dort her geleitet worden. Sollte sie nun nicht bei jenen Zielen der ersten Richtung verbleiben, so mußte vor Allem eine Aenderung in der Stellung der leitenden geistlichen Würden zu den bis dahin maßgebenden weltlichen Gewalten geboten erscheinen. An und für sich, nach ihrer geistlichen Bedeutung, stand die Erhebung eines Papstes mit der eines Bischofs ganz auf gleicher Stufe: factische Unterschiede zwischen ihrer Bedeutung, obgleich erheblich genug, hatten nur in äußern Verhältnissen ihren Grund. Festbegründet in der allgemeinen Anschauung war bereits der Anspruch, daß eine Willensäußerung des Papstes nicht von Neuem einer Behandlung unterworfen, daß er selbst von

Lothringen und nachmalige Papst Stefan X., sein Landsmann Humbert, Hugo Candidus, der einst noch auf gegnerischer Seite eine hervorragende Rolle spielen sollte, Stefan, Hildebrand u. A. Vgl. den schätzbaren Hinweis bei Giesebrecht, d. Gesch. d. röm. Kirche z. Z. Gregors VII., a. a. O. S. 105.

Niemandem gerichtet werden dürfe; und wären Vorgänge der letzten Zeit geeignet gewesen, dieselbe von Neuem zu erschüttern, so wurde der etwaige dahingehende Eindruck doch sofort durch die begleitenden Umstände paralysirt. Anerkannt war die erst vor wenigen Jahrhunderten unter großen Anfechtungen aufgestellte Forderung, daß über alle gegen Bischöfe erhobene Anklagen nur vom Papst gerichtet werden dürfe, daß alle Streitsachen derselben unter einander, wie andre fundamentale Angelegenheiten der Bisthümer (Gründung, Vereinigung, Zerlegung u. s. w.) als causae maiores vor sein Forum gehörten; kaum mehr angefochten wurde das behauptete Recht, für jede Würde und Kirche die Weihe ertheilen zu dürfen und dann dem Empfänger gegenüber auf seine Lebenszeit gewisse Vorrechte auszuüben; die Erhebung allein war noch ganz in den bisherigen Schranken geblieben. Es entspricht eben so sehr den Zielen der genannten Partei, wenn jetzt in dieser Beziehung das längst bedeutungslos gewordene, fast vergessene kanonische Wahlverfahren wieder an das Licht gezogen und energisch betont wurde, wie es nicht unklar sein kann, daß die Sache in letzter Instanz dabei ihr Bewenden nicht haben konnte. Gab es doch auch bereits Fälle genug, von jenen als Ideal betrachteten ersten Zeiten der Kirche an bis auf die neuesten, wo das Haupt der Christenheit selbst über die höhern geistlichen Würden frei verfügt hatte und verfügte.*) Ein erstes Vortreten der

*) Die vorhandene Anschauung über die ältern Zeiten charakterisiren Stellen, wie reg. VIII, 14: Igitur Ravennatem archiepiscopum fratrem nostrum R(ichardum), . . . sicut olim a beato Petro Apollinarem, ita hunc Ravennas ab ecclesia Romana meruit accipere (Gregor hatte ihn ernannt); ausführlicher Placidus von Nonantula, de honore eccl. (bei Pez, thes. anecd. noviss. II, 2, col. 75—180) c. 74, u. A. m. Leo IX. ernannte beispielsweise aus eigner Machtvollkommenheit Bischöfe für Toul und Nantes, Stefan X. einen Abt für Montecasino.

Richtung bekundet schon die Bedingung, von welcher Leo die Annahme der ihm vom Kaiser übertragenen Würde abhängig machte. Mit Entschiedenheit wird an jede Erhebung zu einem Bisthum die Forderung einer vorgängigen kanonischen Wahl erhoben, d. h. die Forderung, daß dieser gegenüber dem Einfluß des Lehnsherrn wieder ihre ursprüngliche Bedeutung beizulegen sei; in gleicher Weise wird die Abschaffung der Unkeuschheit der Priester den Zielen der Bewegung officiell hinzugefügt. Es wird im Gegensatz zu den autonomistisch-landeskirchlichen Bestrebungen, welche durch die auf Grund der jüngsten Verhältnisse entstandene Lockerung des früheren, sei es wirklichen, sei es so angeschauten Verbands neu gekräftigt worden, die Einheit der Kirche in der römischen und der Supremat des Papstes betont, und die Anstrengungen eines persönlichen Eingreifens aller Orten, die unermüdliche Thätigkeit Leos auf allgemeinen und besonderen Synoden, die Wirksamkeit der päpstlichen Legaten, die von dieser Zeit an in einem ganz neuen Sinne aufzutreten anfangen, krönt der Erfolg. Nicht bloß die Synode von Rheims, deren Acten uns vollständig erhalten sind,*) wird diese Ansprüche vertreten haben; wäre es selbst der Fall, sie hätten trotz ihrer dem bestehenden Recht nach augenblicklich nur beschränkten Geltung sehr bald auch eine allgemeine erlangen müssen. Und wenn wir in den immer wieder

---

*) Mansi XX, 727 ff. — Die Erhebung Leos IX. und den Antheil Hildebrands an seinem damaligen Verfahren scheinen mir am richtigsten darzustellen Höfler, die deutschen Päpste 2c. Bd. II. S. 6 f. und Schirmer a. a. O. Daß Hildebrand vor seiner Rückkehr nach Rom eine Zeit lang Mönch in Cluny gewesen sei — um von dem angeblichen Priorat zu schweigen —, ist jedenfalls eine, wenn auch schon früh in Umlauf gesetzte Fabel, deren Tendenz sich nicht verkennen läßt. Davon müßte sich schon im Registrum wenigstens Etwas finden; und in der That, gar wenig paßte unser Mann an jenen Ort.

bestätigten und weiterhin entsprechend verschärften Maßregeln gegen die Simonie bloß eine Fortentwicklung des bereits Begonnenen, in seinem innersten Wesen ganz anders Gearteten erblicken können — nur mit der bei Weitem berechtigteren Hoffnung verbunden, jenes Uebel den immer erneuten Angriffen, zumal bei dem Mangel eines eben so einheitlichen Widerstandes und einer moralischen Basis für denselben, auch trotz der jeweilig noch sich nöthig machenden Milderungen erliegen zu sehen —: so zeigte alles Andre deutlich genug, wo hinaus man wollte, oder wenigstens, wohin die Consequenzen eines derartigen Verfahrens führen mußten.

Erfolgte nun zwar durch den Pontificat Victors II. ein allgemeiner Rückschlag gegen diese Bewegung insofern, als dieser Papst durchaus an die vorangegangenen Bestrebungen anknüpfte und ebenso im Verein mit der Kaisermacht, als in ihrem wohlverstandenen Interesse wirkte, so war derselbe doch schon wegen der Kürze der Zeit nicht dauernd zu begründen, um so weniger, als der Papst den neuen Ideen denn doch bereits um ein Beträchtliches näher stand, als etwa ein Clemens II. Am allerwenigsten konnte jene mächtige Clique, obwohl sie in nicht geringem Maße niedergehalten wurde, dem Wesen nach aus der gewonnenen Stellung verdrängt werden; und die hohe politische Macht, welche die Verhältnisse in die Hand des Papstes legten, sollte nachgerade ein neues Moment für die Erhebung Jener sein. Als Victor die Augen schloß, trat diese Partei nur um so eifriger hervor und es war kein Wunder, wenn im Gegensatz zu der vorgängigen Pression sie sich der maßgebenden Stellung auf die Dauer zu bemächtigen wußte, wenn sie mit ihren wahren Zielen immer offener hervortrat, nachdem auch die allgemeine politische Lage sich so wesentlich zu Gunsten der Freiheit der Kirche, selbst im streng uneigennützigen Sinne genommen, verändert hatte. Ihr erster Triumf war die Erhebung Stefans X., und kühn genug strebte dieser auf der bezeichneten Bahn vorwärts. Mit zwingender Gewalt verweist neben positiven Zeugnissen die Gesammterwägung der Lage und Stellung aller einzelnen Bestrebungen auf diese Zeit das Erscheinen einer Schrift aus der herrschenden Partei*), deren Wichtigkeit nicht genug zu betonen und nur nach dem Maßstabe zu bemessen ist, welchen wir, obgleich noch immer von sehr verschiedenen Standpunkten aus, an die Ereignisse der Folgezeit angelegt zu sehen seit längerer Zeit gewohnt sind. Wenn es bei uns lange, sehr lange gedauert hat, bis der gewaltige Einfluß, den eine zweckmäßige Bearbeitung der Geister für die in Absicht genommenen Pläne in jenem Kampfe verleihen mußte, gehörig geschätzt und demgemäß mehr und mehr in Betracht gezogen wurde: jene leitenden, überlegenen Männer waren sich über die Bedeutung eines solchen Verfahrens niemals unklar; und wie von anderen, wenn auch mit den ihrigen wesentlich verwandten Gesichtspunkten aus in dieser Richtung schon mit Eifer gewirkt worden war, wie sich späterhin, den eintretenden Verhältnissen angemessen, die Nothwendigkeit eines derartigen Vorgehens für Freund und Feind in gleichem Maße einstellte, so hielten sie es jetzt, ohne daß noch ein solcher Zwang vorhanden gewesen wäre, für angezeigt, in der angegebenen Weise mit ihren Gedanken hervorzutreten. Der Kardinal Humbert, ein einflußreiches, geistig bedeutendes Mitglied des Kreises, übernahm die Ausführung dieser

*) Humberti cardinalis adversus simoniacos libri III, bei Martene-Durand, thes. nov. anecd. t. V, col. 633—844. Nach den Angaben der Schrift selbst erscheint Heinrich III. als schon seit längerer Zeit nicht mehr am Leben; todt ist ebenso Victor II. (l. III. c. 7), dagegen lebt noch Heinrich I. von Frankreich († 1060). Wichtig vor Allem ist, daß zur Zeit der Abfassung die Synode von 1059 unmöglich schon abgehalten sein konnte.

Aufgabe. Es würde uns begreiflicherweise viel zu weit führen, wenn wir hier, nicht seiner dogmatischen Begründung,*) sondern sogar nur seinem Gedankengange ganz im Allgemeinen folgen wollten. Nur das, was neu über den bisher gewohnten Ideenkreis heraustritt, soll uns in der Kürze beschäftigen. „Gegen die Simonisten" ist das Buch benannt, und Jedem muß es von vornherein aus der Parteistellung klar sein, daß jener Begriff im weitesten Sinne genommen werden wird. So ist es auch; Simonist ist, auch auf Grund älterer Anschauungen und namentlich der Ausführungen Gregors I.,**) nicht bloß, wer Geld zur Erlangung einer Würde anwendet oder sich dadurch zur Ertheilung bestimmen läßt; auch nur das Vorhandensein irgend welcher Bitte oder irgend welcher geleisteter Dienste mit dem damit verknüpften Aufwand, überhaupt jedwedes ir-

*) Namentlich soweit sie, was in sehr ausgeführter Weise der Fall ist, auf dem alten Testament und den darin geschilderten Verhältnissen beruht. Die letzteren sind ja, wie überhaupt für viele Seiten der Entwicklung der katholischen Kirche, so namentlich für die Auffassung ihrer Stellung zum Staate gegenüber denjenigen des neuen Testaments von so vorwiegender Bedeutung. „Die Juden", so bemerkt treffend Gregorovius, Gesch. d. Stadt Rom im Mittelalter Bd. IV, S. 186, „spotten über die hierarchische Despotie der römischen Kirche, aber ihr Priesterthum lieh fortdauernd die Symbole dafür her."

**) Von ihm stammt die Unterscheidung eines dreifachen munus, des munus a manu, ab obsequio, a lingua (S. Greg. papae I. opp. omn., ed. Jo. Bapt. Gallicciolli, Hom. I, 4, 4. tom. V, p. 156; an einem andern Orte, Moral. IX, 53. t. I, p. 319 eines munus ex manu, a corde, ab ore. — vgl. reg. V, 57 t. VII, p. 345. Jaffé, reg. pont. Rom. 1008). Dieselbe nahm Petrus Damiani von Neuem auf (opusc. XXII. c. 1. p. 204. ep. II, 1. p. 25 f.) und verdammte von hier aus die Vergebung geistlicher Würden durch Laien, wie das Streben nach Erlangung solcher in dieser Weise; — wir werden sie später auch von Gregor VII. in einer wichtigen Urkunde, reg. VI, 34, angewendet finden. Gerade in den auf jener Unterscheidung begründeten, höchst unklaren Begriffen lag die beste Möglichkeit, die Frage über die Simonie in der Weise, in welcher dieß geschah, über ihr ursprüngliches Gebiet hinaus ins Unendliche auszudehnen.

gendwie auf Leistung und Gegenleistung oder persönliche Gunst begründeten Verhältnisses als bestimmenden Grundes stempelt sofort den ganzen Vorgang zum Verbrechen und hebt alle die ordnungsmäßigen Wirkungen desselben auf. Fortwährend wird Verwahrung dagegen eingelegt, als ob den gebräuchlichen Ausdrücken „simonistische Ordination, Verkauf des h. Geistes" u. dgl. etwas Thatsächliches entspräche: jeder Simonist ist Ketzer und als solcher, selbst bei den vorzüglichsten Eigenschaften im Uebrigen, ein falscher, unächter Bischof, während den katholischen an sich sogar der Mangel der kanonischen Wahl nicht dazu macht, wie es durch zahlreiche Beispiele von den Aposteln selbst an bezeugt wird. Die Amtshandlungen und Sakramente von Ketzern können natürlich nach keiner Seite hin eine ihrer Bestimmung entsprechende Wirkung beanspruchen, vielmehr ihnen selbst und den Empfängern nur zum Verderben gereichen; jede simonistische Weihe ist an sich ungültig und muß daher eintretenden Falls — ein Streitpunkt, der seit einiger Zeit die Gemüther lebhaft beschäftigte und allerdings in der Praxis jederzeit mehr nach den bei jedem einzelnen Falle in Betracht kommenden äußern Erwägungen, als grundsätzlich entschieden wurde — wiederholt werden. Wo keine Würde ist, da ist natürlich auch keine ausdrückliche Absetzung nothwendig, wie fälschlich behauptet wird. Der schlimme Rechtgläubige ist viel besser, als der gerechte Ketzer; für Jenen gilt, was Diesem abzusprechen ist. Das Umsichgreifen des Verbrechens, dessen Größe und verderbliche Folgen nach dem Vorgange des Verfassers hier auszumalen uns erlassen bleiben möge, leitet auch er von dem Uebergang der christlichen Kirche von ihrer Stellung innerhalb des heidnischen römischen Staats, wo die steigende Höhe und Wichtigkeit eines geistlichen Amts nur um so größere Verfolgungen hervorrief, in diejenige einer Staatskirche, ihrem dadurch begründeten Besitz und Einfluß her. War nun die Simonie noch gewissermaßen zu entschuldigen, so lange ihre Anhänger von dem eigenen Vermögen an die Fürsten gaben, beziehentlich auch noch die Kirchen bereicherten, so überstieg sie die Grenzen jeder Duldung, seitdem Belehnungen mit Gütern der Kirche selbst an Jene und ihre Genossen als Mittel der Bestechung verwendet wurden. So verarmten noch obendrein die Kirchen auf das kläglichste; und nirgends ist eine Aussicht auf Besserung, da Jeder, der zu einer weltlichen oder geistlichen Würde erhoben wird, sogar der Kaiser, sich verbindlich machen muß, diese Zustände in ihrer vollen Geltung zu belassen. Mag er denn auch sehen, wohin er mit diesem Verfahren kommt, das alle Folgen des todeswürdigen Verbrechens auch auf ihn überträgt, wohin es führt, als Antichrist gegen Christus und seine Kirche einzutreten. Der Käufer kann nach dem einmal begangenen Verbrechen sich bessern; der Verkäufer, der Fürst, begeht es, indem er sein vermeintliches Recht ausübt, immer von Neuem und ist darum nur um so verdammungswürdiger. Nach solchen Vorausschickungen kann es nicht zweifelhaft sein, in welchem Sinne die namentlich im dritten Buche behandelten Fragen über die Investitur, die gebührende Stellung der Kirche zum Staate, die Mittel zur Erreichung der angestrebten Besserung werden entschieden werden. Nach Widerlegung der eben so naheliegenden, als gefährlichen Ansicht, daß bei übrigens unentgeltlicher Erlangung der Weihe von Simonie nicht die Rede sein könne, da durch die beanstandete Leistung doch nur der Nießbrauch der Kirchengüter, nicht die geistliche Würde erworben werde — derselben, gegen die wir in gleicher Weise Petrus Damiani eifrig ankämpfen sehen,*)

*) ep. I, 13. V, 13. Hier waren es Kapellane des Herzogs Gott-

und die in den Ansichten jener Zeit über die Kirchengüter allerdings keine Begründung finden konnte —, nach erneuter Betonung der unzertrennlichen Verbindung jenes Besitzes mit der Kirche und seiner Theilnahme an ihrem ganzen Wesen, wird denn auch in richtiger Erkenntniß hervorgehoben, daß derzeit bei jeder Erhebung eines Prälaten nach dem herkömmlichen Verfahren die Belehnung durch den Lehnsherrn das Maßgebende sei. Und wenn den vorausgeschickten Prämissen zufolge dasselbe ohne weitere Discussion unter dem Verbrechen der Simonie inbegriffen erscheint, so kann auch der bei der Weihe wiederholte Act der Investitur mit Ring und Stab durch den Weihenden die Größe und Strafbarkeit nur verdoppeln. Seit den Zeiten der Ottonen namentlich wüthet das Uebel in dieser Gestalt — und in der That hatten ja gerade sie die Kirche so reichlich mit Regalien ausgestattet, die ganze Stellung des Episkopats im Reiche von Grund aus verändert —; auch ein Heinrich III. hat es beim besten Willen nicht ausrotten können, und namentlich in Frankreich hat dasselbe den höchsten Grad erreicht. Eine Besserung wahrlich wäre es gegenüber solchen Zuständen, wenn nur ein doppelter „Verkauf" stattfände, wie in der orientalischen Kirche, wo nur der Metropolit mit seinen Helfershelfern ihn übt, während weder der Kaiser, noch überhaupt ein Laie mit der Bestimmung kirchlicher Angelegenheiten sich befaßt.*) In der abendländischen findet er in Ermangelung des letzteren Umstandes vierfach statt; denn

---

fried, welche dieselbe verfochten; vielleicht war sie auch die ausgesprochene Meinung des Letzteren, dem sie sehr wohl ansteht.

*) Natürlich gab auch dort für jeden Fall, wo er sich äußerte, der Wille des Kaisers den Ausschlag; aber das Lehnswesen und die Investitur fehlte. Daher der gemachte und absichtlich über die wirklichen Verhältnisse hinaus hervorgehobene Unterschied, der an sich allerdings bestand und in seinen Consequenzen für das Abendland auch oben bezeichnet wurde.

kein Verkauf wird ohne Vermittler vollzogen — die übrigens selbstverständlich ganz die gleiche Schuld, wie die unmittelbar Betheiligten, auf sich laden. Jenes Verhältniß, wie es sich jenseits des Meeres erhalten, ist zum mindesten zu erstreben. Begründet wurde es von Constantin dem Großen — dessen Verfahren nun ganz in der jener Zeit geläufigen Weise nachdrücklich hervorgehoben wird —; nicht einmal die grundbösen, ketzerischen Longobarden widersprachen dem Papste, als er kraft seiner apostolischen Machtvollkommenheit zu Mailand einen Bischof einsetzte. Das Recht der Bestätigung der Metropoliten kommt dem Papst, dasjenige für die Bischöfe den Metropoliten zu, und weder Pipin, noch Karl der Große und seine Nachfolger bis zu den Ottonen wagten es, in dieser Richtung Eingriffe in die Rechte der Kirche zu machen. Wenn nun seitdem so heillose Zustände sich geltend gemacht haben, jetzt um so unerträglicher, als sogar ein Weib, die Kaiserin Agnes, in der geschilderten Weise verfährt, so ist es an der Zeit, ihnen gegenüber die gebührende Stellung der Kirche zum Staat in Erwägung zu ziehen, ihre Durchführung mit allen Mitteln ins Auge zu fassen. Und hier kann es denn nicht zweifelhaft sein, daß vor jeder weltlichen Gewalt die Kirche den Vorrang einnimmt. Sie verhält sich, einschließlich ihres Besitzes, zu Jenem, wie die Seele zum Körper, wie am Leibe das Haupt zu dessen minder edleren Gliedern, die selbst wieder dem Range nach unter einander abgestuft sind. Ein jeder von beiden Theilen soll innerhalb des angegebenen gegenseitigen Verhältnisses auf seine Pflichten und seine Weise beschränkt sein. Ist es statthaft, daß die Kirche die weltlichen Mächte und überhaupt die „getreuen Laien“ benutzt, so kann dieß nur zu dem Zwecke sein, den Kirchengesetzen hartnäckig zuwiderhandelnde Priester nöthigenfalls durch äußerlichen Zwang, durch Gewalt zu ihrer Pflicht zurückzubringen — obschon das Letztere aus leicht erklärlichen Gründen mit großer Vorsicht mehr angedeutet, als ausgeführt wird*) —, das Volk zur Ergebenheit gegen die Kirche anzuleiten; aber auch Nichts weiter dürfen Laienhände sich anmaßen. So ist die Lage der Dinge; sehe nun ein Jeder, wie er es mit seinem Seelenheil vereinigen kann, jene Diebe und Räuber, nach dem Bilde des Evangeliums,**) als geistliche Hirten zu betrachten, ihre gottesdienstlichen Handlungen als gültig und heiligend hinzunehmen.

Wir wissen, was ein solches Wort für jene Zeit bedeuten wollte,***) — um für alles Andere jede Erklärung als an sich überflüssig zu vermeiden. Schon war, angefacht von Fanatikern und durch gewisse politische Verhältnisse nur noch genährt, zu Mailand jener wüthende Kampf der Pataria gegen Simonie und Nicolaitismus entbrannt, der binnen Kurzem an erster Stelle die Handhabe zum offenen Vortreten mit den päpstlichen Ansprüchen, der hier und an andern Orten, wohin er verpflanzt, eine für alle Gegner derselben im höchsten Grad furchtbare Waffe werden sollte. Ging das Werk des Humbert noch ohne bemerkenswerthe Wirkung an den erst später für derartige Einwirkungen gehörig vorbereiteten und empfänglichen Geistern vorüber: seine Ideen sollten nur zu bald in epochemachender Weise ihren thätlichen Ausdruck finden.

---

*) l. III, c. 11.

**) Ev. Joh. 10, 1 ff., die allezeit und in jedem Sinne angewendete Hauptstelle des neuen Testaments für die Frage über die Erhebung der Geistlichen.

***) Eine gute Entwicklung der in dieser Lage nothwendig sich geltend machenden Erwägungen s. bei G. Cassander (pseudonym), das Zeitalter Hildebrands für und gegen ihn (Darmst. 1842) S. 113 ff. Nur in weit geringerem Maße kann dieß von derjenigen Helfensteins, Gregors VII. Bestrebungen nach d. Streitschriften seiner Zeit (Frankf. a. M. 1856), S. 35 ff. gesagt werden.

Wie hätten, wo eine solche Entwicklung im Gange war, solche Interessen in Frage kamen, die römischen Capitani noch im Stande sein können, durch einen nach den Maßstäben ihres Gesichtskreises bemessenen und erhobenen Papst in die Lenkung der Dinge auf die Dauer einzugreifen? Siegend erhob sich ein Nicolaus II., bei dessen Wahl in der Hauptsache bereits alles das in Anwendung kam, was, früher schon versucht, bald als Gesetz verkündigt, als gültig für alle Zukunft aufgestellt werden sollte, was die Unabhängigkeit des Papstthums ebensowohl, als seinen universellen Charakter zum vollen Durchbruch brachte. Entscheidend für die ganze Folgezeit wurden die von ihm promulgirten Beschlüsse der römischen Synode vom 13. April 1059,*) deren geistiger Urheber Hildebrand von nun an auch offen und im vollsten Maße als der Träger und Führer des Papstthums auftrat. Nicht die von Neuem verschärften Gebote gegen Simonie und Unkeuschheit der Priester sind es, denen wir hier ein besonderes Gewicht beizulegen haben: es wurde die Papstwahl im Sinne der herrschenden Richtung festgestellt und factisch, wenngleich sie später noch manche innerliche Veränderungen erfahren sollte, doch ihre absolute Befreiung von jedem Einfluß der Kaisergewalt gewonnen. Nur persönliche, nicht principielle konnten die Beschränkungen sein, die man einstweilen in Hinblick auf die Umstände noch sich selbst auferlegte, die thatsächlich nie zur Anwendung kamen. Es wurden alle Kleriker von der weltlichen Gerichtsbarkeit ausgenommen, wurde den Laien verboten, Amtshandlungen ihrer durch Simonie oder Unkeuschheit befleckten Priester entgegenzunehmen, wurde endlich die Forderung aufgestellt, daß kein Kleriker, sei es für Entgelt, sei es unentgeltlich, von einem

*) Mansi XIX, 897 ff.

Laien eine Kirche empfangen dürfe. In wenigen, unscheinbaren Kanones sehen wir schon hier die Quintessenz der Bestrebungen und Mittel dieser Partei zusammengefaßt, derselben, die kurz vorher Humbert dargelegt; und wenn diese Kanones aufgestellt wurden, um durchgeführt zu werden, so konnte sich Keiner der leitenden Männer darüber unklar sein, daß die erste Vorbedingung hierzu eine fundamentale Veränderung der bestehenden Verhältnisse, das voraussichtlich einzige Mittel ein offener Kampf von Gewalt gegen Gewalt, ein Kampf des Papstthums gegen weltliche und geistliche Mächte sei. Im Sinne jener Kanones unternahm Rom jetzt officiell zuerst eine Entscheidung der mailänder Händel, wurde die Angelegenheit in diesen ihren ersten Stadien, wie in den späteren fortgeführt, wurde zugleich, wenn auch langsam und nicht ohne Widerspruch von jeder Seite der Betheiligten, eine so mächtige Nebenbuhlerin, wie die mailändische Kirche war, gedemüthigt. „Von Neuem gleichsam investirte der Papst auf dieser Synode den Erzbischof Wido mit seinem Erzbisthum durch einen Ring. War derselbe bisher ein Vasall des Kaisers gewesen, so sollte er forthin ein Dienstmann des römischen Bischofs werden: wie anders war diese ungewohnte Ceremonie zu deuten?"*) Und die Normannen sehen wir in ein Verhältniß zum päpstlichen Stuhl aufgenommen, welches von nun an als Grundlage eines ganz neuen Staatensystems überall in nächste Aussicht genommen erscheint.

Es konnte zuletzt nicht ausbleiben, daß die Aufmerksamkeit der Gegner dieser Bestrebungen, vor Allem des meistbedrohten Kaiserthums, sich auf diese Vorgänge richtete, daß man über die endlichen Folgen derselben nachzudenken anfing. Damit

*) S. Giesebrecht, Gesch. d. d. Kaiserzeit, Bd. III. S. 38.

aber war der Ausbruch des Kampfes, obschon nach Maßgabe der bisher praktisch hervorgetretenen Ansprüche und des Standes der Anschauungen zunächst nicht um die Grundfrage, sondern nur um einzelne Seiten derselben, gegeben: er entbrennt um die Person Alexanders II. und wird von diesem siegreich überstanden. Mit rastlosem Eifer und immer wachsenden Erfolgen wird unter allen Umständen die Consolidirung der Kirche auf Grund der Idee des Papstthums betrieben; das Bedeutendste wurde geleistet, während die gesetzgeberische, theoretische Thätigkeit sich ganz innerhalb des bereits Gegebenen hielt. Das wichtigste Ereigniß auf diesem Gebiet war die Bestätigung der Synodalbeschlüsse von 1059 auf der römischen Synode d. J. 1063,*) zu einer Zeit, wo noch in jedem Augenbicke die ganze Existenz des Papstes und der Richtung auf dem Spiele stand.

Wenn nun das darin enthaltene, auf die Erhebung zu geistlichen Würden bezügliche Gebot, vereinzelt, ohne besondere Strafandrohung, und wie nur deshalb bereits zweimal aufgestellt erscheint, um vor der Hand etwa auf einzelne Geister zu wirken und erst einmal der spätern Zeit, falls sie daran anknüpfen wollte, die Berufung auf eine ausdrückliche ältere Bestimmung zu ermöglichen: — wenn jenes Gebot vor der Hand an der öffentlichen Meinung in der That spurlos vorüberging und höchstens, die Richtigkeit der Ueberlieferung und unserer Datirung vorausgesetzt,**) auf einen Bischof, wie Hermann von

---

*) Mansi XIX, 1023 ff. Cod. Udalr. 131 (s. Eccard, corp. histor. med. aevi, tom. II).

**) Vgl. Hugo Flav., Mon. Germ. Scriptt. t. VIII. p. 453. Die Natur seiner Geschichtschreibung überhaupt, wie die Beschaffenheit der Angabe selbst sichert unsrer Verlegung der Thatsache auf diese Zeit allerdings nur den Werth einer Vermuthung. Das Ereigniß könnte recht wohl auch während der Anwesenheit Hermanns zu Rom zur Fastensynode d. J. 1075 vor sich gegangen sein.

Metz, die Wirkung übte, daß er aus Gewissensbissen über die empfangene Investitur mit Bewilligung des Papstes sein Amt niedergelegt haben würde oder das bereits niedergelegte von demselben sofort als nunmehr rechtmäßigen Besitz wiederempfing, wenn der Papst selbst je nach den im einzelnen Fall obwaltenden Umständen in seinen Verordnungen bald die Consequenzen desselben betonte, bald das herkömmliche Verfahren in seiner Geltung beließ,*) so trat zu Mailand eine Wendung der Dinge ein, welche auf einmal die Frage über die Erhebung der Bischöfe in den Vordergrund treten machte und, indem sie derselben hier zuerst im gegebenen Falle eine praktische Bedeutung verlieh, zugleich einen festen Punkt darbot, an dem das Princip nach und nach zu Tage gefördert, von dem aus seine Herstellung in die Wirklichkeit im Allgemeinen in Absicht genommen werden konnte. Legten binnen kürzester Frist die bisher mehr oder weniger latenten Gegensätze sich klar, so haben wir gerade in diesem Mittelglied den nächstliegenden und hauptsächlichen Anlaß jener äußern Klärung zu suchen.**)

---

*) Vgl. Jaffé. reg. pontif. Rom. 3450. 3431.

**) Den Einfluß der dortigen Vorgänge auf den Gang der Ereignisse hat, gegenüber verschiedenen, großentheils sehr unklaren frühern Anschauungen, zuerst Giesebrecht in gehöriger Weise erkannt und gewürdigt. An seine umfassende Darstellung wird sich jede künftige anschließen müssen, wie es auch die vorliegende thut, — wie sie es thut auf Grund nicht ungenügender Kenntniß und Beachtung sowohl der übrigen Quellen, als des gregorianischen Registrum. Ist das letztere vom Papst selbst veranlaßt, so erhält jene Ansicht nur neue Bestätigung, wie Jedem auch nur die erste zusammenhängende Lectüre desselben zeigen wird. — Auch im Allgemeinen waren früher die bis vor Kurzem mehrfach und in ganz hervorragender Weise sich geltend machenden autonomistisch-landeskirchlichen Bestrebungen viel zu wenig beachtet, fast möchte man sagen unbekannt. Länger und stärker als anderswo erhielten sie sich bei den Kirchen von Mailand und Ravenna, die obendrein schon äußerlich der römischen mit ihren Tendenzen gefährlich waren. In gleicher Weise macht hier

Die Unruhen zu Mailand hatten, von Rom fortwährend genährt und in seinem Interesse ausgenutzt, mit nur kurzen Unterbrechungen und mannigfachen Schwankungen fortgedauert. Gerade als die Pataria von Neuem obenauf war, zwischen 1067 und 1068, hatte ihr Führer, der Ritter Herlembald, sich wieder einmal nach Rom begeben, und dort waren, vielleicht nur im Hinblick auf das Alter des derzeitigen Erzbischofs Wido, vielleicht auch, weil man von seinem demnächst ausgeführten Plane Kunde erhalten, an erster Stelle die für den Fall einer sich nöthig machenden Neubesetzung des ambrosianischen Stuhls zu ergreifenden Maßregeln der Gegenstand der Berathungen geworden. Wurde hierbei von vornherein die Unrechtmäßigkeit des herkömmlichen Verfahrens in den Vordergrund gestellt, so war es namentlich Hildebrand, welcher betonte, daß nur durch eine kanonische Wahl, d. h. eine solche, deren Ergebniß durch den Papst bestätigt werde, die mailändischen Händel gestillt werden könnten. Der Papst sollte an die Stelle des Königs treten, die Pataria, die bisher mehr im Sinne der mönchisch-reformatorischen Bewegung gekämpft, somit direct für die päpstlichen Ziele einstehen. Herlembald nahm demgemäß zu Hause seinen Anhängern den Eid ab, nach Widos Tode eine solche Wahl durchführen zu wollen; Wido aber, zum Theil seiner bedrängten Stellung herzlich müde, zum Theil auch, um einem solchen Verfahren zuvorzukommen, trat seine Würde durch

---

die Darstellung Giesebrechts den erfreulichsten Anfang zum Bessern; und wer dieses Moment im Auge behält, wird allerdings zum Verständniß der Ereignisse mehr als Andere befähigt sein. — Hauptquelle für die hier in Betracht kommenden Ereignisse ist vor Allem Arnulf, zu Ende des 3. und zu Anfang des 4. Buches, dann Landulf, von der Mitte des 3. Buchs an (Beide M. G. SS. VIII.); Bonizo (Jaffé's Ausg. hinter dem reg. Greg. VII.) S. 653 f.

Uebergabe von Ring und Stab an einen mailändischen Kleriker Gottfried ab, der vom Könige ungesäumt die Bestätigung erbat und erhielt. Vergebens; denn Niemand nahm ihn als Erzbischof auf, der Bann Roms traf ihn, nur mit Waffengewalt konnte er sich in einer Burg des Sprengels gegen die wider ihn ausgezogene Pataria halten, Wido nahm unter Widerruf die niedergelegte Würde von Neuem an, und das Schisma war da, obschon Herlembald den Zweideutigen sofort in sichern Gewahrsam nahm. Noch im Jahre 1071 starb er; seinem Tode folgte der einmüthige Beschluß, in keinem Falle den Gottfried anzunehmen, und endlich wählte die Pataria in Gegenwart und unter Zustimmung eines päpstlichen Legaten den jungen Kleriker Atto zum Erzbischof. Kaum war dies jedoch geschehen, so erhoben sich die Gegner, jagten die festlich Schmausenden aus einander, mißhandelten den Legaten und Atto und zwangen den Letztern, eidlich auf seine neue Würde zu verzichten. Die Sache wurde zu Mailand vor der Hand nicht weiter verfolgt und ruhig lebten nun Atto und Gottfried, Jeder auf seinem Besitz, als Privatleute neben einander. Der Papst dagegen entband sofort auf Antrieb Hildebrands den Ersteren von seinem Eide als einem erzwungenen, erkannte ihn als rechtmäßigen Erzbischof an, sprach auf der römischen Synode den Bann über den Letzteren aus, ein Verfahren, um dies sofort hier zu berühren, welches der Kardinal auch während seines eigenen Pontificats alsbald wiederholte.*) Bei dem König selbst hatte sich Alexander II. zu Gunsten einer Ordnung der Angelegenheit in seinem Sinne brieflich verwendet. Um so größeres Aufsehen mußte es erregen, wenn von der andern Seite Jener zu Anfang d. J. 1073 den lombardischen Bischö-

*) Arnulf, gesta archiep. Mediol. III, 4. M. G. SS. VIII. p. 26.

fen den gemessenen Befehl ertheilte, Gottfried zu ihrem Metropoliten zu weihen, der auch zu Novara, nicht zu Mailand, welches Gottfried als Erzbischof nie betreten hat, unverweilt Ausführung fand. Man sagte, daß derselbe von Gottfried um vieles Geld erlangt worden sei. Allerdings haben sicherlich ganz bestimmte Abmachungen politischer Art zwischen dem Genannten und dem König stattgefunden, wie dies auch die Ueberlieferung andeutet; im Uebrigen dürfte jener andern, die auch äußerlich in wenig glaubhafter Form auftritt, nur geringes Gewicht beizulegen sein. Wenigstens kann die Reue des Königs über sein Verfahren, kann sein späterer Haß gegen den Vermittler in dieser Angelegenheit nicht als Zeugniß für die Wahrheit derselben gelten. Desto leichter aber, ja fast unwillkürlich war für die Anschauungen der Zeitgenossen die Verwechslung beider Vorgänge, denn jede von beiden Arten der Erhebung, mochte sie nun auf irgendwelchen Vereinbarungen anderer Art oder auf Leistung von wirklichen Werthen beruhen, fiel ja bei den Gegnern unter den Begriff der Simonie. Auf der Fastensynode d. J. 1073 nun belegte der Papst auf Antrieb der Kaiserin Agnes, wie es heißt, mehrere Rathgeber des Königs, welche ihn von der Einheit der Kirche trennen wollten, mit der Excommunication.*) Gewiß war der Papst, wenn wir die Sache vom rein kirchlichen Standpunkte aus betrachten, berech-

*) Ueber den Charakter und die Stellung dieser „Räthe des Königs" haben gegenüber den gänzlich verfehlten ältern Anschauungen endlich, und zwar sofort in abschließender Weise, Floto, Kaiser Heinr. IV. u. sein Zeitalter, Bd. I. S. 346 ff., und Giesebrecht, Gesch. d. d. Kaiserz. Bd. III. S. 158 ff., Klarheit verbreitet. Die Frage über die Personen der Gebannten dagegen ist, wie auch mich umfassende, doch hier nicht weiter zu behandelnde Zusammenstellungen belehrten, noch nicht zum Austrag gebracht, beziehentlich nicht dahin zu bringen, mit Ausnahme dessen, daß ohne allen Zweifel Eberhard von Nellenburg, der Vater, und Ulrich von Cosheim

tigt, geistliche Strafen dieser Art zu verhängen. Gewiß aber aber auch ist, daß jene Maßregel allen Verhältnissen angemessen mindestens zugleich, in Wahrheit ganz vorwiegend von politischer Bedeutung war. An diesem einen Falle wird die Frage über die Besetzung der geistlichen Aemter insgemein, an dieser die Grundfrage über die Stellung der Kirche zum Staat hervorgezogen werden. Ein Schlag gegen das Kaiserthum und die Kaisermacht in der Person des Königs Heinrich selbst war es und konnte es nach allem Vorhergegangenen allein sein, was jetzt geschah; zu gewinnen war im Fall seiner Nachgiebigkeit das wichtigste Präjudicium für eine demnächst ohne Zweifel in Bezug auf alle Kirchen aufzuwerfende und desto leichter durchzuführende Forderung, an die ohne Schwierigkeit allmälig noch vieles Weitere sich anknüpfen ließ, zu gewinnen war in Folge seines etwaigen Widerstandes und des daraus sich entspinnenden Kampfes Alles, zu verlieren für das Papstthum fast Nichts. Denn zu vernichten oder auch nur in den Grundlagen seiner derzeitigen Stellung wesentlich zu schädigen war dasselbe längst nicht mehr, und unmöglich konnte doch bei der noch so großen Entfernung von dem vorgezeichneten Ideale von einem bestimmenden Einfluß der Aussicht die Rede sein, sich im Fall einer Niederlage noch um einige Stufen weiter zurückgeworfen zu sehen.

Geistern der Art, wie sie an der Spitze der Bewegung standen, konnte die Nothwendigkeit des Eintritts jener zweiten

---

zu den Excommunicirten gehörten und vor Allem, was nur noch gegenüber den immer von Neuem herumspukenden Resten der alten Ansicht besonders hervorzuheben ist, kein Bischof unter den Letzteren war. Gar Nichts trägt zur Entscheidung bei Roehrig, de saecularibus consiliariis Heinr. IV. (part. I.) Halle 1866. — Bemerkenswerth ist es übrigens, wie schon während des großen Schismas zwischen Alexander und Cadalus Petrus Damiani (ep. VII. 3) gegen einige „Räthe des Königs" sich erhebt.

unter den obengenannten Modalitäten nicht verborgen sein. Und an einer günstigen Weltlage, an Vorarbeiten für den bevorstehenden Streit, fehlte es nicht. Wie das königliche Ansehen, die königliche Gewalt im Reiche überhaupt schwer gelitten hatte, namentlich in Italien fast vollständig aufgelöst war, wie gegenüber demselben das Interesse ehrgeiziger, auf das allgemeine Wohl niemals bedachter Fürstengeschlechter mit demjenigen des Papstthums sich vereinigte und seine Vertreter dem Letzteren fortwährend in die Hände arbeiteten, wie stark bereits die fortwährenden Demüthigungen des widerstrebenden Episkopats gewirkt haben mußten, das auszuführen, würde für diesen Ort zu weitläufig sein; und leichter auch, als Anderes, läßt es sich überblicken, in seinem Werthe veranschlagen. Dazu kam, daß die jetzt vom Papstthum in seinen Dienst genommene reformatorische Bewegung in den mehr als zwanzig Jahren ihres Bestehens sogar in der strengeren Form doch schon nicht wenig gewirkt hatte. Was wollte es sagen, wenn mehr als einmal noch selbst gewaltsamer Widerstand gegen den Cölibat sich erhob? Beschränkte er sich doch, sogar innerhalb der engern räumlichen Kreise, in denen er überhaupt noch hervortreten konnte, zumeist nur auf die unmittelbar in ihren Interessen Geschädigten! In der Verdammung der Simonie — in ihrem eigentlichen Sinne — stimmten Alle überein; und kam dieselbe als wesentlicher Factor jetzt gar nicht mehr in Betracht, so bot doch gerade jene Stimmung die beste Handhabe zur Durchführung weitergehender Ansprüche der Päpstlichen. Ganze Länderstrecken, innerhalb und außerhalb des Reichs, waren besonders durch das neue Mönchsthum*) in einer Weise bearbeitet worden, daß es kaum eines Winkes von Rom aus be-

*) Seine Stellung charakterisirt in der Kürze höchst treffend Ranke,

durfte, um den rücksichtslosesten Widerstand gegen alles Entgegenstehende hervorzurufen, — eines Winks von denselben Männern, die doch in allen andern Dingen, wie auch später ihre Gegner entrüstet constatiren, gegen jede Berechtigung eines Eingriffs von Laien in kirchliche Angelegenheiten so ernstliche Verwahrung einlegten.

Ein zweites bedeutungsvolles Ereigniß brachte die Fastensynode d. J. 1073: den Treueid des neu erhobenen Erzbischofs von Ravenna, Wibert, dessen Vergangenheit und übrige Stellung wir hier freilich als bekannt voraussetzen müssen.*) Hatten schon bisher die Erzbischöfe und Bischöfe bei Empfang des Palliums, beziehentlich bei der Consecration, unbeschadet ihrer andern Verpflichtungen, dem Papst Treue und Gehorsam schwören müssen, ein Versprechen, von dem es unter den bestehenden Verhältnissen Niemandem einfallen konnte, es auf andere Dinge als auf den geforderten kanonischen Gehorsam gegen Roms kirchliche Oberleitung zu beziehen, so finden wir hier einen förmlichen Lehnseid, wie sie uns in allen Beziehungen jener Zeit begegnen, mit bis dahin unerhörten Bedingungen, „ohne irgend eine Reservation in Bezug auf einen Kaiser, König oder Patricius"**); — und Hildebrand hatte für die natürlich nur

---

Kritik fränkisch-deutscher Reichsannalisten, i. d. Abhandl. der berl. Akad. d. W. v. J 1854, S. 443.

*) Vgl. oben S. 40 Anmerkg. Sein Vorgänger Heinrich hatte, was gewöhnlich vor dem Gewicht der übrigen Thatsachen etwas zu sehr in den Hintergrund tritt, bis an seinen Tod Honorius II. (Cadalus) angehangen. Nur zum kleinsten Theil wird unten der Verkehr Gregors mit Wibert und sein Verfahren gegen denselben in den Kreis unserer Betrachtung fallen. Es sei gestattet, hier darauf aufmerksam zu machen, wie oft und scharf Ravenna gegenüber auch rein äußerlich Petrus und sein Principat hervorgehoben wird; geradezu auffällig reg. VI. 10.

**) Vgl. Giesebrecht, Gesch. d. d. K. Bd. III. S. 182. 1080., die Urkunde selbst ebendas. S. 1215.

unter dieser Bedingung zu gewährende Bestätigung in ganz besonderer Weise auf den widerwilligen Papst eingewirkt.

So gekennzeichnet war die Lage, so scharf zugespitzt alle Verhältnisse, als wenige Wochen nach den letztgenannten Ereignissen Alexander II. vom Schauplatz abtrat, der Pontificat eines Gregor VII. begann.

II.

Ein Wechsel der Personen, nicht der Systeme war es, den der Stuhl Petri jetzt erfuhr.

Daß Gregor zu einem Beharren, beziehentlich weitern Vorgehen in der angegebenen Richtung gegen König Heinrich von Anfang an entschlossen war, das bezeugt die Art und Weise, wie er sofort auf Grund der allgemeinen politischen Lage Stellung nahm,*) ebensosehr, als es seine Aeußerungen und Thaten, namentlich in der mailänder Angelegenheit, ausdrücklich besagen. Diese war es vor Allem, die ihn bewegte, deren hervorragende Wichtigkeit auch der König erkannte und betonte, als seine bedrängte Lage ihn zu dem unüberlegten Schritt eines demüthigen Sündenbekenntnisses vor dem Papst bewog, demselben, welches uns auch weiterhin noch beschäftigen wird.**) Sie bildete zunächst den Gegenstand eingehender, vertraulicher Verhandlungen, welche der Letztere unter Umgehung des Königs mit den wichtigsten oppositionellen Factoren des

---

) reg. I, 1. 2. 4. 9. weiterhin ep. coll. 1; nach der andern Seite hin, und zwar in sehr charakteristischer Weise reg. I, 3 (vgl. 10. und wie wenig er dem Wibert traut, beweisen die Erinnerungen an seinen Eid), 12. 13. Für das unmittelbar Folgende s. 9. 11. 25–28.

**) reg. I. 11. 12 (libertas ecclesiae!). 15. 20. 25—28. 29a.

Reichs über die „Eintracht des Papstthums und Kaiserthums" zu führen unternahm.*) Sehr unbestimmt noch lauten die Forderungen, welche während dieses Verlaufs der Dinge in die Oeffentlichkeit treten. Als Simonie nur wird das Vergehen des Gottfried von Mailand und der gegenwärtig im Anschluß an seine Person innerhalb jenes feindlichen Kreises stehenden lombardischen Bischöfe bezeichnet, nur in diesem Namen, obgleich mit beachtenswerther Energie, gegen sie gewirkt.**) Die Investiturfrage bewegte bereits die Welt, mit vollem Recht dürfen wir sie in erster Linie den Bedingungen beizählen, auf welche hin Gregor sich bereit erklärt, „zum Nutzen der Kirche und zur Ehre der königlichen Würde" mit Heinrich ein gütliches Abkommen zu treffen — Bedingungen, deren Annahme soviel als Gerechtigkeit, deren Ablehnung soviel als Verachtung des göttlichen Wortes ist —: ausdrückliche Erwähnungen derselben würden wir vergebens suchen. Sein jugendliches Treiben soll der König aufgeben und nach dem Beispiel heiliger Könige sich richten — so nannte man mit Vorliebe Herrscher, wie Karl den Großen und Ludwig den Frommen, deren Nennung schon

---

*) reg. I, 19. 20. 25. 26. Sie müssen, wie ep. coll. 1, an sich schon auch dem Ungläubigsten beweisen, — um den Beweis aus den Thatsachen nicht weiter auszuführen —, daß ein, wenigstens in den Grundzügen, vollständig ausgearbeiteter Plan existirte. Man halte nur damit zusammen z. B. die sofortige Aufnahme und Anerkennung des Atto zu Rom u. A. m.

**) Zum mindesten in weiteren, zum Theil noch halb gegnerischen Kreisen, während dagegen in den unschätzbaren vertraulichen Schreiben an Herlembald (25. 26.) die wahre Sachlage als vollständig begriffen vorausgesetzt und darum jeder Discussion enthoben erscheint. Angedeutet soll der bestehende Unterschied vielleicht werden in der Art und Weise, wie der Bischof von Acqui (reg. I, 27. und in beschränkterem Umfange I, 28. der Bischof von Pavia). zum Einschreiten gegen das Wirken des Symo magus in Mailand und gegen die ipsa symoniaca heresis im eignen Sprengel aufgefordert wird.

in jener Zeit an erster Stelle allemal ihre Bemühungen für die Herstellung der kanonischen Wahl ins Gedächtniß rief —; „das Haupt der Laien ist der König," so lautet eine Aeußerung des Papstes inmitten anderer, welche durch eine dritte Person als Ausdruck seiner wohlwollenden Gesinnungen gegen Jenen der Kaiserin Agnes mitgetheilt werden sollen, „als solches muß er mehr, denn jeder Andre, die Religion ehren, den Rath der Bösen meiden, den der Guten befolgen, die Güter der Kirchen mehren und vertheidigen." Mit solchen Andeutungen müssen wir uns begnügen; und in Bezug auf die Grundfrage über die Stellung der Kirche zum Staate wird auch nicht mehr als allgemein verlangt, daß der König „Gott die gebührende Ehre erweisen soll."*) Auf friedlichem Wege soll den Mißständen, wenn möglich, abgeholfen werden; aber nur im Sinne Gregors ist dies möglich. Von einer Beachtung seiner Rathschläge, von einem Gehorsam gegen dieselben allein ist die Rede; — wir würden uns dies ohnehin sagen können, auch wenn es nicht in den eigenen Worten seiner Verfügungen uns überall entgegenträte. Und will der König nicht gehorchen, der Papst wird gegen ihn die Wahrheit bis aufs Blut vertheidigen; — und nicht im Reich allein soll Derartiges geschehen, nicht etwa bloß hier, weil die zufällig vorliegende mailänder Angelegenheit einen Anlaß bot, in dieser Weise vorgegangen werden; auch anderwärts erheischt die traurige Lage der Kirche, die Verwilderung und Verweltlichung der Geistlichen, erheischen die böswilligen Angriffe der Mächtigen dieser Welt auf das Gesetz und die Gerechtigkeit Gottes ein solches Verfahren.**) Zwar machten die

---

*) reg. I, 20. 24. Der genannte Ausdruck wird uns noch öfter begegnen, theils in derselben allgemeinen, theils in einer speciellen, auf die Investiturfrage bezüglichen Bedeutung.

**) ep. coll. 1. Die specielle Entwicklung der Absichten des Papstes

Personen, mit welchen er unterhandelte — Beatrix, Mathilde, die Kaiserin Agnes, Herzog Rudolf von Schwaben —, Gregor Hoffnungen, daß der König, wie in den übrigen kirchlichen Dingen, so vor Allem in der mailänder Frage nachgeben werde, welche letztere dann natürlich nicht auf diesen einzigen Fall beschränkt geblieben, sondern sofort principiell entschieden worden wäre;*) doch kannte Jener die Menschen und die Verhältnisse allezeit zu gut, als daß wir annehmen dürften, er habe rein mit Bezug auf die persönlichen Gesinnungen des Königs einen nur irgendwie höhern Werth auf diese Aussichten gelegt. In der That sollten sie, wie wir noch sehen werden, nach anscheinend vielversprechenden Anfängen nichts weniger als in Erfüllung gehen.

Offenbar erachtete es Gregor für noch zu früh — und ein Blick auf die obwaltenden Verhältnisse lehrt uns, daß er Recht hatte — mit seinen Forderungen in allgemeinerer Form und namentlich gegenüber den maßgebenden Gewalten hervorzutreten. Im einzelnen Falle ließ sich vor der Hand viel eher eine Wirkung erzielen, obschon auch hier in jeder Beziehung Vorsicht noch recht wohl am Platze erschien. Nach solchen Rücksichten allein kann sich sein Verfahren in Betreff der Besetzung des

---

vor Lanfrank, an den das Schreiben gerichtet ist, war — leider, wie wir sagen müssen, — dem Ueberbringer desselben aufgetragen. — In dem oben angegebenen Zusammenhange kommt auch zuerst, und zwar ohne die gewöhnliche Erklärung, der bekannte Spruch vor: Maledictus homo, qui prohibet gladium suum a sanguine. Hier läßt sich — I, 9. vgl. den entsprechenden Passus in I, 11. — nur der wörtliche Sinn herausnehmen, ohne der ganzen Stelle Gewalt anzuthun; ähnlich II, 5. wo die beigefügte Erklärung geradezu läppisch erscheint. Kundgebungen für das größere Publikum verlangten dieselbe freilich, und so wird denn nach Gregors I. Worten eine solche zurechtgelegt (vgl. Jaffé, Ausgabe, S. 26. Anm.). Vgl. I, 15. II, 66 III, 4. 8. IV, 1. 2. VII, 23.

*) reg. I, 26. vom 9. October 1073.

Bisthums Lucca gerichtet haben. Nach dem Tode Alexanders II., der dasselbe bis dahin beibehalten hatte, war dort sehr bald Anselm erwählt worden, derselbe, der später als einer der standhaftesten und eifrigsten Verfechter des Papstthums in dem großen Kampfe auftrat. Nicht unterrichtet sind wir über sein früheres Leben; sein Biograf*) übergeht es, angeblich aus Gründen, die nur zu deutlich durchblicken lassen, was auch die folgenden Thatsachen beweisen: daß dasselbe mit den spätern Ansichten des gefeierten Heiligen nicht so recht übereinstimmte. Die einzige Erwähnung, die von jenem Verfahren eine Ausnahme macht, daß nämlich Anselm von Alexander II. an den Hof geschickt worden sei, um dort ein Bisthum, vielleicht dasjenige von Lucca selbst, zu erhalten, aus Abscheu vor einer derartigen Erlangung jedoch denselben schleunigst und unverrichteter Sache wieder verlassen habe, gewinnt dadurch nicht gerade an Glaubwürdigkeit. Hat er vielleicht das Mißglücken seiner Mission durch jene Angabe zu bemänteln gesucht, oder hat er wirklich schon einigermaßen der genannten Ansicht angehangen und nur jetzt der Lockung des nur unter Beobachtung des herkömmlichen Investiturverfahrens zu erlangenden Bisthums nicht widerstehen können? Gewiß ist, daß sehr bald nach seiner Wahl und offenbar auf seine Anregung hin die Markgräfinnen Beatrix und Mathilde bei Gregor anfragten, was unter den vorliegenden Umständen zu thun sei. Der Papst antwortete,**) Anselm müsse selbst wissen, welches der rechte, welches der linke Weg sei; wähle er den ersteren, so solle es ihn sehr freuen, wähle er den letzteren, nicht minder schmerzen; er selbst werde sich durch keine

*) Vgl. die vita S. Anselmi auctore Bardone, wahrscheinlich kurz nach Anselms Tode 1086—87 geschrieben, i. d. M. G. SS. XII, und die Einleitung daselbst.

**) reg. I, 11. vom 24. Juni 1073.

persönliche Rücksicht zur Billigung der Gottlosigkeit bewegen lassen. Anselm, dadurch nicht zufriedengestellt, wendete sich von Neuem an ihn. Vom 1. September 1073 datirt die merkwürdige Antwort Gregors auf diese Anfrage.*) Durch seine aufrichtige Liebe zu Jenem begründet er die nunmehr zu gebende bestimmte Auskunft. Der Erwählte soll den Empfang der Investitur so lange vermeiden, bis der König für seine Gemeinschaft mit Excommunicirten Genugthuung gethan, den Frieden mit dem Papst hergestellt haben wird. Sollten die darauf bezüglichen, oben berührten Verhandlungen sich zu lange hinausziehen, so mag er unterdeß beim Papst sich aufhalten, um mit ihm Freud und Leid zu tragen. Und wirklich kam Anselm nach Rom;**) als im December desselben Jahres der neu erhobene Bischof Hugo von Die daselbst anlangte, um sich die Weihe zu holen, fand er ihn dort vor. Beide wollte nun der Papst weihen, als ihm der König den Wunsch ausdrücken ließ, dies nicht vor Empfang der Investitur durch die Gewählten zu thun. War es die Rücksicht auf die Verschiedenheit der Gesinnungen der beiderseitigen Diöcesanen, war es die Verschiedenheit der Stellung beider Bisthümer im Reichsverband, die Gregor bewog, diesem Ansinnen wenigstens in Betreff des Anselm Folge zu leisten? oder hat dieser selbst in entsprechendem Sinne auf die Entschließungen des Papstes eingewirkt, wenn nicht sogar sie umgangen? Genug, er erlangte factisch die Investitur und erst dann die Weihe. Was half es, wenn binnen Kurzem bittere Reue ihn überfiel, und ihn dahin führte, das unrechtmäßig erworbene Bisthum in die Hände des Papstes niederzulegen,

---

*) reg. I, 21.

**) vgl. für das Folgende zu den Angaben der vita, c. 2—4, Hugo Flav. Mon. Germ. SS. VIII. p. 411 f.

wenn der Letztere es ihm sofort als rechtmäßigen Besitz zurückgab, wie später im gleichen Falle dem getreuen Altmann von Passau, wie Anderen in ähnlichen?*) Verblieb ja doch der Nachwelt Kenntniß genug davon, um den Charakter dieser Vorgänge beurtheilen zu können. So wenig in den oben angeführten Worten des Papstes eine Billigung des Investiturverfahrens auch nur entfernt angedeutet oder enthalten ist, so sehr vermeidet er doch für jetzt jedes energische und allgemeine Auftreten in der Investiturfrage, er vergibt Bisthümer aus eigner Machtvollkommenheit, — und den hierbei gültigen Maßstab der gehörigen päpstlichen Gesinnung auf Seiten der von diesem Verfahren Betroffenen wollen wir nicht betonen. Vom moralischen und kirchlichen Standpunkt aus haben schon bedeutende gleichzeitige Stimmen das Urtheil über sie gesprochen.**) — Noch zu Ende des Jahres 1073***) ergehen gegen den König Filipp von Frankreich zwar die härtesten Drohungen für den Fall, daß er fortfahre, die Einsetzung des kanonisch von Geistlichkeit und Laien mit seiner eignen Zustimmung gewählten Bischofs Landrich von Macon zu hindern; aber an eben derselben Zustimmung, wie vollends an dem Versprechen des Königs, zur Besserung der kirchlichen Zustände Hand anlegen zu wollen, hat Gregor Nichts auszusetzen, und schließlich soll doch, wie aus Allem hervorgeht, nur im äußersten Falle die Einsetzung des Gewählten ohne des Königs Einwilligung erfolgen. Auch hier ist es Vorsicht, die Gregors Schritte leitet, und ihren guten Grund spricht er selbst ziemlich offen aus.

---

*) Vgl. Vita Altmanni c. 14. M. G. SS. XII, p. 233. — reg. I, 83. beschränkt 77. auch 80.

**) Sigeb. Gembl. ep. adv. laic. in presb. coniug. cal., Martene-Durand, thes. nov. anecd. I, p. 237; [Wenrich] ep. Theod. Vird., ebendas. p. 227.

***) reg. I, 35. 36. vom 3. December 1073.

Immerhin blieb Frankreich unter gewöhnlichen Verhältnissen das zweitwichtigste und zweitmächtigste Land, dessen Beherrschung von Rom aus, bei so vielen widerstrebenden Elementen, behutsam gehandhabt sein wollte. Der Normanne Richard von Capua dagegen muß allerdings in seinem Lehnseid beschwören, — was freilich erst für spätere Zeiten eine irgendwie höhere Bedeutung haben konnte, aber auch schon als Vorbote derselben wichtig genug ist, — alle Kirchen mit ihrem Besitz, soweit sie im Bereich seiner Herrschaft sind, der Verfügung des Papstes zu überlassen,*) und wie den französischen Großen, die nach Spanien wider die Saracenen ausziehen und selbst Reiche gründen wollen, vor Allem die Oberherrschaft des Petrus über Spanien, die Unzertrennlichkeit der Kirchengüter von der Kirche selbst eingeschärft wird, wie sie aufgefordert werden, wenn nicht der Papst geradezu gegen sie wirken soll, nicht dasselbe dem h. Petrus zuzufügen, was ihm jetzt die Saracenen anthun,**) so werden von dem Patronatsrecht über alle der Herrschaft der Letztern zu entreißenden oder von ihm selbst zu gründenden Kirchen, welches Rom dem König von Aragonien ertheilt, ausdrücklich die Bisthümer ausgenommen.***) Ein Zeichen, daß man zunächst gerade mit diesen Etwas in Absicht hatte; noch Größeres soll uns später begegnen. Und von einem Fürsten der Ungläubigen (dessen deßfallsige Eigenschaft freilich für die Sache selbst ebensowenig in Betracht kommt, als vom Papst

---

*) reg. I, 21a. v. 14. Sept. 1073. Die große Specialisirung, überhaupt Strenge des Eides wird wohl durch die persönliche Anwesenheit Gregors in Capua erklärt. Dasselbe dürfte über denjenigen des Robert Guiskard v. J. 1080 (reg. VIII, 1a) zu urtheilen sein.

**) reg. I, 7.

***) Jaffé, reg. pont. R. 3577. Gleiches besagten sicherlich auch die Verträge mit Evulus von Roucy und den andern oben erwähnten Großen, wenn solche wirklich abgeschlossen worden sind.

urgirt wird, obgleich sie allerdings jener einen ungewöhnlichen Anstrich zu geben geeignet ist) soll man, wie im vorliegenden Falle der Erzbischof Cyriacus von Kartago, lieber Alles, selbst den Tod leiden, als eine Einmischung in die Angelegenheiten der Kirche, namentlich in Betreff der Ordination von Geistlichen, dulden.*)

---

*) reg. I, 22. 23. v. 15. Sept. 1073. Man bemerke gerade in der angegebenen Beziehung die Worte: Quid enim aliud est, sacerdotem ad imperium mundanae potestatis legem Dei infringere, nisi fidem eius negare? d. i. den principiell zu fassenden und eigentlich maßgebenden Gesichtspunkt für das ganze Verfahren. — Die beigefügte Aufforderung zur Erwerbung der Märtyrerkrone erinnert freilich in diesem Zusammenhange und in dem hier ihr gegebenen Ausdruck fast an die Worte des verständigen Ivo von Chartres (ep. ad Hug. Lugd. bei Goldast, apol. pro Henr. IV. etc. p. 183; auch bei Floß, a. a. O. p. 167 f.): quia facilius est vobis comminante arcu de longinquo pugnare, nobis autem nimis periculosum adversantem gladio de praesenti ferire. Anders schon reg. II, 5.

III.

Soweit waren die Bestrebungen Gregors in der uns vorliegenden Beziehung zu Tage getreten, als er auf die erste Fastenwoche d. J. 1074 zum ersten Male ein allgemeines Concilium nach Rom zusammenrief.*) Auf die Tagesordnung stellte er die Frage, die er somit auch öffentlich von vornherein als die Grundlage seiner Bestrebungen anerkannt wissen wollte: wie dem betrübenden Zustande der Kirche, ihrer Unterdrückung und Ausbeutung durch die Fürsten ebensowohl, als der Verweltlichung der Geistlichen sammt der darauf beruhenden allgemeinen Verwilderung abzuhelfen sei, wie gegenüber der gegenwärtigen Stellung der Kirche als einer Magd der Laien und eines bloßen Mittels zur Sättigung der Genußsucht der Prälaten die Freiheit derselben geschützt werden könne. Wir sehen, daß es nicht Nebensachen, nicht Fragen untergeordneter Bedeutung waren, die er zu ventiliren gedachte; die Principien selbst wollte er in die Hand nehmen. Kann schon etwas ganz Aeußerliches geeignet sein, seine Absichten in dieser Richtung zu charakterisiren, so sind es gerade die obigen, von ihm gebrauchten Ausdrücke; sie allein würden uns, gleich andern, berechtigen,

---

*) reg. I, 42. 43.

sein ganzes Verfahren, wie es sich in dieser Beziehung offenbarte, so wie wir es thun, unter einen einzigen Gesichtspunkt zu bringen, von ihm aus einer zusammenhängenden Betrachtung zu unterwerfen.

Mit dem Beginn der großen Umwälzung hatte auch das Synodalwesen einen neuen Aufschwung und neue Bedeutung gewonnen.*) Die von den Päpsten oder ihren Legaten abgehaltenen Concilien, und namentlich die als allgemeine hingestellten römischen, erwiesen sich als das wirksamste Mittel, nicht nur die neuen Ideen überall hinzutragen und durch den Eindruck der persönlichen, collegialischen Begegnung mit Erfolg zur Geltung zu bringen, sondern auch, zumal bei dem ziemlich scharf ausgeübten Zwange des Besuchs derselben von Seiten der Geladenen, als ganz besonders dazu angethan, die Einheit der Kirche in der römischen immer von Neuem einzuprägen, eine strenge Disciplin durchzuführen, den Bestimmungen des Papstes mit dem Scheine größerer Rechtmäßigkeit um so größeres Gewicht zu verleihen, mit demselben Scheine Angelegenheiten aller Art, im Widerspruch mit der frühern Praxis, zur obersten Entscheidung durch Jenen heranzuziehen. Gerade die allgemeinen Concilien waren es, welche die Beachtung Gregors sofort auf sich zogen, und besonders erwähnt finden wir diese Eigenschaft in Bezug auf das in Bälde abzuhaltende. Nur eine Scheinautorität hatten dem Wesen nach jene Versammlungen, nur in Verbindung anderer zwingender Umstände war es einzelnen unter ihnen vergönnt, ihren Willen gegen denjenigen der Häupter der abendländischen Christenheit durchzusetzen: einem Gregor VII. gegenüber konnte davon nicht die Rede sein. Und wie in der

---

*) Vgl. darüber Giesebrecht, die Gesetzg. d. röm. Kirche z. Z. Greg. VII., in den ersten Abschnitten.

letzten Zeit fast alljährlich, sobald es im Uebrigen die Verhältnisse erlaubten, um die Osterzeit allgemeine Synoden in Rom abgehalten worden waren, so spricht auch Gregor in Anerkennung ihrer Wichtigkeit sofort seine Absicht aus, diese Gewohnheit, die er überdieß in bekannter Tendenz mit der Autorität eines alten Herkommens schmückt, beizubehalten.

Um die Mitte des März tagte diese erste Synode Gregors im Lateran.*) Die Energie, mit welcher der Papst seine Wirksamkeit auf diesem Felde als oberster Richter der Christenheit begann, wäre schon an und für sich geeignet gewesen, auf die Dauer Aufsehen zu erwecken. Denn es berührt ja gerade der einzelne, specielle Fall dieselbe öffentliche Meinung am meisten, die aus Mangel des Vermögens für Anstellung allgemeiner Betrachtungen über Vorkommnisse letzterer Art ruhig hinweggeht. Indeß mit Anderem war jene noch zu sehr beschäftigt, als daß sie diesen, selbst äußerlich schon ziemlich fern liegenden Vorgängen die gehörige Beachtung geschenkt hätte; und der in der That betäubende Hagel, wenn dieser Ausdruck erlaubt ist, von epochemachenden Ereignissen in der nächsten Folgezeit war selbst einer geordneten historischen Ueberlieferung nichts weniger als günstig. Als oberster Gesetzgeber der Christenheit setzte Gregor nur das vor ihm Begonnene fort, wenn er die Gebote gegen Simonie und Unkeuschheit der Priester erneuerte; und das gänzliche Wegbleiben aller Uebergangsbestimmungen durfte und darf in Hinblick auf die großen Fortschritte, welche die Be-

*) Erste Fastenwoche vom 9—15. März. Erlasse vom 14., 16., 17. März, gegeben in synodo, s. reg. I, 51—54. 56—58. Die Verhandlungen und Ergebnisse aller Synoden Gregors in ihrem vollen Umfange stellt Giesebrecht in der oft genannten Schrift „Die Gesetzgebung d. röm. Kirche etc." bei aller Kürze so treffend und übersichtlich dar, daß es allen weiteren Anforderungen genügen dürfte, wenn hiermit für alle zugleich auf ihn verwiesen wird.

wegung bereits gemacht hatte, am wenigsten verwundern. Aber neu war die Bestimmung, daß auch der Mitschuldige eines jeden Uebertreters der Simonieverbote denselben Strafen, wie der Letztere, verfallen sein solle.*) Es war derselbe Punkt, auf

*) Die bisherige Anschauung verlegte, indem sie die von uns oben hervorgehobenen Bestimmungen fast ganz überging, auf diese Synode die Kanones, welche wir in den epp. coll. 3. 4. 5. finden, und denen bei ihrer eminenten Bedeutung dann selbstverständlich das eigentliche Schwergewicht der Betrachtungen zufiel. Ihr trat zuerst entgegen Giesebrecht, Gesetzg. d. r. K. ꝛc. S. 127 f., dessen Ansicht ich mich auf Grund der eingehendsten Erwägung der Sache vollständig anschließen muß. Die ausführlichsten, für uns schlechthin maßgebenden Nachrichten über diese Synode gibt Marian. Scott. a. 1074 (M. G. SS. V, p. 590), und eine Betrachtung der Art seiner Geschichtschreibung läßt es eben so möglich als erklärlich erscheinen, wie gerade diese Kanones in seine Hände kommen und von ihm der Nachwelt überliefert werden konnten. Die anderen dem Ereigniß zeitlich am nächsten stehenden Quellen stimmen in allen Punkten auf das Beste mit Jenem überein, ohne ihm doch an Vollständigkeit gleich zu kommen, geschweige denn Neues hinzuzufügen, so daß wir für diesen Punkt selbst jede Anführung aus Berthold, Bernold, Lambert u. s. w. ersparen können. Positive gegentheilige Zeugnisse können unter den Chronisten erst aus Sigeb. Gembl. a. 1074 (M. G. SS. VI, p. 362. — nach ihm schrieb Ekkeh. chron univ. a. 1074. ibid. pg. 201, Redactionen C D E —) und einer Zusammenstellung des Paul von Bernried (bei Watterich, vitae pontif. Rom. t. I) c. 36—42 abgeleitet werden. Das Entscheidende ist vor Allem das Auftreten jenes „Aufruhrkanons", wie ich wohl in der Kürze die vierte unter den streitigen Bestimmungen nennen möchte, und der Verlauf des päpstlichen Strafverfahrens gegen den Bischof Otto von Konstanz. Nun stimmen die Nachrichten Bertholds (M. G. SS V, p. 277) und Bernolds (a. a. O. p. 430) über die Fastensynode d. J. 1075 auf das Genaueste mit den in den angezogenen epp. coll. enthaltenen Kanones überein, und ihre Kompetenz kann für diesen Fall Niemand bestreiten. Auf derselben Grundlage, wie ihre Kenntniß, d. h. auf persönlicher Anschauung der Dinge beruht die gleichzeitige Notiz der höchst beachtenswerthen Augsburger Annalen z. J. 1075 (M. G. SS. III, p. 128): Papae decretum enorme de continentia clericorum per laicos divulgatur; und wenn Marianus a. a. O. zu demselben Jahre wenigstens den genannten Aufruhrkanon anführt, so beweist dieß nicht minder, daß er zwischen den streitigen Vorgängen bewußt und ausdrücklich unterschied. Nicht geringere Bestätigung

den Kardinal Humbert hingewiesen, und mehr als einmal noch werden wir auf derartige Anklänge aufmerksam zu machen haben,

---

aber bietet eine Untersuchung des Registrum selbst. Sehr bald nach der Synode d. J. 1075 sehen wir eine Reihe von Verordnungen von Rom ergehen (vgl. Berthold a. a. O. p. 278), in welchen Bestimmungen getroffen, Maßregeln angeordnet werden, die, obgleich je nach örtlichen und persönlichen Verhältnissen in größerer oder geringerer Vollständigkeit, doch alle in gleicher Weise direct auf jene vier Kanones sich zurückbeziehen, ihnen ihren Ursprung verdanken: reg. II, 62. 66. 67. 68. vgl. 55. 61. 72. Würde nun schon an sich der Schluß vollständig gerechtfertigt sein, daß als ganz bestimmter Anlaß zu diesem Verfahren eben die Verhandlungen der letzten Synode vorgelegen hätten, so wird die Gewißheit durch die Zeitangaben zweier unter jenen Erlassen selbst, II, 62 init. 67 extr. unumstößlich, während bei Annahme jener andern Ansicht in den Verordnungen, welche man dann zunächst als durch die Fastensynode d. J. 1074 und ihre angeblichen vier Kanones veranlaßt glauben müßte, wie z. B. II, 11. 25. 45, weder eine derartige Uebereinstimmung unter sich, noch mit den letzteren, überhaupt kein einheitlicher Zusammenhang sich herstellen läßt. Und wenn in einem Schreiben vom 11. Januar 1075 an Rudolf von Schwaben und Berchtold von Kärnthen ähnliche Gebote, wie sie in den von uns erst auf die Synode d. J. 1075 verwiesenen Kanones enthalten sind, als den Prälaten Deutschlands bereits bekannt und vorgeschrieben bezeichnet werden, so werden dennoch die betreffenden Vorschriften als solche der alten Kanones und Leos IX., sowie der Folgezeit hingestellt, da doch im andern Falle gewiß Nichts näher lag, als die eigenen Gebote einzuschärfen. Fast ganz aber auch fehlt ferner der für die wirklichen Beschlüsse der Synode von 1075 so charakteristische Umstand der Autorisation aller Laien zum Widerstand gegen die schuldigen Priester, die hier im Wesentlichen nur den Adressaten ertheilt wird; und die bündigste Erklärung jener immerhin auffallenden Aehnlichkeit liegt in der Erwägung vor unsern Augen, daß hier offenbar Gregor im Voraus schon seinen Verbündeten auf dem für die Durchführung jener Beschlüsse günstigsten und zugleich unmittelbar ins Auge gefaßten Terrain Anweisungen im Sinne und nach dem Concepte des officiell erst demnächst festzustellenden und zu eröffnenden Verfahrens gibt. — Im engsten Zusammenhange mit ep. coll. 5 stehen epp. coll. 8. 9; sie gehören unbedingt dem Ende desjenigen Jahres an, auf welches jene erstere zu verweisen sein wird. Wenn es nun, wie die herkömmliche Ansicht ergeben würde, im einzelnen Falle schon rein unmöglich erscheint, daß ein Schreiben, wie reg. II, 60 (vom 13. März 1075), nach ep. coll. 8. 9. erlassen sein sollte, so widerspricht jener auch im Ganzen der

— nicht als ob Gregor von Jenem seine Ideen entlehnt hätte: aber gerade sie allein würden schon beweisen, wie lange und

---

übrige erhaltene Briefwechsel Gregors mit den Bischöfen von Constanz und Mainz durchaus. Was zunächst den ersteren betrifft, so ist schon durch die neuerdings erfolgte Widerlegung der Ansicht (s. o. S. 43), als sei derselbe einer von den zuerst i. J. 1073 und dann, nach der Versöhnung von 1074, auf der Ostersynode von 1075 von Neuem gebannten 5 Räthe des Königs gewesen, ein gewichtiger Grund für die Annahme beseitigt, daß jene Schreiben, ep. coll. 5, sowie 8. 9. neben denen früher 3. u. 4. nicht bekannt waren, nur 1074 ergangen sein könnten. Nun stellt sich aber der Gang der oben bezeichneten Correspondenz, zumeist auf Grund der authentischen Documente selbst, als folgender dar. Erst im Februar 1074 langte der erste Brief Siegfrieds an den neuen Papst (cod. Udalr. 130) in Rom an (vgl. darüber Floto a. a. O. II, 9. 31. Giesebr., G. d. d. K. III, 255 f. 1087). Er bringt nach den bekannten überschwänglichen Glückwünschen seine Beschwerden in der prager Angelegenheit vor, erwähnt die Sache des thüringer Zehnten mit den dabei erlittenen Unbilden, besonders mit Beziehung auf die jüngste erfurter Synode (in Betreff deren die von Floto, a. a. O. II, 32, vorgeschlagene Aenderung der Zeitbestimmung nur als eine nirgends in den Thatsachen begründete, ganz willkürliche Vermuthung zu bezeichnen ist). Die Entschuldigung dafür, daß er nicht persönlich nach Rom gekommen, bezieht sich offenbar zugleich auf sein Nichterscheinen zur Synode, zu der er doch immerhin als geladen galt, und soll ihn eventuell vor dieser rechtfertigen. Gregor antwortet ihm — reg. I, 60 — am 18. März 1074, am Tage nach Schluß des Concils: — es würde also die herkömmliche Ansicht, nach Auffindung von ep. coll. 3, ohne Noth zwei gleichzeitige Schreiben annehmen müssen. Er ruft ihn dann weiterhin, nach den bekannten Vorgängen der folgenden Monate, sammt sechs seiner Suffragane, worunter Otto von Constanz, unter dem 4. December zur nächsten Fastensynode, und befiehlt ihm die Ueberwachung der Letzteren (reg. II, 29). Kurz darauf, am 11. Januar 1075, gibt er den Herzögen Rudolf und Berthold die oben bezeichneten Anweisungen. In diesen Schreiben müßte sich, bei der Stellung der Adressaten zu den Geschicken des Bisthums Constanz, Etwas davon finden, wenn epp. c. 8. 9. wirklich schon Ende 1074 ergangen wären. Siegfried entschuldigt sich (cod. Udalr. 132) gegen Ende des Januars 1075 wegen der Unmöglichkeit seines Erscheinens zur Synode und der Ertheilung des geforderten Berichts; die ganz allgemein gehaltene Aeußerung über sein Auftreten gegen Simonie und Unkeuschheit der Priester kann sich schon inhaltlich gar nicht auf die etwa vorher erhaltene ep. c. 3. beziehen, sondern verweist uns auf die gegen jene Uebel ergangenen

sorgfältig Alles vorbereitet war, was die Weisen unsrer Tage, nach dem Mangel an Charakteren in dieser Zeit jene andre

---

Verbote im Allgemeinen, wie sie seit Leo IX. zahlreich genug vorlagen. Während Adalbero von Würzburg und Hermann von Metz persönlich erscheinen (was wenigstens der nächstliegende Grund ihres durch cod. Udalr. 141 bezeugten Aufenthalts in Rom am Palmsonntage, den 29. März, an der Curie ist), erscheint Siegfried durch Bevollmächtigte, ebenso Hermann von Bamberg (cod. Udalr. 135) und Otto von Constanz. Diesen werden bei ihrer Abreise die fraglichen Schreiben epp. c. 3. [4]. 5. mitgegeben. Wäre die herkömmliche Ansicht die richtige, so hätte gegen Otto auf dieser Synode ohne allen Zweifel eingeschritten werden müssen, um so mehr, als Gregor es sich gerade hier zur besondern Aufgabe gemacht zu haben scheint, nicht sowohl Verbrechen, nach der kirchlichen Anschauung, auszurotten — wie denn dem offenkundigen Simonisten Hermann von Bamberg noch einmal Frist gegeben wird —, als den Trotz des deutschen Episkopats zu brechen. Dieß zeigen die wirklich ergangenen Strafurtheile. Nun ist es aber namentlich nach Berthold a. 1077 (a. a. O. p 293) und Bernold, apol. pro Gebh. Const. (bei Ussermann, prodr. Germ. sacr. II, 379—382. Auszug daraus M. G. SS. V, p. 430 f.) unzweifelhaft, daß ein solches Urtheil gegen Otto überhaupt erst auf der Synode von 1076 gefällt worden sei. Wenn dieß, soviel wir wissen, ohne Hinweis auf die jetzt gegen ihn erhobenen Anschuldigungen geschah, so war der Grund davon eben nur der, daß das Schisma mit seinen Consequenzen einfach alles Andere überwog. Unserer Annahme steht endlich durchaus nicht im Wege, daß Siegfried wirklich Ende März 1075 (cod. Udalr. 141), aber erst nach Schluß der Synode, in Rom erscheint; vielmehr deutet der Schluß des päpstl. Schreibens vom 3. Sept. 1075 (reg. III, 4) ganz offen auf eine vor nicht zu langer Zeit in dieser Beziehung ergangene Mahnung, wie wir sie annehmen, hin. Und was die allgemeine Lage betrifft, so ist nicht zu sagen, in welche andre Zeit, als Ende 1075, ep. coll. 8. 9. passender, in welche andre, als Ende 1074, sie unpassender zu stellen wären. — Wer die Chronik des Sigebert von Gembloux mit nur einigermaßen genügender Aufmerksamkeit auf die chronologischen Angaben des Verfassers benutzt hat, wird zugeben, daß derartigen thatsächlichen Gründen gegenüber seine Datirung einfach als eine irrige betrachtet werden muß. Paul von Bernried sammelte unter vorwiegender Benutzung des Registrum selbst — wenigstens für fast alle Thatsachen von weitreichender Bedeutung — lange nach dem Tode Gregors seine Nachrichten über das Leben desselben, und am allerwenigsten der Ruhm einer chronologischen Fixirung war es, worauf er Anspruch zu erheben gedachte. Wie wenig dieß auch seine oben angeführte Zusammen-

bemessend, seinen Gründen nach so gern in momentan erregte Gemüthsstimmungen verlegen möchten. War nun jene Verschärfung an sich kaum von größerer Wichtigkeit, als jede der bisher gegen die Simonie erlassenen Bestimmungen,*) so gewann sie dieselbe doppelt durch die Lage der Dinge, auf Grund deren sie promulgirt wurde und ihre nächste Anwendung finden mußte. Nach dieser konnte die Maßregel gegen Niemanden gerichtet sein und scheinen, als direct gegen die bereits gebannten Räthe des Königs Heinrich, mittelbar, wie überhaupt das ganze einschlagende Verfahren, gegen diesen selbst. Sie war die öffentliche Aufnahme des gegen Jene gerichteten Angriffs, der durch sie zugleich eine neue rechtliche Begründung erhielt; nur ist die Sache bereits dahin gewendet, daß sie bloß noch als Mitschuldige in Frage kommen, die eigentliche Schuld, die Selbstursachlichkeit des als sündhaft bezeichneten Verfahrens, beim König selbst gesucht werden soll und vorausgesetzt wird. Die Richtigkeit dieser ganzen Auffassung beweist denn nun auch sofort noch die Gesandtschaft sammt ihren Aufträgen, die von der Synode aus zum Könige abging und uns später am passenden Orte wieder begegnen wird. Waren darum gerade die Suffragane von Mailand, jene cervicosi tauri, in gemessenster

---

stellung thut, beweisen Zweck und Bestandtheile derselben in gleicher Weise nur zu deutlich. Für diesen Fall ging ihm noch dazu die Grundlage des Registrum ab; vielleicht hat er sich durch ein Mißverständniß von reg. II, 11. bestimmen lassen. Ganz dasselbe müssen wir über diejenige des Hugo von Flavigny, a. a. O. p. 426, urtheilen, dessen desultorische Schreibart schon hinreichend gekennzeichnet und gewürdigt ist. Interessant dagegen ist es, aus dieser Stelle zu constatiren, daß er ep. coll. 3 noch gekannt hat, denn an reg. I, 60 oder II, 19 ist dort nicht zu denken.

*) Vom rein kanonistischen Standpunkt aus beurtheilt war auch sie, wie die meisten andern, nur eine Erneuerung von schon lange Bestehendem. Vgl. d. Apologet. super decr. Greg. VII. c. 6 (bei Mansi, XX, 408 f.).

Weise zur Synode geladen worden, um hier zu hören, wie sündhaft ihr König und seine Räthe seien, die soeben in Betreff ihrer Metropole Derartiges geübt, — um wenigstens scheinbar an den Beschlüssen theilzunehmen und durch sie gebunden zu sein? Waren sie berufen — und sie kamen fast vollzählig — um sie keinen Augenblick länger darüber in Zweifel zu lassen, welche Stellung der Papst gegen den König einzunehmen entschlossen sei und was man von ihnen verlange? Eins ist sicher: daß mit solchen Beschlüssen die ganze Frage sammt ihrer Entscheidung dem religiösen Gebiet auch noch in ihren letzten Bestandtheilen entzogen und auf das politische hinüber gespielt wurde.*) Es bezeichnet diese Synode den Abschlußpunkt der eigentlichen Reformperiode überhaupt und des Handelns Gregors, soweit es innerhalb dieser Richtung stand, auf ihr fußte; sie bezeichnet den Anfangspunkt der Bahn, auf welcher er nunmehr selbstständig vorschreiten wird. Findet noch, was den uns vorgezeichneten Bereich der Behandlung betrifft, ein Einschreiten gegen Simonie in ihrem wahren und ursprünglichen Sinne statt — und wir besitzen nicht wenige dahin gehende Verordnungen Gregors aus der Folgezeit —, so verliert dieß von nun an für uns vollends alles Interesse, ist an sich eben so gleichgültig, wie, als innere, rein kirchliche Frage betrachtet, der

*) Nicht ohne Bedeutung ist es, dieß von Gregor aus dieser Zeit selbst — um andere mehr oder weniger bekannte Aeußerungen anderer Perioden als nicht hierher gehörig zu übergehen — offen genug ausgesprochen zu sehen. Reg. I, 62 (Schreiben an Hugo von Cluny vom 19. März 1074) lesen wir: Portamus enim, quanquam infirmi, quanquam extra vires ingenii et corporis, soli tamen portamus in hoc gravissimo tempore non solum spiritualium, sed et saecularium ingens pondus negociorum etc. Und seine eignen Worte reg. I, 46 bezeugen deutlich, daß ihm der Gedanke schon von vornherein nicht fremd war, seine Ansprüche, wie er sie zunächst etwa auf der bevorstehenden Synode zu erheben gedachte, eventuell mit Waffengewalt durchzusetzen.

Cölibat, und wird uns nur da zur Beachtung anregen können, wo anders geartete Belange zugleich mit unterlaufen.

Mag Unmuth über das ganze bisherige Verfahren des Erzbischofs von Mainz, unterstützt durch persönliche Verachtung des Charakterlosen und eignes berechtigtes Selbstgefühl, das Meiste dazu beigetragen haben, Gregor aussprechen zu lassen, daß Jener nur der Gnade der römischen Kirche, der des Papstes, seine Stellung verdanke: schon an sich zwingt uns diese Aeußerung, ihr einige Aufmerksamkeit zu schenken, zumal da wenig später auch einem Liemar von Bremen gegenüber eine ganz ähnliche uns begegnet.*) Nicht bloß an das vom päpstlichen Stuhl beanspruchte, alleinige und unumschränkte Recht der Absetzung von Bischöfen, als des maius gegenüber der Confirmation, — auch an die letztere selbst und an weitere damit zu verknüpfende Bestrebungen in dieser Beziehung erlaubt uns jene

*) Für den ersterwähnten Fall s. reg. I, 60. Gregor selbst äußert sich reg. I, 61. über den Ton dieses Schreibens: Sigefr. archiep. Mogunt. . . . duriter increpavimus. Das Schreiben an Liemar steht reg. II, 28. Der Unterschied zwischen beiden Fällen ist eigentlich nur ein äußerlicher, und zwar ist der letztgenannte Erlaß bloß deßhalb später ergangen, weil der Papst erst den Erfolg der durch seine Legaten an den Erzbischof ergangenen dritten Vorladung, sich (zum Andreastag) in Rom zu verantworten, abwartete. — Wollte man aus reg. I, 24 vielleicht Etwas, wie eine Anerkennung des Autonomismus ableiten, so liefert das gerade Gegenstück und die aus inneren Gründen allseitig überwiegende Widerlegung hierzu reg. I, 79, und darnach ist auch der Werth anderer derartiger Aeußerungen, wie sie uns z. B. reg. IV, 16. VI, 2. 34. VII, 31. begegnen, zu bemessen. Nicht von sachlicher, sondern nur von rein persönlicher Natur sind sie, wie Alles im Bereiche der absoluten Herrschaft. Der Gesinnungen des Erzbischofs Warmund von Vienne, wenn wir reg. IV, 16. herausgreifen, war Gregor sicher, wie alle Documente beweisen; — daher wenigstens möglicherweise, wie Jeder zugestehen wird, seine anscheinend so ruhige Stellung zu der dort verhandelten Streitfrage, die Roms Rechte selbst berührte. Und doch wird sofort noch ausdrücklich jeder Möglichkeit eines Mißverständnisses vorgebeugt. Aehnlich verhält sich die Sache in den andern Fällen.

Redeweise zu denken; und was Andres besagt sie zum allermindesten, als daß auch Gregor von Anfang an die Gewalt der Bischöfe nur als eine von der seinigen facultativ abgezweigte, nur als eine potestas delegata betrachtete, — dieselbe Anschauung, die wir auch weiterhin noch mehr als einmal ausgesprochen finden? Welch' fruchtbarer Anknüpfungspunkt schon dies allein! Und wer wollte behaupten, daß ein Gregor nicht der Erste war, wo es galt, Consequenzen zu ziehen? — Doch wenden wir uns concreten Fällen zu; sie bethätigen erst recht durchschlagend die Richtigkeit unserer Meinung von der Wendung, die sich soeben vollzogen. Bemerkenswerth vor Allem ist hier die Art und Weise, wie der Papst den Diöcesanen, beziehentlich dem künftigen Metropoliten und den Amtsgenossen, die von ihm selbst geweihten neuen Bischöfe von Macon und Die vorstellt.*) In beiden Fällen kam die Betheiligung, beziehentlich Zustimmung der obersten Lehnsherrn stark ins Spiel; und um so mehr werden daher beide zu beachten sein, je mehr der Papst genau um dieselbe Zeit in andrer Verbindung die Eingriffe der Fürsten in die Gerechtsame der Kirche beklagt — aber auch als für sie gefährlich hinstellt, — und es als seine Pflicht ebenso, wie als seine beständige Sorge und Absicht betont, diese Zustände zu beseitigen, trotz manches Gewinnes, der ihm für ihre Belassung von den Söhnen dieser Welt geboten werde.**) Von der Wahl des Landrich von Macon und dem, was sich an sie knüpfte, ist oben die Rede gewesen. Seine Erhebung gerade ist es, die Gregor als die rechte, gesetzmäßige hervorhebt.***) Daß seine Auffas-

*) reg. I, 76. ep. coll. 7. — reg. I., 69.

**) reg. I, 70. Schreiben an König Wilhelm von England vom 4. April 1074.

***) Zur Beurtheilung seines Verfahrens beachte man doppelt das

sung derjenigen des Hugo von Die zum mindesten die gleiche war, beweisen die Thatsachen, das Vertrauen, welches er ihm gewährte, die Macht, welche er in seine Hände legte. In Betreff der Wahl dieses Bischofs erfahren wir aus dem uns erhaltenen Erlasse Gregors nur, daß derselbe ursprünglich durch Uebereinstimmung Aller, mit Einschluß des Grafen, erkoren worden, der Letztere aber nachher von seiner ursprünglichen Meinung zurückgekommen sei und Gewalt gegen die übrigen Wähler gebraucht habe, wofür er jetzt, falls er nicht Genugthuung leiste, mit den härtesten Kirchenstrafen bedroht wird. Wir sind in der glücklichen Lage, daß die Bedeutung des Mannes uns noch zwei ausführliche Berichte über jenen Vorgang vermittelt hat,*) und gerade sie setzen uns in den Stand zu sehen, daß jener andere päpstliche doch noch bedeutender Ergänzungen bedarf, um ein richtiges Bild von der Sache zu geben. Nach ihnen kam die „Wahl" des Hugo sachlich gleich einer Ernennung desselben durch den päpstlichen Legaten Gerald von Ostia, — der gerade zu Die zur Ordnung der kirchlichen Verhältnisse eine Synode abgehalten, die unter Anderem den alten Bischof Landrich abgesetzt hatte —, wenngleich die nachträgliche

offen feindselige Verhältniß, in welches kurz darauf Gregor zu König Filipp trat. Wir haben dasselbe hier nicht weiter auszuführen (vgl. bes. reg. II, 5. vom 15. Sept. 1074); wenn es aber an sich interessant ist, darauf hinzuweisen, wie sehr mutatis mutandis das hier eingeleitete Verfahren dem später gegen König Heinrich IV. angewendeten ähnelt, so ist dies geradezu wichtig für den Beweis der Allgemeinheit derartiger Absichten bei Gregor Schon hier wurden dieselben Maßregeln, die später, als sie gegen Heinrich zur Ausführung kamen, so ungeheures Aufsehen machten, in ihren letzten Zielen Gegenstand der öffentlichen Aufmerksamkeit. Offenbar im Hinblick darauf hielt es der Papst, a. a. O. p. 117, für angebracht, seine Uneigennützigkeit in der feierlichsten Weise zu versichern

*) Berthold a. 1078, M. G. SS. V, p. 306 f.; Hugo Flav. ibid. t. VIII, p 410 ff.

Zustimmung der kanonischen Wähler nicht fehlte. Dies ist das Uebereinstimmende aus den in Einzelheiten mannigfaltig abweichenden Berichten über jenen Vorgang; und wo sie abweichen, werden wir vielmehr dem Berthold Glauben beizumessen haben, als welcher der Sache nicht minder persönlich ganz unbefangen gegenübersteht, wie er über dieselbe gut unterrichtet sein konnte, dessen bekannte Gesinnung dabei auch jede Fälschung der Ueberlieferung zum Nachtheil der Kirche oder des Papstthums ausschließt. Hugo von Flavigny hatte für seine Erzählung, so sollte man meinen, die allerbeste Quelle: den damals Gewählten als spätern Erzbischof von Lyon und seine Umgebungen; und gegen seine weitern Angaben läßt sich nichts Erhebliches einwenden. Wenn es aber gerade in Betreff der Erhebung irgend eine höhere Bedeutung hatte, das beobachtete Verfahren in anscheinend unwesentlichen Punkten anders, als es in Wirklichkeit gewesen war, darzustellen, so war Jener der Mann dazu, dies nicht zu versäumen. Unterschied doch zur Zeit die große Hauptmasse, wenn überhaupt Jemand, selbst nicht zwischen einer Wahl, die wirklich frei oder vorschriftsmäßig unter der Leitung der benachbarten Bischöfe, und einer solchen, die unter der, je nach den Persönlichkeiten mehr oder weniger bedeutenden, aber immer überwuchtenden von päpstlichen Legaten abgehalten wurde. Hugo begab sich noch gegen Ende des J. 1073, nach vorläufiger Ordnung der Angelegenheiten seines Bisthums, welches namentlich in Hinsicht seines weltlichen Besitzes augenblicklich sehr heruntergekommen war, nach Rom, um die Weihen zu holen. Der Papst ertheilte sie ihm, wie wir oben sahen, trotz der Reclamation der königlichen Gesandten, und ohne daß derselbe die Investitur empfangen gehabt hätte. Schlecht würde es Männern von ihren Eigenschaften angestanden haben, schwächliche Versuche zur Umgehung dessen zu machen, was sie, nöthigenfalls mit Gewalt, ganz zu beseitigen entschlossen waren. Jetzt, als er ihn seinem Sprengel zurücksendet, hat Gregor, wie er dem Letzteren bekannt macht, Hugo nicht nur gegen die Simonie mit aller Kraft einzuschreiten aufgefordert; er hat ihm auch, im Anschluß an die bereits zu Tage getretenen Bemühungen desselben, befohlen, nicht eher Kirchen in seiner Parochie zu weihen oder in geweihten Gottesdienst halten zu lassen, bis sie befreit von den Händen der Laien, „wie es kanonisch ist", ihrer Selbstständigkeit und der bischöflichen Fürsorge für dieselbe wiedergegeben würden. Jene Bestrebungen Hugos waren ohne Zweifel der Grund für das oben erwähnte Verfahren des Grafen gewesen; — und diejenigen Gregors zeigen sich, den Umständen angemessen, in der schärfsten Weise. In der That war es, den weltlichen Besitz der Kirchen einmal anerkannt, ein drückender Mißstand, die Prälaten fortwährend von weltlichen Großen um Belehnung mit Kirchengütern angegangen, bedrängt, bekriegt zu sehen; aber nicht bloß dies kann es gewesen sein, was Gregor meinte, dasselbe, was ihm später zu den wichtigsten gesetzlichen Bestimmungen Anlaß gab. Gewiß sollte alles Kirchengut den Laien genommen werden. Sollten auch alle Patronatsrechte aufhören? und welches hätte das Ergebniß des Zustandes sein müssen, wenn so alle Bisthümer in sich consolidirt sich erhoben, unter der einheitlichen, und unter solchen Umständen erst recht maßgebenden Leitung des römischen Papstes? Wir werden uns noch wiederholt so fragen müssen; denn noch mancher Vorbereitung bedurfte es, ehe im Allgemeinen sich fordern ließ, was hier Gleichheit des Charakters, wie der Ziele, und günstige Umstände überraschend schnell zu Tage förderten. Die Güter der Kirche energisch gegen die oben bezeichneten Eingriffe zu schützen, das ist auch der Zweck der aus nächster Zeit stammenden Verordnung, welche in ostensibler Weise in Betreff der einschlagenden Verhältnisse des Klosters Reichenau ergeht.*)

Den dortigen Verhältnissen nach bemessen, entspricht dem bei der Erhebung des Hugo von Die eingeschlagenen Verfahren in seinen Zielen so ziemlich genau ein anderes, welches noch einen Monat vor der kommenden Fastensynode in Betreff des Bisthums von Arragonien (Jaca) Anwendung findet.**) Der dortige Bischof hatte in Rom selbst wegen andauernder körperlicher Schwäche um Enthebung von seinem Amte nachgesucht, und für die Nachfolge in Uebereinstimmung mit dem König Sancho zwei Kleriker als Kandidaten in Vorschlag gebracht. Letztere wies der Papst trotz ihrer sonstigen Tüchtigkeit schon wegen ihrer unehelichen Geburt (waren sie Söhne von Priestern?), die den Kanones zuwiderläuft, zurück; warum er auch das erste Gesuch verwirft, läßt sich aus seinen Worten nicht erkennen. Der Bischof, so verordnet er, soll auf seinem Platze bleiben, indem er zur Beihülfe bei Verwaltung des Amts einen dazu und eventuell zur Nachfolge tüchtigen Gehülfen annimmt; im Laufe eines Jahres oder später mag es sich entscheiden, ob er selbst die Geschäfte weiter führen kann oder nicht. Im letztern Falle wird von ihm, dem König und dem Klerus der Kirche über die Würdigkeit jenes Gehülfen zur Nachfolge nach Rom Bericht erstattet und hier eine endgültige Entscheidung über die Besetzung der Kirche getroffen werden. Von einer

---

*) reg. I, 82. v. 8. Mai 1074.

**) reg. II, 50. v. 24. Jan. 1075. Bemerkenswerth daraus: Et quia venerandi canones ad sacerdotii gradum tales provehi contradicunt, probare eos non satis cautum fore putavimus, ne quicquam a nobis contrarium sanctis patribus in exemplum et auctoritatem posteris relinquatur. Solet enim sancta et apostolica sedes pleraque considerata religione tolerare, sed nunquam in suis decretis et constitutionibus a concordia canonicae traditionis recedere.

kanonischen Wahl, von einer Betheiligung der kanonischen Wähler in ihrer vollen Zahl, mit Einschluß der Laienschaft, auch nur an dem vorliegenden Verfahren ist nirgends die Rede. Wenn aber der Umstand, daß Spanien für die Einheit der Kirche in der römischen eigentlich erst in sehr geringem Maße gewonnen war, daß auch dort noch sehr starke landeskirchliche Absichten in Umlauf waren, wie vor Kurzem in hervortretendster Weise die Aufwerfung des Apostolikus in Compostella bezeugt; — wenn dieser Umstand das Verfahren Gregors sehr begreiflich und, sobald man seine Ansprüche billigt, recht erscheinen läßt: eine Abweichung von den selbst auf den Schild erhobenen Gesetzen im Sinne einer Vermehrung des päpstlichen Einflusses war und blieb sie doch.

Indeß entschieden mußte Alles, was überhaupt in allgemein gültiger Weise entschieden werden sollte, zuletzt doch im Reiche werden; und hier würde eine Verfügung, wie sie am 22. Dec. 1074 an den Grafen, den Klerus und die Gemeinde von Fermo ergeht,*), die Berechtigung unsrer soeben dargelegten Ansicht ebenso vollständig, als mit gutem Grund in Frage stellen, wenn wir, ich sage nicht sie aus allem Zusammenhang herausgerissen für sich allein betrachten wollten, sondern zu ihrer Erklärung nur die nächstliegende Wahrnehmung beibringen könnten, daß die Adressaten augenscheinlich gut kaiserlich — denn dieser Ausdruck, den zu gebrauchen man mir gestatten möge, dürfte der bezeichnendste sein — gesinnt waren.**) Gregor betraut durch seinen Erlaß den Archidiaconus der genannten

---

*) reg. II, 38.

**) Dies beweist schon die beiderseitige Stellung zu dem hierbei in Rede stehenden Archidiaconus: quanquam pleraque nobis de archidiacono vestro reprehensibilia relata fuerint, eo tamen in nostra praesentia posito et diligenter super his quibus arguebatur inqui-

Kirche mit der einstweiligen Verwaltung des erledigten Bisthums, donec, um zur Verhütung jedes Mißverständnisses seine eigenen Worte anzuwenden, divina providente clementia cum nostra sollicitudine tum regis consilio et dispensatione idonea ad regendam ecclesiam et episcopalem dignitatem persona repperiatur. Und doch gewährt bei richtiger Betrachtung aller einschlagenden Verhältnisse auch dieses Zeugniß, weit entfernt, unsere Anschauung umzustoßen, ihr vielmehr neue Bestätigung.

Mit dem Tode Heinrichs III. hatte das bewußte reformatorische Streben auf Seiten der Krone aufgehört. Ohnehin schon würde es, so sehr auch später noch Jener auf Grund desselben erhoben wird,*) den Anforderungen der folgenden Päpste, vollends eines Gregor, nicht genügt haben, würde unter äußerlich gleichen Bedingungen mit ihm derselbe Conflict, wie mit seinem Sohne, haben zum Ausbruch kommen müssen. Unter der Regierung Heinrichs IV. nahm das herkömmliche Verfahren bei Besetzung von Bisthümern und andern geistlichen Würden

---

sito, nihil, nisi quod ad fidelem pertinere videbatur obedientiam in ipso deprehendere potuimus Heinrich besetzte ja auch wirklich im Laufe des folgenden Jahres das Bisthum, was wir noch weiter unten zu berühren haben werden. Der Bischof wurde willig aufgenommen; und besonders für die spätern Unternehmungen des Königs in Italien gaben gerade jene Gegenden, sei es nun aus persönlichen Gründen, sei es aus Furcht vor den Normannen oder der großen Gräfin und dem Verhältniß des Papstes zu Beiden, einen wesentlichen Stützpunkt ab. — Nebenbei sei auf die eigenthümlichen Grundsätze hingewiesen, auf welchen die in dem genannten Schreiben angedrohten Strafen für kirchliche Vergehen beruhen: Quod si qua temeritate neglexerit, sciat, se ex apostolica auctoritate in bannum casurum esse, si dives est, centum librarum, sin vero de mediocribus, in detrimentum totius substantiae suae.

*) Besonders hervorgehoben zu werden verdienen unter den hierauf bezüglichen Stellen Humbert adv. sim. a. a. O. l. III, c 6. 7. Petr. Dam op VI, c. 36 Reg. Greg. l. VII, 21.

ganz in der bisherigen Weise seinen Fortgang; aber während sein Vater, wie Freund und Feind in gleicher Weise anerkennen, dabei seine Hände immer rein erhalten hatte, fand die Reformbewegung jetzt nur zu bald von Neuem Anlaß, über das Vorkommen jener Mißbräuche am Hofe, welche die Kirche als Simonie verdammte, ihre Stimme zu erheben. Es kann uns und unser Urtheil nicht berühren, ob derartige Fälle unter der vormundschaftlichen Regierung vorgekommen sind oder nicht. Ist das Erstere der Fall, so wirft diese Thatsache nur ein sehr beachtenswerthes Licht auf die Praxis der Eiferer sowohl, als so heiliger, von ihr verehrter Männer, wie Anno und Anderer, die ein besseres Beispiel von Heinrich III. empfangen hatten, mit besserem seinem Sohne hätten vorangehen sollen. Wenn aber die große Menge auf Grund der Verwaltungsmaximen jener Zeit den König selbst dafür verantwortlich machte, konnten es, wenn nicht etwa andere Interessen zugleich ins Spiel kamen, die Einsichtigen, auf die denn doch zuletzt Alles ankommt, konnte es ein Gregor thun? Und wie steht nun Heinrich, soweit sein eigener Wille in Anschlag gebracht werden kann, zu den erhobenen Anschuldigungen? Es ist von anderer Seite bereits auf Grund authentischer Ueberlieferung in treffendster Weise hervorgehoben worden, wie und warum derselbe von Haus aus bisher nichts weniger als störrisch gegen Rom sich gezeigt hatte, wie er eigentlich nirgends ernstern kirchlichen Bestrebungen entgegengetreten war.*) Nur derjenige, der wenigstens einige Streitschriften der unmittelbar folgenden Zeit gelesen hat — und das wurden im Verlauf des großen Kampfes nur zu bald alle schriftstellerischen Producte überhaupt —, kann eine Ahnung davon bekommen, in welcher Weise hüben und drüben gelogen,

*) Giesebrecht, Gesch. d. d. K. III, 222 ff.

gefälscht, im besten Falle geirrt wurde. Stellen wir nun die Aeußerungen selbst der erbittertsten Gegner über die einzelnen Erhebungen von Prälaten durch den König zusammen, wir finden wahrhaftig nur Weniges, wenn wir gerecht urtheilen wollen, was Grund zu derartigen Anklagen hätte geben können, trotzdem daß oder eben weil jene Männer zum großen Theil recht wohl im Stande waren, die Thatsachen bis in ihre Einzelheiten hinein zu kennen. „Der Simonisten Haupt und Herr und Vater ist der König", „simonistisch, unkanonisch, wider Gottes und der h. Väter Gebot erfolgte dieses oder jenes Bischofs Einsetzung", so ruft ein Mal über das andere der Wüthenden Schaar; aber was beweisen solch allgemeine, im verschiedensten Sinne zu deutende Anschuldigungen, wo es sich um Angabe von Thatsachen handelt, wo Andere von derselben Seite und für dieselben Ereignisse Nichts von Simonie, von Bestechung wissen, da doch selbst der leiseste, begründete Verdacht bei ihnen in den härtesten Vorwürfen seinen Ausdruck würde gefunden haben? Es fällt uns nicht ein zu behaupten, daß die uns erhaltene Ueberlieferung über alle vorgekommenen Fälle der Ernennung von Prälaten, um diesen Ausdruck zu gebrauchen, durch den König sich erstrecke. Aber zum mindesten merkwürdig muß es dem Unbefangenen doch erscheinen, wenn gerade in Betreff der beiden einzigen, in welchen das Vorhandensein einer Bestechung von Seiten der zu Erhebenden unbedingt anzuerkennen ist, eine Schuld des Königs sich nicht nachweisen läßt. Wohl bestach der magdeburger Domherr Karl, als er das Bisthum Constanz, wohl der bamberger Abt Robert, als er die Abtei Reichenau erlangen wollte, die Rathgeber desselben; aber Heinrich selbst war frei und fügte sich, sobald die kirchlichen Autoritäten gegen die Genannten einschritten.*) Ihn

*) Bemerkenswerth ist obendrein, daß Robert nicht einmal wegen Si-

kann für die Handlungen seiner Räthe Niemand verantwortlich machen, am wenigsten durfte es jene Partei, deren Schriftsteller es an dem Beispiele von päpstlichen Legaten, die in den spätern deutschen Händeln auftreten, selbst hervorheben, wie es so recht Roms Sitte sei, überallher und wo möglich von beiden kämpfenden Parteien Geld zu nehmen, wie unter Alexander II., zu einer Zeit, wo doch schon der gottgeliebte Hildebrand in Allem den Ausschlag gab, ein eclatanter Simonist sich von der Strafe loskaufte und obendrein Ehren erwarb;*) deren nachherige eifrige Glieder nicht minder Angebote an maßgebende Persönlichkeiten nicht scheuten, oder endlich gar am Hofe ihres Königs, des Hermann von Luxemburg, alle die gerügten Uebelstände in voller Blüthe erblicken und zum Ueberfluß von den eigenen Kampfgenossen auf ihre Mahnungen die schimpflichste Abweisung sich gefallen lassen mußten.**) Wir heben nochmals hervor, daß wir weit von dem Glauben entfernt sind, als seien wir auch nur annähernd vollständig über die Thatsache jeder einzelnen Erhebung selbst unterrichtet, — wir ziehen sehr wohl in Betracht, daß man, wenn man bestechen will, nicht Urkunden über den erfolgten Act ausstellt oder Zeugen herbeiruft: auch so können wir dem oft angezogenen, mit einer gewissen Vorliebe so genannten „Bekenntniß" des Königs***) vor dem Papst in dieser Beziehung nur ein höchst geringes Gewicht beilegen. Noch Niemand hat Heinrich, dem gerechtere Zeiten noch allge-

monie abgesetzt wurde, sondern weil er den auf Grund der erhobenen Anschuldigung an ihn ergangenen drei kanonischen Vorladungen zur Synode nicht Folge leistete. Lambert, M. G. SS. V, p. 191.

*) Lambert a. 1070 init.

**) Cod. Udalr. (Siegfried v. Mainz an Hildebrand) 127. S. ferner die Correspondenz zwischen Wilhelm v. Reichenau und den sächsischen Bischöfen in Sudendorfs Registrum.

***) reg. I, 29a.

meiner und freudiger, als es die unsern thun, den Ruhm eines der größten Genies unter unsern Kaisern zollen werden, wenigstens die Fähigkeit abgesprochen, in schlimme Lagen sich nach Kräften zu schicken und mit guter Miene Stellung auf Grund derselben zu nehmen, so lange das dabei nie aus den Augen gelassene Ziel nicht unmittelbar von Neuem erstrebt werden konnte. Nun versetze man sich in seine Lage, wie er, den Händen der Rebellen kaum entronnen, überall die schwierigsten Verhältnisse vor sich, von falschen Berathern, den Fürsten des Reichs, die längst mit dem Papst in Verbindung über Dinge sich gesetzt haben, welche von vornherein unmöglich zum unmittelbaren Besten des Königs oder zur Stärkung des Reichs beabsichtigt sein konnten, umdrängt, gepeinigt wird; wie sie ihm mit dem Zorne des Papstes drohen, dessen Ausbruch nur zu leicht die schon wankende Krone von seinem Haupte fallen machen kann, wie geringfügig und nur mehr äußerlich demüthigend sie die Zugeständnisse darstellen, durch welche sich seine mächtige Hülfe gewinnen läßt. Aber auch unter diesem Gesichtspunkt betrachtet, beweist jedes Wort des Schreibens, daß es sich hier wesentlich weder um Anschuldigungen noch um Entschuldigungen in der vorliegenden Beziehung handelt: die Einigung von Papstthum und Königthum, und zwar auf Grund der unmittelbar in Frage gekommenen mailänder Angelegenheit ist die Hauptsache; auf ihrer Entscheidung und dem, was sich daran knüpft, ruht das eigentliche Gewicht. Das erkannte der König ebenso gut, als der Papst, als wohl jeder einsichtige Mann jener Zeit, während es der unsern lange genug verborgen blieb. Bekennt Jener daneben, Mißbrauch mit seiner Gewalt getrieben, besonders Kirchengüter angegriffen und Kirchen an Unwürdige und Simonisten „verkauft“ zu haben, so wird doch zugleich theils auf eben jene entlastenden Umstände verwiesen, welche auch wir oben berührten, theils aber bezeichnet ein Ausdruck wie „Kirchen verkaufen", besonders in dem dort gebrauchten Zusammenhange, nach der Anschauung jener Zeit an sich in keiner Weise ein Vergehen der Art, um welche es sich hier handelt. Nehmen wir nun selbst an, daß der König, wie man es ihm zum Theil schuld giebt,*) i. J. 1069 von Meinward für die Abtei Reichenau, von Gottfried für Mailand Geld oder sonst irgend Etwas angenommen, hätten derartige Vorgänge ein Vorgehen Roms, wie wir es bereits begonnen sehen, hervorrufen können, desselben Roms, welches gegen einfache Simonisten ganz anders zu verfahren pflegte? Es kamen in der That andre Interessen ins Spiel, als das bloße Streben nach Herstellung kirchlicher Ordnung und Zucht. Wenn aber zu jenen anderweitigen Zwecken jeder Angriff, sobald er überhaupt Aussicht auf durchgreifenden Erfolg haben sollte, nur gegen die Person des Königs selbst und in ihr gegen die Gesammtheit der als zu beseitigend erfaßten Zustände geführt werden konnte, wenn zugleich die wahren Absichten des Papstthums solche waren, daß für ihre offene Durchführung weder unzweifelhafte kirchenrechtliche Grundsätze sich anführen, noch die als dringend nothwendig erkannten Sympathieen der Außenwelt sich gewinnen ließen, so gab es in der That keinen andern Punkt, der diesen

*) Für den ersten Fall behauptet es Lambert, a. 1069, a. a. O. p. 176, also eine so trübe Quelle, wie nur möglich; für den zweiten, dessen wir bereits oben gedachten, Arnulf IV, 3, aber nur als Gerücht; daneben Berthold a. 1072, p. 275 a. a. O. in bestimmter Form. Daß aber gerade auf das Zeugniß des Arnulf das entscheidende Gewicht zu legen sei, bedarf wohl keines Beweises. — Eines Lächelns wird sich nicht erwehren können, wer das Raisonnement liest, welches Lambert a. a. O. p. 183 f. an seine Nachricht von dem angeblichen Kauf derselben Abtei durch den bekannten Robert i. J. 1071 knüpft. Also erst von diesem Robert kam die verderbliche Gewohnheit, Abteien durch Geld zu erlangen; aus allerjüngster Zeit stammt überhaupt erst, steht es so, die Simonie? Wie konnte sich dann der König schon so früh, wie sonst behauptet wird, derselben schuldig machen?

Anforderungen mehr entsprochen hätte, als der besprochene. So wird denn die „Simonie" an dem König aufgestochen,*) und die absolute Unklarheit des Begriffs erlaubt es, Vorgänge aller andern Art und nichts weniger als verbrecherischer Natur unter jenen Namen zu begreifen und an sich schon ohne weitere Discussion vor der öffentlichen Meinung als Verbrechen zu brandmarken. War es nicht dieselbe Partei, die in einem andern Falle gerade das als ersten Anklagepunkt gegen einen zu beseitigenden Bischof verwendete, was sie sonst aller Orten als Ideal von Frömmigkeit pries und am liebsten überall hergestellt gesehen hätte?**) Jenes Verfahren erwies sich als nur zu wirksam; bis auf unsere Tage reicht es mit seinen Folgen. Es ist unbegründet, wenn man, da für diese Zeit fast Nichts gegen den König sich einwenden läßt, behaupten will, daß er später, als er im Kriege mit den Sachsen und dem Papste überall Hülfsmittel suchte, hierin gewiß weit mehr sündigte, als früher.***) Gerade je weiter die begonnene Entwicklung

*) Viel zu denken giebt in dieser Beziehung das Urtheil des Wilhelm von Malmesbury, der bei guter Sachkenntniß mit seinen Gefühlen dem in Gang befindlichen Streit gänzlich fern stand, über den König. Erat is, sagt er, neque ineruditus neque ignarus, sed fato quodam ab omnibus ita impetitus, ut rem religionis tractare sibi videretur, quisquis in illum arma produceret (l. III. c. 266. M. G. SS. X, p. 475).

**) Ich meine Hermann von Bamberg und sein Verfahren gegen das von ihm errichtete Kanonikatsstift zu Gunsten des reformirten Mönchthums . . . monasticae conservationis munditia delectatus in toto episcopatu suo, si fieri posset, hanc solam esse vitam cupiebat; zelo quidem Dei, sed non secundum scientiam, sic aemulatus Rachelis pulchritudinem, ut Liae fecunditatem in thalamum coelestis sponsi non crederet admittendam, sagt Lambert a. a. O. p. 220 f. Mit solchen Frasen setzte man sich über alle Schwierigkeiten hinweg.

) Was ohnehin für die Beurtheilung des gegen ihn eingeleiteten Verfahrens gleichgültig sein würde, da dasselbe, einmal in Angriff geder Dinge vorschreitet, je heißer der Kampf entbrennt, desto mehr hören Anschuldigungen, wie wir sie fanden, auf, erhoben zu werden. Nichts, was auch nur Anlaß zu einem Bedenken geben könnte, ist für die Zeit Gregors VII. mehr überliefert. Die wahren Absichten waren im Verlauf der Dinge an den Tag getreten; im offnen Streit bedurften sie weder einer Maskirung mehr, noch hätten sie eine solche vertragen. Man stand oben davon ab, jene Parole auszugeben — und bei gleicher Sachkenntniß, wie früher, wissen nun auch unsere Berichterstatter nichts mehr von den Dingen, die sie erst überall erblickt und ans Licht gestellt. Der König behauptete sein Investiturrecht gegenüber den Ansprüchen der andern Seite und legte gerade auf das Entscheidende seines Willens ein ganz besonderes Gewicht; aber mehr als einmal fand er Gelegenheit, gerade gegenüber simonistischen Bestrebungen die Lauterkeit seiner Absichten in das hellste Licht zu stellen.*) Es ist unbegründet, wenn man seinen Bund mit den Gegnern des Papstthums als einen principiell zugleich auch gegen jede Kirchenreform gerichteten auffaßt.**) So wenig das Papstthum an sich mit der letzteren gemein hatte,) so wenig ist dies der Fall. Hier wie dort

---

nommen, denn doch nicht wieder rückgängig zu machen war. Die genannte Ansicht vertritt Stenzel, a. a. O. II, 58—60.

*) Gerade Lambert p. 236 f. ist es, der die Kunde von mehreren glänzenden Beispielen uns erhalten hat.

**) Eine Meinung, die neben allen Schriftstellern der päpstlich-kirchlichen Partei, bei denen sie selbstverständlich ist, auch Giesebrecht (vgl. z. B. Gesch. d. d. K. III, S. 494 u. a. m.) vertritt.

***) So wenig Gregor, wie andere Päpste, sich scheute, im Falle der Noth und zu allgemeinen Zwecken die Mittel herzunehmen, wo er sie fand, so großen Eindruck muß seine persönliche Uneigennützigkeit gemacht haben. So weist er reg. I, 34 die Anerbietungen des Bischofs von Lincoln, VII. 26 die der Königin von England zurück; und die oben erwähnten des Siegfried von Mainz hat er sicherlich nicht einmal einer

hielt man sich an maßgebender Stelle frei von Simonie; nur daß man dort auch bei jeder Gelegenheit dagegen sprach und — an sich bedeutungslose — Beschlüsse aufstellte, Strafen androhte, obgleich auch von königlicher Seite den gegebenen Umständen nach dies nicht unterlassen ward.*) Hier wie dort fanden Simonisten, sobald sie eintreten wollten, in den Reihen der Parteigenossen Aufnahme, nur daß man auf päpstlicher Seite sie zuvor durch rein formelle Bußen von ihrem Vergehen reinigte und legitimirte. Fast die gesammte, namentlich höhere Weltgeistlichkeit des Reichs stand mit dem König dem aufstrebenden Papstthum gegenüber, die wirksamsten Mittel zu einem erfolgreichen Widerstande standen der Partei zu Gebote. Wenn sie dennoch zu Grunde ging, — nicht jene ihr untergeschobenen Tendenzen waren es, welche ihre Niederlage verursachten: es war der Umstand, daß sie in ihren Grundanschauungen über das Wesen der Kirche und ihres Besitzes, über die Nothwendigkeit und Competenz des römischen Papstthums mit den Gegnern schließlich ganz auf demselben Boden stand,**) daß sie,

---

Antwort gewürdigt. Hätte er sonst gegen ihn auftreten können, wie es reg. I, 60 geschieht?

*) Vgl. das concil. Heinr. Imp. III. Mon. Germ. Legg. II, p. 51, auf dessen Zeitpunkt hier weiter nichts ankommt. Sehr bezeichnend ist der Name Clemens III., den Wibert annahm. Er soll gegenüber Gregor VII. und Heinrich IV. offenbar auch äußerlich schon eine Analogie zu dem Verhältniß Clemens II. gegenüber Gregor VI. und Heinrich III. darthun, auch so schon das beabsichtigte Verfahren in kirchlichen Dingen als eine stricte Fortsetzung jenes andern bezeichnen.

**) So auch im Einzelnen, um eine Beziehung zu berühren, z. B. über die äußere Stellung der Geistlichkeit zu den Laien. Päpstliche wie Kaiserliche betrachten als die größte Schandthat die Ermordung des vom Kaiser designirten Erzbischofs Conrad von Trier, obgleich doch diese Ernennung im directen Gegensatze zu dem ausgesprochenen Willen der Gemeinde ebenso, als zu der bereits lebhaft aufgestellten Forderung des Rechts der kanonischen Wahl stand. Landulf (III, 28. a. a. O. p. 94), wo er

wie überhaupt die Zeitgenossen, die alten Verfassungsformen, welche allein ihr einen Bestand hätten gewähren können, vergessen hatte. Und freilich vereinigte sich zugleich zu vieles Entgegenstehende, um den König mit den Seinen sofort die einzunehmende Stellung erkennen, jener Mittel sich sachgemäß bedienen zu lassen, — auch wenn nicht die Gegner selbst für das Letztere nach Kräften gesorgt hätten.

Wir haben bereits die bestehende Differenz in ihrem Ursprung und ihrer Weiterentwicklung verfolgt, wir sahen, wie der Papst zunächst eine friedliche Lösung in seinem Sinne, aber nur eine solche, im andern Falle die gewaltsame Durchführung seiner Ansprüche in Aussicht stellte. Wenn an dem Willen Heinrichs, von seinem guten Rechte auf die bloße Forderung eines Papstes hin auch nur ein Jota aufzugeben, von vornherein zu zweifeln war, so waren dagegen im Reiche Verhältnisse eingetreten, welche wohl darnach angethan erscheinen konnten, ihn zur Nachgiebigkeit zu zwingen. Auch unter ganz andern Verhältnissen, wenn zu Rom ganz andere Absichten, als dies der Fall war, gehegt worden wären, hätte der Papst über kurz oder lang auf Grund der Natur seines Amtes von dem Streite nicht unberührt bleiben können. Man bedurfte einer obersten, universellen Autorität; und da das Königthum, die Grundlage der Kaiserwürde, selbst zur streitenden Partei geworden war: wo andershin hätte man sich eintretenden Falls noch wenden sollen, als eben nach Rom? Die Umstände brachten dies in nur noch höherem Grade mit sich. Noch unter den Eindrücken seiner bekannten unmittelbar vorhergegangenen Flucht von der Harzburg schrieb der König jenen Brief an den Papst, rings

---

Beispiele von wunderbaren Strafen für Angriffe auf Priester und Heiliges aufzählt, vergißt nicht, auch diejenigen als warnendes Beispiel hinzustellen, welche die Verletzer des Paterinerführers Liutprand trafen.

bedroht von der offenen Empörung, umgeben von Fürsten, die mit dem Papst bereits in Verbindungen standen, welche, wie man wohl sagen darf, an Hochverrath grenzten. Bald folgten, während Jener fortdauernd den mißlichsten Verhältnissen anheimgegeben war, Gesandte der Sachsen, um Gregor zum Einschreiten gegen den König zu vermögen; und dieser versuchte sofort beiden Parteien gegenüber, obschon unter Wahrung der durch die obwaltenden Verhältnisse gebotenen Schonung, dieselbe Stellung einzunehmen, welche wir ihn später mit so viel Erfolg behaupten sehen: er verlangte von beiden Theilen Ruhe bis zur endgültigen Entscheidung ihres Streites durch seine Legaten.*) Ohne seine Mitwirkung freilich entwickelten die Dinge in der nächsten Zeit sich weiter. Und Heinrich machte noch keine Anstalt, sich mit ihm zu verständigen.

Unmittelbar nach der Fastensynode d. J. 1074 gingen päpstliche Legaten, wie sie schon gleich nach der Thronbesteigung Gregors, wie sie später nochmals zum Austrag der Streitigkeiten im Reiche in Aussicht gestellt worden waren, nach Deutschland ab, denen als mächtigste Unterstützung die Kaiserin Agnes sich zugesellte. Sie sollten die Versöhnung zwischen König und Papst zu Stande bringen, den Beschlüssen der letzten Synode in Deutschland Eingang verschaffen, persönlich in dieser Richtung eingreifen. In der ersteren Beziehung erreichten sie, was sie den Umständen nach irgend erreichen konnten: der König demüthigte sich, wurde, ebenso wie seine Räthe, nach dem Gelöbniß der Besse-

*) reg. I, 39. vom 20. December 1073. Noch erkannte Gregor den König an; daher Wendungen wie: . . . quod inter vos et Henricum regem, vestrum videlicet dominum, tantam discordiam et tam inimica studia exhorta esse cognovimus . . . Von ihm selbst aus mußte die Absetzung, die ja auch von den Rebellen noch nicht ausgesprochen war, ergehen, wenn sie vollgültig sein sollte.

rung in die Gemeinschaft der Kirche wieder aufgenommen und ließ im Uebrigen den Legaten, wenn er auch nicht thätig mitwirkte, wenigstens vollständig freie Hand. Des Königs Versprechen, dem Papst bei der Absetzung der Simonisten nach Kräften behülflich sein, dasjenige der Rathgeber, alle unrechtmäßig erworbenen, von Simonisten erkauften Kirchengüter zurückgeben zu wollen*) — Beide sind ganz wesentliche Momente der uns vorliegenden Frage und zeigen deutlich, in welcher Richtung zumeist die Verhandlungen, die doch hiermit nicht abgeschlossen, sondern zu deren gedeihlicher Betreibung jetzt eigentlich nur der Boden geebnet worden war, sich bewegen sollten. Desto unglücklicher verlief, was die Legaten außerdem versuchten: die Abhaltung eines National-Concils zur Promulgirung der päpstlichen Decrete und zur Säuberung des deutschen Klerus zu Stande zu bringen. Die Bischöfe setzten ihren Absichten den kräftigsten Widerstand entgegen, und unverrichteter Sache mußten sie abziehen, nicht ohne die Hauptschuldigen vor das Gericht des Papstes geladen zu haben. Zornerfüllt suspendirte dieser den geistigen Führer der Widerspenstigen, Liemar von Bremen, und lud ihn vor die nächste Synode; auch Siegfried von Mainz erhielt sammt sechs seiner Suffragane die gleiche Vorladung, zugleich mit dem Auftrag, bis dahin sorgfältige Nachforschungen über die Erhebung und Amtsführung der Letzteren anzustellen.**)

---

*) Bernold a. 1074. M. G. SS. V, p. 430.

**) reg. II, 28. v. 12. Dec. 1074. u. II, 29, wohl von demselben Datum, nicht vom 4. December, wie überliefert ist. Die verschiedene Behandlung der beiden Prälaten, von denen, wenn man bloß die Wichtigkeit des Amts ansieht, doch eigentlich der mainzer Erzbischof der ganz unberechenbar gefährlichere war, beruht auf der Verschiedenheit der Persönlichkeiten, ihrer Charaktere und ihrer Stellung innerhalb des Staats.

Gregor war, wie er sich sehr bald nach erhaltener Kunde von den Vorgängen am Hofe gegen die Kaiserin Agnes äußerte,*) durch die Ergebnisse der Gesandtschaft, soweit sie die Person und die etwaige Sinnesänderung des Königs betraf, keineswegs vollständig befriedigt. Und allerdings, hatte er etwa gehofft, daß Heinrich nun mehr, als vorher, zunächst an eine Lösung der mailänder Frage in seinem und Attos Sinne, sowie im Anschluß daran der weiterhin in Betracht kommenden allgemeinen gehen würde, so hatte er sich getäuscht. Denn Nichts geschah von Seiten desselben, wenn nicht dagegen, so doch auch nicht dafür. Indeß erkannte der Papst wenigstens das Verdienstliche der Herstellung einer annehmbaren Grundlage, von wo aus ein weiteres Vernehmen zwischen beiden Gewalten möglich sei, an. In welcher Weise er eine Fortdauer des früheren Zustandes auffaßte, bezeichnet er in nicht mißverständlicher Weise —: die Krone hätte dieselbe dem Könige kosten müssen.**) Für den Episcopat und sein Verhältniß zum Staate würde das Gelingen der ursprünglichen Absichten Gregors so ziemlich die gleichen Folgen haben müssen, welche das Mißlingen voraussehen ließ. Beides mußte die Bischöfe entweder gegen die päpstlichen Ansprüche gefügig machen, oder sie in ihrer äußern Stellung vernichten, von der Einheit der Kirche trennen, die

---

*) reg. I, 85. v. 15. Juni 1074.

**) Quorum quidem... restitui, simulque regnum eius a communi periculo liberari. Quoniam, illo extra communionem posito, nos quidem timor divinae ultionis secum convenire prohibuit; subditos vero sibi quotidie eius praesentia quasi necessitas quaedam in culpa ligavit. Die letztere Anschauung, sobald sie öffentlich von dieser Stelle aus hervorgehoben wurde, mußte unfehlbar dieselben Wirkungen haben, welche wir eine ähnliche gegenüber den simonistischen und nicolaitischen Priestern in der Pataria und andern derartigen Erscheinungen bereits hervorrufen sahen.

Möglichkeit gewähren, gegen sie als offene Feinde zu verfahren; und war ihnen irgendwo auf jeden Fall beizukommen, so war es in dem Punkte ihrer Erhebung, die nicht umsonst hier wie anderwärts betont wird. Die lauterste Wahrheit nur kann es enthalten, wenn Gregor erklärt, daß er durch den gegenwärtigen, weit hinter seinen Hoffnungen zurückgebliebenen Verlauf der Angelegenheit bei Weitem mehr zufriedengestellt sei, als wenn etwa die Legaten, „um den Menschen mehr, als Gott, zu gefallen, die Wahrheit und die Freiheit der Gewalt, die von ihnen dargestellt wurde', durch irgendwelche Nachgiebigkeit verletzt hätten."*) Daß jeder derartige Schlag gegen den Episcopat zugleich gegen das Königthum gerichtet war und dasselbe an der empfindlichsten Stelle traf, liegt klar zu Tage. So wird denn gegen den ersteren in thatkräftigster Weise und auf kürzeste Fristen hin verfahren, um alsbald festzustellen, in wieweit das letztere, das denn doch nicht alle Hoffnung auf Besserung abgeschnitten, wenigstens zu einem offen feindlichen Einschreiten noch nicht den für die Oeffentlichkeit genügenden Anlaß gegeben, dann geneigt sei, den gestellten Forderungen Gehör zu schenken. Denn erst mußte sich Jenes vollziehen; Nichts wäre weniger angemessen gewesen, als beide feindliche Elemente zugleich anzugreifen und so ihre ohnehin gefährliche Verbindung selbst von Neuem zu befestigen.**) Von derartigen Erwägungen geleitet sind offenbar zwei Schreiben, die gegen Ende des Jahres 1074 gleichzeitig an den König gerichtet werden.***) Nicht dieser selbst ist es, von dem die Gefahr einer

---

*) reg. II, 12.

**) Richtig sind hierfür sicherlich, obgleich falsche Thatsachen von ihm überliefert werden, die Erwägungen des Kardinals Beno, de vita et gest. Hildebr., bei Goldast, apol. pro Henr. IV., p. 7.

***) reg. II, 30. 31. v 7. Decbr.

Spaltung droht: obgleich er die mailänder Angelegenheit nicht seinem Versprechen gemäß beigelegt hat, so bürgt doch die Aufnahme der Legaten, bürgen mancherlei löbliche Bemühungen zur Besserung kirchlicher Mißstände, die Zeugnisse seiner Mutter und der Markgräfinnen dafür. Die bösen, unverbesserlichen Räthe sind es, die Jenes unternehmen; sie müssen entfernt und vielmehr solche gehört werden, die für sein Seelenheil, nicht für ihren Gewinn sorgen, die den König, nicht das Seine lieben. Aber auch Gregor ist nur von der aufrichtigsten Liebe, dem höchsten Vertrauen gegen Jenen erfüllt und bereit, das Letztere eintretenden Falls in entsprechender Weise an den Tag zu legen. Noch ist der mailänder Streit gütlich beizulegen, die letzte Entscheidung in der Sache nicht gefallen. Mag der römischen Kirche ein Irrthum in ihrem zweimal von der Synode bestätigten Urtheil — der Absetzung des Gottfried und Anerkennung des Atto — nachgewiesen werden,*) der Papst ist bereit, dem abzuhelfen. Im andern Falle mag der König aus Liebe zu Gott und Ehrfurcht vor dem h. Petrus der Kirche ihr Recht frei zurückerstatten. Er selbst soll durch Gesandte über die zur Synode vorgeladenen Bischöfe Bericht erstatten, soll sie zwingen zu erscheinen, falls sie dies umgehen wollten. — Beweise des Vertrauens genug! nur schade, daß ihnen jede thatsächliche Grundlage fehlt; und wenn der Papst sich nicht scheut, als solche eine Anforderung wie die letztgenannte hinzustellen, so war der König einsichtig genug, wenigstens nicht selbst in der verlangten Weise an seinem Untergange mitarbeiten zu wollen; und obendrein erhob sich gerade jetzt auch seine äußere Lage von Neuem zusehends. Mögen wir nun aber auch diese Vor-

*) Was selbstverständlicher Weise unmöglich war, wie schon die Worte des Schreibens andeuten.

gänge und ihren Werth bemessen, wie wir wollen: Thatsache ist, daß eine solche Auffassung der damals gerade obwaltenden Lage von selbst sich aufdrängen mußte; — und gerade innerhalb derselben steht in jeder Beziehung, äußerlich wie innerlich, die oben von uns betrachtete Verordnung Gregors an die Gemeinde von Fermo. Auf Grund jener ist sie, als officielle Bezeichnung seines derzeitigen Standpunktes dem König gegenüber, den Verhältnissen durchaus entsprechend und im Einklang mit den von uns festgestellten, wie mit den noch zu entwickelnden Bestrebungen des Papstes.

Aber alles dies betrifft nur seine Beziehungen zu der Person des Königs an sich. Sein energisches Auftreten in den übrigen, nicht unmittelbar hierauf bezüglichen Angelegenheiten zeigt ebenso vollständig, als alle diese Maßregeln in ihren letzten Consequenzen doch nur gegen Heinrich und das Königthum selbst gerichtet sind, daß er in der angedeuteten Weise die Dinge betrachtete, von seinen Forderungen in ihrem vollen Umfange nirgends abstand, nöthigenfalls den Weg der Gewalt einzuschlagen gewillt war, daß es vor der Hand vorzüglich darauf ankam, durch eine demnächstige offene Provocation der entgegenstehenden Elemente, vorläufig in einzelnen ihrer untergeordneten Factoren, einen klaren Ueberblick über die allgemeine Sachlage zu gewinnen. Die Wiedererlangung der der römischen Kirche gebührenden Stellung durch Beseitigung der in nie dagewesener Ausdehnung herrschenden Uebelstände ist es, was ihn immer bewegt, die weltlichen Bestrebungen aller Gewalten, die Trennung der orientalischen Kirche von der römischen, die Art und Weise der Erhebung und Amtsführung der Bischöfe, das Verfahren der Fürsten, die insgesammt ihren Nutzen der Ehre Gottes und der Gerechtigkeit vorziehen, dies Alles ist es nach seinen eigenen Worten, was von seinem Gewissen und seinem

Pflichtgefühl Abhülfe gebieterisch fordert.*) Ein neuer Angriff wird gemacht auch gegen den an den früher erwähnten Ereignissen nicht betheiligten deutschen Episkopat in der Person des Bischofs Poppo von Toul,**) unterhalten werden, den laufenden Umständen angemessen, die Verbindungen mit den deutschen Rebellen; und hatte der Papst bereits früher die burgundischen Großen, die sich dem h. Petrus zum Waffendienst verpflichtet, zur Kampfbereitschaft und zum Zuzug, soweit es sich nöthig erweise, aufgerufen, hatte er dabei seinen bekannten Kreuzzugsplan in einer Weise zur Sprache gebracht, die geeignet ist, ein wohlbegründetes Mißtrauen gegen die Aufrichtigkeit desselben zu erwecken,***) hatte er dann Mühe und hohes Angebot nicht ge-

---

*) reg. II, 9. 27. 45. 49. Nicht zu übersehen ist in dem vorletzten der genannten Schreiben der Hinweis auf die Zeit Silvesters II., überhaupt die Verbindung, in welche dieselbe hier und an andern Orten mit den vorliegenden Fragen gebracht wird. Die nöthigen Folgerungen wird man selbst am besten ziehen können, wenn man sich erinnert, wie jene Zeit die Stellung Constantins des Großen zu dem genannten Papst und der Kirche auffaßte. In gleicher Weise verlangt in reg. II, 49. die Stelle eine gehörige Beachtung: Fraterna te monemus caritate, ut in quantum potes vigilanti manum praebeas, eos monendo rogando exhortando, qui beatum Petrum diligunt, ut si vere illius volunt esse filii et milites, non habeant illo cariores saeculares principes.

**) reg. II, 10. Bekannt ist ja die für die Gesinnungen des deutschen Episcopats so bezeichnende Antwort des Erzb. Udo v. Trier, an welchen dasselbe gerichtet ist, auf dieses Schreiben, bei Sudendorf, Registrum I, 4.

***) reg. I, 46. v. 2. Febr. 1074. Dieses Schreiben beweist mehr als handgreiflich, daß Gregor von vorn herein die Absicht hatte, seine Ansprüche eventuell mit Waffengewalt durchzusetzen, und daß er gerade damals das Eintreten dieser Eventualität in nächster Nähe vor sich sah. Wollte er jene vielleicht schon auf der nächsten Synode formuliren? Wir sind weit entfernt, in Abrede stellen zu wollen, daß Gregor überhaupt den Kreuzzug habe unternehmen wollen, aber zielen etwa darauf Aeußerungen von so fundamentaler Bedeutung für jenes Schriftstück, wie für die Beurtheilung der ganzen Angelegenheit überhaupt, wie: Unde, mescheut, um den Herzog Gottfried von Lothringen auf seine Seite zu ziehen,*) und andauernd die Fühlung mit den Häuptern der Miß-

---

mores nobilitatis vestrae fidei, rogamus et admonemus strenuitatis vestrae prudentiam: quatenus praeparetis vestrae militiae fortitudinem ad succurrendum Romanae ecclesiae libertati, scilicet, si necesse fuerit, veniatis huc cum exercitu vestro in servitio sancti Petri? An erster Stelle tritt, auch äußerlich, hervor der Plan, die Christen durch den Schrecken der „Gerechtigkeit" zu unterwerfen : hanc autem militum multitudinem non ideo coacervare curamus, ut ad effusionem sanguinis christianorum intendamus, sed ut ipsi, videntes expeditionem, dum confligere timuerint, facilius subdantur iustitiae; — an zweiter Stelle die Absicht, die Normannen zur Ruhe zu bringen, und erst an dritter, als eine Eventualität, auf die sich überhaupt erst dann hoffen lasse, der Kreuzzug. Der ausdrückliche Hinweis darauf, daß es nicht auf das Blut der Christen abgesehen sei, wurde offenbar verursacht durch die Erinnerung an die Vorwürfe, welche gegen Leo IX. wegen seines Zuges gegen die Normannen von allen Seiten, selbst von den eifrigsten Anhängern, und zum Theil in sehr heftiger Weise erhoben worden waren. Aber auch Leo IX. versichert, es sei nur seine Absicht gewesen, die Normannen zu schrecken, nicht sie zu tödten (s. d. Brief an Constantin Monomachos bei Mansi XIX, 668). — Aehnliche Betrachtungen erweckt sofort reg. II, 3, wo das Angebot des Grafen Wilhelm von Poitou zur Theilnahme am Kreuzzug einstweilen dankend abgelehnt wird. Allerdings mochte es nicht eben gerathen erscheinen, die nächstliegenden Gründe des Unterbleibens vor die Oeffentlichkeit zu bringen. Sicherlich war der Umstand, daß dem Gerücht zufolge die Christen im Orient augenblicklich die Oberhand haben sollten, keiner davon; und außerdem stand unter den Zielen des Kreuzzuges ja das obenan, sie selbst und ihre Kirche der römischen zu unterwerfen, wurde also von dieser Wendung der Dinge gar nicht berührt. Wohl aber ist zu beachten, daß gerade damals die Verhältnisse in Frankreich, die Beziehungen des Papstes zum König, sich so gestalteten, daß eintretenden Falls der Graf mit seinen Leuten im Dienst des h. Petrus dort viel nöthiger gebraucht werden konnte. Die Aufforderungen und Versicherungen, welche (reg II, 30) nach Wiederaufnahme des Plans an König Heinrich in Betreff desselben ergehen, dürfen wohl nur als ein neues Mittel aufgefaßt werden, diesen in den Bereich der päpstlichen Anschauungen und Herrschaft zu ziehen. — Einen eigenthümlichen Gegensatz zu der Sehnsucht nach jener überseeischen Heerfahrt bildet schon die ziemlich heftige Scheu Gregors vor den Gefahren jeder Seereise, welche sich reg. I, 22. 70. ausspricht.

*) reg. I, 72. v. 7. April 1074.

vergnügten in Deutschland erhalten,*) so wandte er sich jetzt an die Herzöge Berthold und Rudolf,**) zugleich die erbittertsten und gefürchtetsten Gegner des Königthums in der von Heinrich vertretenen, beziehentlich erstrebten Gestalt, um von ihnen in nachdrücklichster Weise und im besondern Hinblick auf die namentlich durch die Bischöfe getragenen kirchlichen Mißstände, die Abschaffung der letzteren mit allen Mitteln, nöthigenfalls mit Gewalt, zu verlangen. Gewalt soll von ihnen und allen Getreuen gegen Simonisten, wie Nicolaiten angewendet werden: — dasselbe Gebot, welches in milderer Form zwar, doch in nicht mißverständlicher Weise von der nächsten Synode aufgestellt werden, für welches diese Synode in Betreff des Begriffs Simonie durch ihre Behandlung der Investiturfrage neue Erläuterungen geben sollte. Viel lieber will Gregor, so sagt er, selbst durch ein neues, noch nicht dagewesenes Verfahren die Gerechtigkeit Gottes wiederherstellen, als zugleich mit den vernachlässigten Gesetzen die Seelen der Menschen zu Grunde gehen sehen. — Auch der König von Dänemark, dessen Wünsche ihn ebenso auf eine gewisse Verbindung mit dem Papstthum anwiesen, als die Beschaffenheit und Stellung seines Reichs

---

*) reg. II, 12. v. 26. Oct. 1074.

**) reg. II, 45. v. 11. Jan. 1075. Die zu Anfang des Schreibens erhobenen Klagen sind äußerst ähnlich denen, die wir in reg. I, 42 fanden. Das Recht der Neuerung, der Aufstellung ganz neuer Maßregeln gegen neue Uebel, nimmt bekanntlich Gregor für den päpstlichen Stuhl ebenso stark in Anspruch (reg. II, 67. 68. vgl. VI, 2. ep. coll. 50), als er auf der andern Seite die Begründung eigner Anordnungen auf den Aussprüchen der Vorzeit und namentlich der ältesten kirchlichen Ueberlieferung hervorzuheben liebte (reg. II, 67. 68. III, 10. IV, 6. V, 5. ep. coll. 9). Von Wichtigkeit übrigens ist es, oder verdient wenigstens einen Hinweis, daß in diesem Schreiben, reg. II, 45, zuerst gegen die Simonisten und Nicolaiten der für die Folge so bedeutungsvolle Bibelspruch angewendet wird: quia ariolandi peccatum est repugnare, et quasi crimen idolatriae nolle acquiescere (1. Reg. 15, 23).

ihm in Betreff der politischen Absichten des Letzteren eine Bedeutung verlieh, soll sich über seine Bereitwilligkeit erklären, die römische Kirche im Kampf gegen die Feinde Gottes mit seinem Schwert zu unterstützen.*)

Die Action in der angedeuteten Richtung soll demnächst beginnen. Die unmittelbar bevorstehende Synode wird die maßgebenden Gesichtspunkte aufstellen, und endlich die unerläßliche Klarheit in die Sachlage bringen. Im Angesicht jener, von seinen zeitherigen Bundesgenossen und Hilfsmitteln nach Kräften entblößt, wird sich der König zu entscheiden haben. In diesem Zuge bewegt sich augenscheinlich schon das Verfahren, welches Gregor unter dem 2. Januar 1075 für die Besetzung des Bisthums Montefeltro-Gubbio anordnet.**) Eigne Legaten sendet er zu diesem Zweck dahin. Sie sollen zunächst eine für den erledigten Bischofssitz geeignete Persönlichkeit der Diöcese zu ermitteln suchen und, wenn dies glückt, nach Einholung der selbstverständlichen***) nachträglichen Zustimmung des Klerus und der Laienschaft an ihn selbst zur Ordination senden. Im andern Falle mögen sie selbstständig nach ihrem Ermessen eine solche erwählen und unverweilt — nicht einmal von der Einholung jener, freilich schon an sich bedeutungslosen Zustimmung der Wähler ist hier die Rede — dem Papst zum Empfang der Weihe präsentiren. — In der Diöcese von Pesaro aber sollen dieselben Legaten die Güter der Kirche, welche der Bischof unvorsichtiger Weise zu Lehen ausgethan, Jenem auf jede Weise

*) reg. II, 51. v. 25. Januar 1075. — Vgl. auch reg. II, 13.

**) reg. II, 41.

***) Dies ist der sachlich und grammatisch einzig mögliche Sinn der Worte: . . . et eam sicut dignum est vestra electione collaudatam et canonico decreto probatam nobis ad ordinandum quantocius praesentare studeant.

wieder zurückzuerstatten bestrebt sein, die derzeitigen Inhaber zur Rechenschaft ziehen, gegen die Ungehorsamen die geistliche und weltliche Unterstützung aller Getreuen des h. Petrus anrufen.*)

---

*) reg. II, 46. v. 13. Jan. 1075. — Beachtenswerth die Aeußerung in dem Erlasse: Omnes etiam lites inter episcopum et adversarios eius ad utilitatem sanctae Mariae Pensaurensis definire procuretis.

IV.

Vom 22. bis zum 28. Februar d. J. 1075 hielt Gregor zum zweiten Male ein allgemeines Concil in Rom ab.*) Die Richtung schon, in welcher wir die von demselben gefällten Strafurtheile sich bewegen sehen, zeugt für die Wahrheit unserer oben ausgeführten Auffassung des päpstlichen Verfahrens.

---

*) reg. II, 52a. ep. coll. 3. 4. 5 (vgl. S. 60 Anm.). Arnulf IV, 7 (M. G. SS. VIII, p. 27). Dies die Hauptquellen. Im Uebrigen ist diese Synode in fast allen Beziehungen von Giesebrecht, Gesetzg. d. r. K. ꝛc. S. 126 ff. vgl. Gesch. d. d. K. III, S. 257 ff. dermaßen abschließend behandelt worden, daß dieser eine Hinweis auf ihn alle andern ersetzen wird. Als weiteres Zeugniß dafür, daß eine eigentliche Veröffentlichung des Investiturverbots erst i. J. 1078 stattfand, erst für diese Zeit bereits damals bestimmte Anhaltspunkte vorlagen, ließen sich vielleicht die Angaben des Placidus von Nonantula, de hon. eccl. c. 53. bei Pez, thes. anecd. nov. t. II, p. II, col. 103 anführen, eines Mannes, der zwar schon mehrere Jahrzehnte nach den Ereignissen schrieb, aber doch mit der ganzen Frage sich wissenschaftlich — im Sinne jener Zeit — beschäftigt hatte. In gleicher Richtung lassen sich ohne Zweifel die Worte des Wenrich, ep. Theod. Vird. bei Martene-Durand, thes. nov. anecd. t. I, col. 51 extr. und die Art und Weise auffassen, wie er die Aufstellung der betreffenden Bestimmung mit den gerade obwaltenden Umständen der Zeit und den Personen der Gegenkönige Rudolf und Hermann und der Ihrigen in Verbindung bringt, an welche doch für d. J. 1075 überhaupt nicht zu denken war. Da mir A. Mai's patrum nova bibliotheca (tom. VII,

Von den Schwellen der h. Kirche werden ausgeschlossen „Fünf vom Gefolge des Königs, nach deren Rath Kirchen verkauft werden," und excommunicirt sollen sie sein, falls sie nicht bis zum 1. Juni Genugthuung geleistet; der Papst suspendirt und excommunicirt ob seines hochmüthigen Trotzes Liemar von Bre-

---

p III) leider unzugänglich blieb, so mußte ich für den von Giesebrecht als Product des Cardinals Deusdedit nachgewiesenen libellus contra invasores (s. Giesebr., Gesetzg. d. r. K. rc. Anhang II) mit den Abdrücken von Canisius (lectiones antiquae, t. III, p. 378 ff.) und Roccaberti (bibl. max. pontif. t. IV), in welchen sie noch als zweites Buch der Schrift des Anselm von Lucca gegen Wibert bezeichnet ist, mich begnügen. Nach dem letztgenannten ist sie auch oben, S. 5, angeführt. Die beiden Kanones nahm Deusdedit wohl aus der großen Sammlung des Anselm herüber (s. die Ueberschriften zu lib. V. can. 64. 65. bei Mai, spicileg. Rom. t. VI, p. 318). In dem von Mai angehängten Verzeichniß der Auctoren, a. a. O. p. 394, wird Gregorius VII. papa in epistolis et cum concilio ·LX· episcoporum genannt; die letztere Angabe kann sich nur auf diese Synode und diese beiden Kanones beziehen. Sollte in Betreff der Zahl einfach ein Irrthum des Herausgebers anzunehmen sein, oder ist die Ueberlieferung bei Deusdebit verderbt, oder haben endlich bereits damals verschiedene Lesarten, beziehentlich Ueberlieferungen existirt? Ist die zweitgenannte Annahme die richtige, so würde dadurch nur von Neuem bestätigt, wie Hugo v. Flavigny von Deusdedit durchaus abhängig war und die doppelt falsche Verlegung der Kanones d. J. 1080 auf d. J. 1074 durchaus nach eignem Ermessen und ohne allen thatsächlichen Anhalt von ihm beliebt worden ist. — Die Erwähnung einer Synode circa festivitatem S. Andreae d. J. 1074, reg. II, 33, bezieht sich natürlich nur auf die um diese Zeit gewöhnlich abgehaltene große Gerichtsversammlung, um diesen Ausdruck zu gebrauchen, die allerdings ursprünglich und vom rein kirchlichen Standpunkt aus auch damals noch nur die zweite der für jedes Jahr gebotenen Diöcesansynoden war. Für die erste unter diesen trat jetzt allemal in der Fastenzeit das große Concilium ein; umgekehrt behandelte die zweite, d. h. der Papst in ihr, nicht minder allgemeine Angelegenheiten, obgleich aus sehr begreiflichen Rücksichten solche von weniger weitgreifender Bedeutung, besonders letzte Entscheidungen in Streitsachen u. dgl. Die römische Kirche war ja identisch mit der christlichen, beide Verschiebungen des ursprünglichen Begriffs jener Synoden waren so gerechtfertigt; und genau auf demselben Grundsatz beruht die Bedeutung zweier allgemeiner i. J. 1078 an Stelle der zwei specifisch römischen.

men; er suspendirt die Bischöfe Heinrich von Speier und Werner von Straßburg — denn sie hatten der Vorladung zur Synode nicht Folge geleistet —; suspendirt auch Hermann von Bamberg, nur mit dem Unterschied, daß ihm, dem Simonisten, eine neue Frist zur Genugthuung gewährt wird; suspendirt endlich Wilhelm von Pavia und Kunibert von Turin, sowie er Dionys von Piacenza seines Amtes entsetzt, — letztere drei seit Jahren schon Häupter des Widerstandes gegen die Pataria in Oberitalien.

Von Neuem also waren die Räthe des Königs im Bann,*) von Neuem war dieser selbst tagtäglich der Gefahr preisgegeben, durch die Gemeinschaft mit ihnen demselben Urtheil zu verfallen, oder war er das Letztere vielmehr von Stund an thatsächlich, er, der obendrein zuwider der päpstlichen Aufforderung es unterlassen hatte, die vorgeladenen Bischöfe zum Erscheinen in Rom zu zwingen, und jedenfalls auch in gewünschter Weise Bericht über sie zu erstatten, obgleich die geforderten Gesandten desselben vielleicht erschienen waren.**) Von dem Ermessen des Papstes hing es ab, ob und wann er dies geltend machen wollte: — und welche die Folgen eines derartigen

*) Beachtenswerth ist, daß Arnulf, — während die Akten der Synode natürlich nur den kirchenrechtlich hinreichenden Grund der Excommunication angeben, — wie er das Investiturverbot und die Bannung der Räthe überhaupt in eine ganz eigenthümliche Verbindung mit bestimmten, gegen den Papst gerichteten politischen Plänen des Königs bringt, auch den Antheil der Räthe an den letzteren ziemlich deutlich hervorhebt. S. Arn. a. a. O. III, 7 (M. G. SS. VIII, p. 27): Praeterea caesar Heinricus adolescens iam factus, ut vidit suae florem potentiae hoc modo paulatim crescere, i n i t o c u m s u i s c o n s i l i o, studet huius (Herlembaldi) ac Romani praesidis obstare conatibus etc.

**) Vgl. reg. II, 30 u. III, 10. Möglich wäre die Sache schon, obgleich in den übrigen Quellen nichts davon zu finden ist, und die zweite unter den angezogenen Stellen, wie wir sehen werden, sich auch auf andere Weise völlig genügend erklären läßt.

Zustandes sein mußten, war schon früher im gleichen Falle hinlänglich bezeichnet worden. Die Urtheile gegen die Bischöfe waren nichts weniger als persönlicher Natur, factisch auf nichts weniger, als auf einzelne bestimmte Handlungen derselben, die man nach unzweifelhaftem kanonischen Rechte als Vergehen im eigentlichen Sinne hätte bezeichnen können, begründet. Die verweigerte Folgeleistung gegen ihre Vorladung war es, welche jetzt in Bezug auf die deutschen, der Widerstand gegen die Pataria und ihre Bestrebungen, welche in Bezug auf die lombardischen ihre Wirkung äußerte.*) Gewichtige Zweifel wurden noch allüberall auf Grund vernünftiger Anschauung und kirchlicher Ueberlieferung gegen die Unrechtmäßigkeit ihres Verfahrens erhoben und ein ganz anders geartetes Einschreiten der päpstlichen Gewalt wäre es gewesen, was dasselbe verlangt und unter andern Umständen nach sich gezogen haben würde. Jetzt faßte der Papst, ohne weiteres Eingehen auf die rechtliche Begründung desselben, ihre Handlungsweise an sich als bestrafungswürdiges Verbrechen auf. Denn zeigen sollten Jene als schreckende Beispiele, was die Frucht des Ungehorsams gegen den h. Petrus, was die Frucht autonomistischer Gelüste sei. Noch wurden sie selbst am wenigsten davon betroffen, waren ihre Personen für das ganze Verfahren nur nebensächlich: das Königthum selbst war es, gegen welches der Streich gezielt wurde und welches er in seinem verwundbarsten Punkte traf. Isolirt,

*) Doch ist vielleicht auf diese Synode und diese Strafurtheile die Nachricht bei Arnulf, III, 4. a. a. O. p. 26, zu beziehen, soweit sie die sacratores des Gottfried betrifft, während die feierliche Anerkennung des Atto sowohl auf die erste, als auf diese Synode zu verlegen sein würde, — eine Vermuthung, der freilich weitere Beglaubigungen völlig abgehen. Die hier von Seiten Gregors stattgefundene Wiederaufnahme der Maßregeln Alexanders II. v. J. 1073 würde dann noch viel intensiver erscheinen.

wie es durch solche Maßregeln nur werden konnte, annähernd bereits in die Stellung verwiesen, in welche der Papst dasselbe endgültig gewiesen haben wollte, sollte es sich jetzt über den für die Zukunft von ihm einzuschlagenden Weg entscheiden, soweit eine Wahl möglich war. Die letztere war eben nur noch vorhanden zwischen vollem Gehorsam und götzendienerischem Widerstand im Bunde mit Ketzern, die als in jeder ihrer Handlungen dem Strafgerichte Gottes verfallen bezeichnet und demgemäß der öffentlichen Meinung dargestellt wurden.

Fünf Kanones der Synode waren es neben einer durchgängigen, jeden Zuwiderhandelnden mit den härtesten Kirchenstrafen bedrohenden Bestätigung aller alten kirchlichen Satzungen, welche zum Theil noch diese Maßnahmen in anderer Richtung ergänzten, zum Theil die ihnen entsprechenden positiven Forderungen aufstellten. Kein Geistlicher, so besagen vier derselben, der für Geld oder Geldeswerth eine Weihe, oder ein geistliches Amt, oder eine Kirche erlangt, oder unkeusch lebt, soll irgendwelche geistliche Handlung verrichten dürfen; und wenn Solche als Verächter unserer Bestimmungen, nein vielmehr derjenigen der heiligen Väter sich erweisen, so soll das Volk jene Verrichtungen von sich weisen, damit die, welche aus Liebe zu Gott und im Hinblick auf die Würde ihres Amtes sich nicht bessern, aus Scheu vor den Laien und durch die Verweise des Volks wieder zum Guten gewendet werden.

Enthielten diese Bestimmungen an sich Nichts, was nicht schon Nicolaus II. i. J. 1059 aufgestellt hätte, so mußten doch nach den Vorgängen der Zwischenzeit ihre Wirkungen ganz andere sein, ihre Zwecke infolgedessen auch als durchaus verschiedene aufgefaßt werden, mußten sie überhaupt in diesem Zusammenhange eine sehr hohe, früher nicht abzusehende Bedeutung gewinnen. Mit ungleich größerer Berechtigung, als damals, konnten jetzt derartige Forderungen allgemein hingestellt werden; und nachdem sie in Italien bereits den Gang der Dinge bis zum offenen Bruch mit der Königsgewalt geleitet, sollten sie nun auch namentlich für Deutschland, die Grundlage der vor Allem zu bekämpfenden Macht, Gleiches leisten, von unten her dieselbe in maßgebender Weise entweder beeinflussen oder ihren Widerstand brechen, — die kräftigsten Mittel gegen die kräftigsten, weil durch die stärksten Bande der Natur und des Interesses zusammengehaltenen Elemente der gegnerischen Seite. Als positive Ergebnisse sollten und mußten sie eine feste Grundlage für alle weitergehenden Bestrebungen schaffen; sie mußten dem Klerus überhaupt, und besonders dem deutschen, auf welchen die Maßregel zunächst abgesehen war, entweder den Boden, auf dem er stand, untergraben, oder ihn zu einem römischen machen.*) In diesem Sinne und in der angegebenen Richtung, nach Deutschland hin, wurden denn auch die vorliegenden Gebote in ausgedehnter Weise verbreitet, ward ihre Durchführung nachdrücklich eingeschärft.**) Nur zu bald äußerten sich ihre Wirkungen in den ins Auge gefaßten Bezirken, namentlich in Südwestdeutschland, im Bereich des Bisthums Konstanz; und das Erstaunen, die Entrüstung edler, wahrlich nicht einseitiger oder ungebildeter Männer von unabhängiger Gesinnung über ein derartiges Vorgehen findet einen entsprechenden Maßstab nur in der Wuth, mit welcher die Fanatiker die ihnen zugewiesene Aufgabe vollzogen.***)

*) Das letztgenannte Moment in den Bestrebungen Gregors hebt schon Bernold, M. G. SS. V, p. 430, richtig hervor.

**) ep. coll. 3. 4. 5. reg. II, 62. 66. 67. Dazu, in je nach den Umständen mehr oder weniger modificirter Weise reg. II, 55. 61 (ein Schreiben, das man nicht ohne ein gewisses gemüthliches Interesse lesen kann: hier beugt sich der allgewaltige Statthalter Petri vor dem grauen Haar) 68. 72—73. vgl. Berthold, M. G. SS. V, p. 278.

***) Bekannt sind die Schilderungen dieser Vorgänge bei Sigeb. Gembl.

Nicht dieselbe Verbreitung wurde einem fünften Kanon gegeben, welchen die Synode feststellte, dem Gebot, daß der König kein Recht auf die Vergebung von Bisthümern besitze, und alle Laien sich der Investituren mit Kirchen enthalten sollten.*) Ein klares und deutliches, allgemeines Investiturverbot mit gleichzeitiger ausdrücklicher Beziehung auf ganz bestimmte Personen und Verhältnisse, ein Ereigniß von der höchsten Wichtigkeit! — und doch können wir dasselbe nicht anders, als in der obigen Weise wiedergeben, müssen wir auf die authentische Kenntniß seiner Form verzichten. So gewiß es ist, daß auf dieser Synode überhaupt ein solches aufgestellt wurde, so sehr haben alle zusammenwirkenden Umstände die Erhaltung des Kanons selbst verhindert. Fast nur der geschichtlichen Ueberlieferung des Mailänders Arnulf verdanken wir das Nähere, was wir immerhin noch davon wissen: die Verhältnisse seiner Vaterstadt und ihres erzbischöflichen Stuhls waren es zunächst, welche auf diese Entwicklung den entschiedensten Einfluß geübt hatten und ihn eben darum vor Andern in den Stand setzten, ausführlichere Kunde von den einschlagenden Vorgängen zu erwerben. Für den Inhalt des fraglichen Ge-

---

chron. a. 1074 (M. G. SS. VI, p. 362 f.). epist. adv. laic. in presb. coniug. calumn. bei Martene-Durand, thes. nov. anecd. t. I, p. 230 ff. Wie wenig Gregor selbst die Tragweite und das Aufsehen unterschätzte, welches die Beschlüsse erregen mußten, bezeugen ausdrücklich für denjenigen, der des Beweises noch bedarf, die von uns schon anderweit hervorgehobenen Entschuldigungen, wenn man so sagen darf, in reg. II, 67. 68, das Ablehnen jeder eignen Verantwortlichkeit für die Conception derartiger Forderungen. Vgl. oben S. 91.

*) Arnulf, gesta archiep. Mediol. IV, 7. M. G. SS. VIII, p. 27: . . . praefatus Papa, habita Romae synodo, palam interdicit regi, ius deinde habere aliquod in dandis episcopatibus omnesque laicas ab investituris ecclesiarum summovet personas. Insuper facto anathemate cunctos regis clamat consciliarios, id ipsum regi comminatus, nisi in proximo huic obediat constituto.

botes an sich ist der genannte Umstand ohne gewichtigere Folgen; sein Sinn und seine Bedeutung können auch so Niemandem unklar bleiben. Dieselbe Verordnung dem Wesen nach sehen wir vor uns, welche einst Nicolaus II. aufgestellt, Alexander II. erneuert hatte. Sie hat in erster Reihe ihre ganz allgemeine Form beibehalten, wie sie an sich schon nicht anders als mit der Forderung auf allgemeine Durchführung gefaßt werden konnte.*) Aber ebenso, wie die weiter unten zu besprechende Praxis der Bekanntmachung, beweist die gleichzeitige Beschränkung durch besondere Hervorhebung einer bestimmten Person und einer bestimmten Gattung der in Frage stehenden Aemter und der Gelangung zu ihnen nicht etwa, daß der Papst von den durch jene frühern Bestimmungen bezeichneten Ansprüchen zurückzugehen gewillt war, sondern daß eine bessere Einsicht und längere Erfahrung ihn bessere Mittel gelehrt hatten, um jene zur Geltung zu bringen, als seine Vorgänger, — wenn anders die Letzteren unter den zu ihrer Zeit obwaltenden Umständen überhaupt schon an eine unmittelbare Durchführung gedacht hatten. Und war bei jenem ältern Verfahren schon der Mangel einer concreten Strafbestimmung für den Uebertreter von erheblichem Einfluß gewesen,**) so wußte Gregor auch diesem Mangel abzuhelfen. Der Bann wurde dem zuwiderhandelnden

---

*) Obendrein erklärt dies Gregor selbst reg. III, 10.

**) Daß freilich eintretenden Falls, sobald man nur wollte, jede beliebige Strafe für die Verletzung hätte angewendet werden können, liegt klar zu Tage. Die beliebte Vermengung der Begriffe, namentlich des Begriffs Simonie, die allbereite Anschuldigung des Verbrechens des Ungehorsams gegen den Papst, schon das den Synodalbeschlüssen in der Regel angehängte allgemeine Anathem für jedwede Ueberschreitung derselben bot mehr als ausreichenden Anlaß dazu. Aber es fehlte eben doch die klare, greifbare Beziehung auf den einzelnen Fall mit ihrer Wirkung ad hominem, wenn dieser Ausdruck erlaubt ist. Die Wichtigkeit auch dieses Moments hebt Giesebrecht an mehreren Orten treffend hervor.

Laien angedroht, wie für den Geistlichen die Ungültigkeit der so erlangten Würde sich eigentlich schon von selbst verstand.*)

---

*) Das letztere folgt aus den uns bereits hinlänglich bekannten, daher hier nicht von Neuem auszuführenden Anschauungen der Kirche im Allgemeinen ebenso sehr, als das Verfahren Gregors in mehreren auf diesen Vorgängen fußenden Fällen (reg. IV, 22. V, 19) es bezeugt. Daß die Excommunication nicht auch gegen die betreffenden Geistlichen ausgesprochen wurde, beruhte vielleicht auf Erwägungen, wie wir sie zum Theil soeben hervorgehoben haben, zum Theil noch in späteren ähnlichen Fällen, wo die Natur der Ueberlieferung im Gegensatz zu der hiesigen nicht den geringsten Zweifel an ihrer Vollständigkeit aufkommen läßt, hervorzuheben haben werden. Die Androhung derselben gegen die Laien bestreitet Giesebrecht, Gesetzg. d. röm. Kirche ꝛc. S. 128: „Daß das Gesetz bereits als Strafe der Investitur für den Verleiher und den Beliehenen die Ausschließung aus der Kirchengemeinde bestimmt habe, davon findet sich keine Spur. Noch im Anfang seines Pontifikats hatte Gregor die königliche Investitur so wenig für schlechthin unkanonisch gehalten, daß er Anselm von Lucca am Nachsuchen derselben nicht hinderte; nur sollte er sie nicht eher annehmen, als bis sich der König mit der Kirche ausgesöhnt hätte." Mit wie wenig Recht gerade die letztere Bemerkung begründend hätte hinzugefügt werden sollen, dürfte wohl Jedem einleuchten, der jenen Vorfall in dem gehörigen Zusammenhang betrachtet hat. Und wie könnte derselbe auch, selbst in der vorliegenden Weise gefaßt, mit seinen Consequenzen einen Maßstab für Gregors Verfahren auf dieser Synode abgeben? Auch ich gebe auf die Nachrichten späterer Quellen, welche allerdings zum größten Theil besagen, daß der Papst die Drohung des Bannes zum Investiturverbot hinzugefügt habe, an sich gar Nichts; ihre Verfasser legten sich vielfach die Thatsachen zurecht, wie es ihnen die Natur des spätern Streits, als vorzugsweise eines Investiturstreits, an die Hand zu geben schien; sie können sich den gegen den König wirklich ausgesprochenen Bann nicht anders vorstellen, als einen solchen, der bereits für die Nichterfüllung jenes Verbots ihm angedroht, der auf der Grundfrage des ganzen Kampfs, nach ihrer Anschauung, begründet gewesen wäre. Wir wissen, daß das Letztere nicht der Fall war, daß weder die Bannformel von 1076, noch diejenige von 1080 sich mit den Investituren auch nur andeutungsweise beschäftigte, daß der Streit, bevor er in dieses Stadium gelangte, bereits einen ganz andern Charakter angenommen hatte. Wenn ich demnach ihrer Meinung beitrete, so geschieht es zunächst auf Grund der für diese Stelle absolut maßgebenden, oben angeführten Worte Arnulfs selbst; denn was kann das genannte constitutum, dem Heinrich bei Strafe der Excommunication gehorchen soll, sei es von der logischen, sei

Gregor hat es, wie von anderer Seite bereits sehr richtig betont worden ist,*) unterlassen, sich irgendwie begründend über seine Verordnung hinsichtlich der Investitur durch Laienhand auszusprechen; nicht minder fehlt es über seine letzten Ziele bei diesem Verfahren durchaus an einer klaren, sachgemäßen Darlegung von seiner Seite; nie endlich ist der allgemeine Plan, den eine vergleichende Zusammenstellung seiner Worte und

---

es von der grammatischen Seite betrachtet, anders sein, als eben das Investiturverbot? Bestätigend tritt hinzu, im weitern Zusammenhang betrachtet, trotz anderweitiger Mängel die Angabe des in Betreff der Kenntniß von der Existenz und dem Inhalt des Verbots ganz unter dem gleichen Gesichtspunkt zu betrachtenden Landulf III, 31, a. a. O. p. 91: Itaque electo . . . ipse refutaret. Und auch die Worte Bertholds, M. G. SS. V, p. 277: Ergo regulas . . . alienus sit, dürften in dieser Richtung nicht ohne Gewicht sein. Endlich stimmt dazu die Rede- und Handlungsweise des Papstes, wo das Verbot in Frage kommt, durchgehends ganz vortrefflich, wie wir auch zu sehen noch hinreichend Gelegenheit haben werden. Wie hätte er auch, bei gleichem Verfahren, auf größere Wirkungen rechnen können, als sie dasjenige seiner Vorgänger gehabt? — Allerdings aber muß für diesen unsern Fall in der Form ein etwas anderer Weg eingeschlagen worden sein, als sonst gewöhnlich bei derartigen Drohungen. Die nächste Aufstellung des Investiturverbots erfolgte nach Gregors Anordnung (reg. IV, 22. Näheres vgl. unten am betr. Orte) speciell für Frankreich auf der Synode zu Autun. Er selbst gab den Entwurf zu den einschlagenden Kanones, und es ist, zumal da die dortigen Verhältnisse den jetzt für uns in Betracht kommenden im Uebrigen sehr ähnlich waren, sicherlich zum mindesten nicht voreilig, anzunehmen, daß jene sich in ihrer ganzen Art und Weise möglichst eng an die erste angeschlossen haben wird. Dort wird der Bann den die Investitur ertheilenden Laien ebenfalls angedroht — nicht den empfangenden Geistlichen —, aber die Drohung findet ihren Ausdruck nur in dem Verweis auf einen entsprechenden Kanon Hadrians II. (reg. IV, 22). Liegt nicht die Vermuthung äußerst nahe, daß es hier ebenso gewesen sei? Oder hat vielleicht die Person und das Schicksal König Sauls die geeigneten Momente hergeben müssen? Die Art, wie Humbert schon ein ganzes Kapitel (l. III, c. 14) einer Betrachtung de praesumptione Saulis et poena widmet, und wie Gregor den König im entscheidenden Augenblick daran erinnert (reg. III, 10), würde auch dies recht möglich erscheinen lassen.

*) Helfenstein a. a. O. S. 48

Handlungen, bei mancher sonstigen Verschiedenheit der Ansichten, wenigstens in den Grundrissen übereinstimmend uns Alle als den seinen erkennen läßt, von ihm auch nur annähernd vollständig ins Werk gesetzt worden. Bedenken wir alle die Schwierigkeiten, die sich der Ergründung der Absicht, in welcher der Papst in dieser Weise in die Aktion eintrat, entgegenstellen, so werden wir allerdings erst nach genauester Betrachtung aller seiner Worte und Handlungen es für statthaft finden können, ein Urtheil in der obengenannten Richtung zu versuchen. Andrerseits aber auch giebt es für diesen Punkt Erwägungen allgemeiner Natur, die, insofern sie ohne Rücksicht auf den Einzelnen in dem Wesen der Sache und der Zeit begründet liegen, gerade hier zur Betrachtung uns auffordern. Welcher muß der unzweifelhafte Sinn eines Investiturverbots, welche müssen seine nothwendigen Folgen sein? Dies waren die Fragen, die sich ein Jeder zuerst vorzulegen und in bestimmter Weise zu beantworten hatte, sobald er nur irgendwie in hervorragender Weise mit dem Gegenstand sich beschäftigen wollte. „Die Laien usurpiren die Ausübung eines Sacraments, sie maßen sich die Verleihung eines kirchlichen Amtes selbst an, indem sie wesentliche Abzeichen der bischöflichen oder priesterlichen Würde mit ungeweihten Händen ertheilen und dadurch in eine rein geistliche Angelegenheit eingreifen. Die Reinheit der letzteren kann nicht dadurch wiederhergestellt werden, daß dieselbe Handlung hinterher von geistlicher Hand (bei der Consecration) ihrem wahren und ursprünglichen Sinne nach wiederholt wird; denn gerade jene erste ist zur Zeit in ihren rechtlichen Folgen die maßgebende"; so lauteten etwa die geläufigsten Einwendungen vom kirchenrechtlichen Standpunkte aus, der denn doch vor der Oeffentlichkeit eingenommen werden mußte, gegenüber der zeither befolgten Art des Verfahrens.

Selbst die eifrigsten Vertreter jener Bestrebungen aber wiesen es nicht von sich, den Grund des von ihnen bekämpften Zustandes darin zu suchen, worin er wirklich lag, in dem weltlichen Besitz der Kirchen. Nun muß man unweigerlich zugestehen, daß, wenn anders die Kirche Verpflichtungen gegen den Staat auf Grund ihres Besitzes anerkennen wollte, Wege genug sich finden ließen, um die herkömmliche Uebernahme beider mit den Anschauungen von der Heiligkeit kirchlicher Sacramente in angemessener Weise zu vereinigen. Indeß gerade das Letztere wurde an entscheidender Stelle überhaupt von der Hand gewiesen. Man perhorrescirte absolut jedwede Belehnung — die einzige Form, in welcher das angedeutete Verhältniß seinen Ausdruck finden konnte, — und bezeichnete freilich damit, daß es sich in Wahrheit nicht um die Profanation einer heiligen Handlung, sondern darum handle, wem überhaupt künftig der maßgebende Einfluß auf die Erhebung der geistlichen Würdenträger zustehen solle. So eng waren alle einzelnen Beziehungen unter einander verbunden, daß überhaupt nur zwei Modalitäten möglich waren: auf der einen Seite, unter Fortdauer eines Rechts der Belehnung für weltliche Gewalten, die derzeitige Art und Weise mit dem ausschlaggebenden Einfluß der Letzteren, auf der andern, nach Ableugnung des Belehnungsrechts der Laien, der Uebergang des gedachten Einflusses an eine andre Gewalt, deren Bestrebungen in dieser Hinsicht zu verfolgen wir eben bemüht sind. Nicht ist der Gegensatz zu dem herkömmlichen Verfahren etwa in Bestrebungen nach zeitlicher Verlegung des Belehnungsacts hinter die Weihe oder in solchen zu Gunsten der Herstellung einer rein kanonischen Wahl nach alter Art, mit Empfang der Temporalien von der Hand des Weihenden, zu suchen; während die erstgenannte Weise noch innerhalb des negirten Kreises steht, ist die zweite nur die

Negation selbst, aus welcher heraus die positiven Bestrebungen sich zu entwickeln haben. Gerade darum ist es von so entscheidender Wichtigkeit, zu ermitteln, was gegenüber jener Art der kanonischen Besetzung, wie sie die Partei der Eiferer zuerst als zu erstrebendes Ziel aufgestellt, Gregor selbst unter einer solchen versteht; denn daß seine Auffassung von der ihrigen sich unterscheidet, muß schon aus den bisher zur Sprache gekommenen Fällen klar geworden sein. Eben in diesem Unterschied wird das Positive seiner Absichten, wird die Antwort auf alle die Fragen enthalten sein, welche im Anschluß an sein epochemachendes Vortreten in der besprochenen Richtung aufgeworfen worden sind. Gregor verbot die Investitur, d. h. die lehenmäßige Ertheilung' und den Empfang der Kirchengüter von Seiten der weltlichen Gewalten, wie der Geistlichen. Keinen Mittelweg läßt seine Bestimmung offen, weder die vorliegende, noch die späteren, die sogar in noch ausgeführterer Weise die Sache behandeln, und jedem Zweifel gegen die Richtigkeit dieser Anschauung ausdrücklich entgegenstehen. In welcher Form hätten auch entsprechende Maßregeln zum Ausdruck kommen sollen, nachdem die allein naturgemäße als ungesetzlich und sündhaft hingestellt worden war? Die Kirche bedurfte nach der Anschauung ihrer Glieder zu ihrem Bestehen auf Erden einmal weltlichen Besitz, dieser nahm an ihrem Wesen theil und war von ihr durchaus unzertrennlich. Stellte man nun jedwede Berechtigung der Laien, über Geistliches zu verfügen, durchaus in Abrede, so war darin der Besitz sammt der von ihm in wesentlichen Beziehungen abhängigen Art der Erhebung zu geistlichen Würden einerseits in gleicher Weise mit inbegriffen, als andrerseits mit der aufhörenden Uebernahme desselben von der weltlichen Gewalt auch die auf ihm haftenden Verpflichtungen gegen die letztere aufhörten. Alle Kirchengüter sind unmittelbar Gott geschenkt; wie könnte man ihm auf Grund der zur Zeit bestehenden staatlichen Maximen Etwas darbringen, ihn zum Lehnsmann unheiliger weltlicher Gewalten machen? so wurde theoretisch die Frage präcisirt. Und was ihre äußere Stellung anbelangt, so waren die Geister durch das Elend des Kampfs noch lange nicht bis zu dem Punkte heruntergebracht, daß man, um nur über die Gewissensbedenken hinsichtlich des verletzten Sacraments hinwegzukommen, Kirche und Besitz, Wahl und Belehnung getrennt, die eine der andern nur zeitlich hätte vorangestellt, dieser nur ein neues Symbol verliehen wissen wollen. Daran, was später die Päpste als großen Sieg betrachteten, dachten jetzt selbst die einfachen, von allem Eigennutz und Ehrgeiz freien mönchischen Eiferer nicht; wir sahen bereits, wie die dahin gehende Ansicht von ihnen bekämpft wurde; und der Papst hat Bischöfe, welche durch vorgängige kanonische Wahl und nachträgliche Belehnung erhoben waren, rechtlich ebensowenig anerkannt, als solche, deren gesammte Ansprüche einzig und allein auf dem Empfang der Investitur beruhten. Die Erhebung der geistlichen Würdenträger nach der Vorschrift Gottes und der Kanones, den Eintritt der Hirten zur Heerde durch die Thür Christus bezeichnet er als den Inhalt seiner Bestrebungen. Müssen wir nun vor der Hand in Ermangelung klarer Auseinandersetzungen über dieses Ziel von Seiten Gregors auf den Versuch einer reellen Darlegung seines Wesens bis zur Erlangung einer vollständigen Uebersicht über Denk- und Handlungsweise desselben in dieser Richtung verzichten, wir müssen es nicht in Bezug auf Erwägungen, die über die einzelne Persönlichkeit sich erheben; und soviel haben wir bereits hier festzuhalten, daß gemäß jenen Bestrebungen nach kanonischer Erhebung die Uebernahme der Kirchengüter, als integrirenden Theils der Würde, in der letzteren durchaus inbegriffen ist.

Der Lehnsstaat beruhte im Wesentlichen auf dem Lehnseide, als einem Punkte, mit dessen Tilgung sofort sein ganzes Wesen aufgehoben, die systematische Verbindung des Staatskörpers gelöst war. Ein factisch bestehender Conflict mit jenem war in seinen Anfängen bereits gegeben in dem Eid der Treue und des Gehorsams gegen den Papst, der bei der Ordination geleistet werden mußte. Wurde nun der Empfang der Belehnung und damit der Lehnseid für Geistliche aufgehoben, so standen sie außerhalb des bestehenden Staatsverbandes, um so mehr, als ohnehin in Betreff ihres Besitzes ein weltliches Eigenthumsrecht nicht anerkannt wurde; und wenn selbst der Urheber einer derartigen Maßregel sie in ganz anderem Sinne aufgefaßt hätte, die Zeit und die Verhältnisse konnten sie allein in dieser Richtung fassen, aufnehmen, weiter entwickeln. Das Letztere wenigstens ist genugsam geschehen, so sehr auch der Papst für seine Person jede bezeichnendere Meinungsäußerung vermied. Zugleich nun und sofort nach Entscheidung dieser Frage mußte es sich darum handeln, was unter den neuen Verhältnissen mit den bezeichneten Aemtern und den unzertrennlich mit ihnen verbundenen, aus dem bisherigen Zusammenhange losgelösten Territorien zu beginnen sei. Hier aber konnte es sicherlich Niemandem in den Sinn kommen, daß die letzteren in ihrer nunmehrigen Vereinzelung neben einander fortbestehen sollten. Schon den Gedanken daran verwehrte ihre Natur, wie der Bau der Kirche, der, obgleich noch nicht ganz von entgegengesetzten Elementen gereinigt, dennoch in seinen Grundgedanken vollendet und, was das Wichtigste war, allgemein anerkannt dastand. Geschah von hier aus ein Schritt gegen die lehenmäßige Verbindung der Kirche mit der fürstlichen Gewalt: gegen das Lehenswesen selbst, das nicht minder fest in der allgemeinen Anschauung begründet war und mit der angedeuteten innern

Richtung der Kirche in jeder Beziehung harmonirte, konnte er nun und nimmermehr gerichtet sein. Nicht ein Streit um dieses oberste Princip sollte sich zwischen den Vertretern beider Gewalten entwickeln — (wäre dies der Fall gewesen und hätten die Gegner das Bewußtsein der alten, jetzt vom Lehnswesen verdrängten Verfassung festgehalten, hätten sie auf seiner Rückführung bestanden, nicht würden sie unterlegen sein) —, sondern ein Streit darum, welche von beiden innerhalb der dadurch bestimmten Verhältnisse die oberste Macht besitzen solle. Wie noch vor Kurzem Alles danach angethan gewesen war, das Papstthum mit dem ihm untergebenen Kreise als eine lehnmäßige Dependenz des Kaiserthums erscheinen zu lassen, so beanspruchte jenes jetzt die gegentheilige Stellung und begründete diese seine Forderung durch den Hinweis auf den verschiedenen Werth der Interessen, welche beide Gewalten nach seiner Meinung vertraten, in einer nach der Anschauung der Zeit nicht leicht zu widerlegenden Weise. Der Papst besitzt kraft seines Amtes das Recht der obersten, wie unmittelbaren Entscheidung und Verfügung über alles Geistliche; die Kirchengüter sind spiritualia. Ist nun das weltliche Fürstenthum vom Papstthum in der obengedachten Form abhängig — und Jedermann weiß, in welcher Weise und Ausdehnung Gregors Bestrebungen in dieser Richtung sich äußerten —, so steht Jenem natürlich durch diese Vermittlung auch die Verfügung über den weltlichen Besitz der geistlichen Würden im jeweiligen Bereich der einzelnen Staatsverbände zu. Allein nicht diese Art und Weise ist es, die bei dem factischen Verhältniß zwischen geistlichem Amt und Besitz anzuwenden, beziehentlich zu erstreben wäre. Sind beide in der Weise mit einander verbunden, welche die Kirche als allein maßgebend betrachtet wissen will, so kann es sich darum, wer die Güter in der beiderseits anerkannten Form zu vergeben hat, gar nicht handeln, sondern vielmehr darum, wem die Ertheilung der Würde zusteht. Beide Funktionen hatte bisher der weltliche Lehnsherr ausgeübt. Dieser Thatsache gegenüber hatte eine reformatorische Bewegung, wie wir sie immerhin nennen mögen, Forderungen aufgestellt, welche in Betreff des Besitzes und seiner Ertheilung in bestimmter Form allerdings nur Negatives enthielten, in Betreff der Ertheilung der Würde aber ausdrücklich, wenn auch nicht irgendwie Erreichbares verlangten, so doch in einem derartigen Gegensatz gegen das frühere Verfahren standen, daß Positives auf dieser Seite unmittelbar daraus erwachsen mußte. Wenn nunmehr noch das Papstthum in die Agitation gegen die bestehenden Verhältnisse eintreten wollte und wenn es der Natur der Sache nach zunächst von den letztgenannten Bestrebungen aus dies that, so ist sicher, daß bestimmte Ziele von vornherein ins Auge gefaßt, die verschiedenen Eventualitäten des Ganges der Entwicklung wenigstens in den hauptsächlichsten Bezügen in Erwägung gezogen sein mußten. Dies allein ist es auch, worauf es uns hier ankommen kann: die Frage, ob die höhern geistlichen Würden vielleicht direct vom Papste zu vergeben seien, ob der gesammte geistliche Besitz, nachdem seine Verbindung mit der weltlichen Gewalt einmal geleugnet war, nunmehr unter das Papstthum, als den Ausfluß und obersten Leiter aller Würden, unter Aufrechthaltung der bisher gegen Andere ausgeübten Verpflichtungen zusammenzufassen sei, mußte bei Gregor bestimmt beantwortet und in ihren Folgen klar durchdacht vorliegen, ehe er als Papst wenigstens die schon vorhandene, theoretisch längst ventilirte, praktisch sei es von ihm, sei es von Andern in bestimmte Ereignisse hineingetragene Angelegenheit in die Hand nahm. In welcher Weise er wirklich dieselbe sich von Anfang an beantwortet und zur Durchführung vorgesetzt hat, dafür werden bei den oben angedeuteten Hindernissen einer sofortigen klaren Erkenntniß seine einzelnen Handlungen, in ihrer Gesammtheit und in einem gewissen Zusammenhange betrachtet, den zwar einzigen, aber sichersten Maßstab abgeben müssen. Erst am Schluß unsrer Betrachtung wird uns ein Urtheil darüber zu Gebote stehen. Hier aber sei zugleich zum ersten Mal in allgemeiner Weise auf die Bestrebungen Gregors nach Concentration des Kirchenguts in der Hand des jeweiligen Nutznießers, nach Befreiung von den Schranken des Lehnswesens nach unten hin, hingewiesen, sei es auch nur, um dem wohlbegründeten Bewußtsein von der engen Zusammengehörigkeit dieses Gegenstandes mit der Frage in Betreff der Bischofswahlen und der Investitur an hervorragender Stelle seinen Ausdruck zu geben. Solche Maßregeln, dies dürfen wir hier schon sagen, werden, da sie so tief in das Vorhergehende eingreifen und ihr Verständniß in dieser Richtung bei den Urhebern doch zunächst vorauszusetzen ist, nicht ohne weithinreichende Absichten ergriffen, nicht bloß auf specielle Uebelstände hin, die ja allerdings vielfach sich geltend machten. Indem wir nun die genannten drei Punkte im Zusammenhang unter einander fest im Auge behalten, wird es uns trotz aller Schwierigkeiten schließlich denn doch möglich sein, ein bestimmtes Ergebniß in Betreff seiner deßfallsigen Bestrebungen zu erfassen; und dahin sei die Wahrheit unsre Begleiterin!

Das Investiturverbot wurde, wie bereits gesagt, auf der Synode verkündet, eine weitere Verbreitung jedoch, sei es durch Sendschreiben, sei es durch Legaten, ihm vor der Hand nicht gegeben. Die Veröffentlichung und Forderung der Erfüllung würde unmittelbar den offenen Bruch des Papstthums mit allen öffentlichen Gewalten, vor Allem mit der Kaisermacht, nach sich gezogen, beide in einen unversöhnlichen Gegensatz zu einander gestellt haben. Wenn aber der offene Kampf von Gewalt gegen

Gewalt überhaupt nur als ein äußerstes Mittel angesehen werden mußte, so war es nöthig, daß derselbe, wenn einmal zu führen, um die Grundlage des gegenseitigen Verhältnisses zwischen geistlicher und weltlicher Macht geführt wurde, nicht bloß um eine, sei es an sich noch so wichtige Unterfrage. Gregor würde jetzt in die nachtheilige Stellung eines Herausfordernden getreten sein, während er bei dem wirklich eingeschlagenen Verfahren die Leitung der Dinge nach seinem Ermessen und seinen Bedürfnissen vollständig in der Hand behielt und schließlich, als der Zusammenstoß denn doch unvermeidlich wurde, in alle Vortheile der entgegengesetzten Stellung eintrat, ohne seiner Würde und seinen Principien das Geringste vergeben zu haben. Noch war nicht alle Hoffnung darauf abgeschnitten, den König zur Nachgiebigkeit bereit zu sehen, wenn auch zunächst vielleicht nur gegen die päpstlichen Forderungen in Betreff Mailands, — deren einmalige Anerkennung freilich zugleich alles Andere im Princip anerkannt enthalten und in Wirklichkeit nach sich gezogen haben würde. Noch war die Wirkung der jetzt getroffenen Maßregeln abzuwarten, unter denen auch seinerseits das Investiturverbot als ein Mittel zur Herbeiführung einer endlichen, für das ganze Verhältniß maßgebenden Entscheidung einen hervorragenden Platz einnimmt. Mitten in diese Alternative hinein ist jetzt der König gestellt, und stark genug in der That ist der Druck, welcher auf ihn ausgeübt wird, um ihn, wenn nicht ganz unvorhergesehene Ereignisse dazwischentreten oder er selbst nicht in durchaus ungewöhnlicher Weise sich über das landläufige Niveau geistiger Bedeutung erhebt, in kürzester Frist die Rolle des gehorsamen Sohnes der Kirche ergreifen zu lassen. Ihm und den Verhältnissen des Reichs finden wir von nun an Gregors Thätigkeit, namentlich für unsere Frage, fast ausschließlich zugewendet, und zwar mit Fug und Recht, insofern auf diesem Gebiet für die ganze abendländische Christenheit die beabsichtigte Entscheidung fallen mußte.*)

Es konnte nicht in der Absicht des Papstes liegen, den weitern Verlauf der Dinge dem Zufall zu überlassen, etwa auf einen ersten Schritt in der Sache von Seiten des Königs zu warten. Denn unbekannt zwar konnte schließlich dem Letztern auch das Investiturverbot nicht bleiben, allein es ließ sich mehr als sicher voraussehen, daß gerade seine Bekanntwerdung neben derjenigen anderer Maßregeln, wenn sie ohne alle Vermittlung geschah, das Gegentheil des gewünschten Erfolges bewirken werde. Gregor selbst wollte die Sache in die Hand nehmen und ließ daher zunächst dem König durch mehrere seiner Getreuen, welche der Synode beigewohnt hatten,**) mittheilen: derselbe möge sich über die Abschaffung des schlechten Herkommens nicht beunruhigen; er, der Papst, sei bereit, mit dazu geeigneten Gesandten des Königs, weisen und frommen Männern, in Betreff jener Bestimmung Verhandlungen zu eröffnen und, wenn ihm die Statthaftigkeit von Milderungen, unbeschadet der Ehre Gottes und ihres beiderseitigen Seelenheils, irgendwie bewiesen werden könne, solche eintreten zu lassen. So weit hatte sich seit dreißig Jahren, wo sie aus der Hand des Kaisers und unter seinem Regiment Rettung vor dem gefürchteten Untergang annahm, die Kirche erhoben, daß ihr oberster Vertreter ohne alle Rücksicht auf die staatlichen Gewalten

*) Als für Gregors Erwägungen maßgebend vgl. reg. III, 10.

**) S. oben S. 96. Ist jene Vermuthung nicht aufrecht zu erhalten, so würden unter den Genannten etwa Adalbero von Würzburg, Hermann von Metz, oder die Gesandten anderer Bischöfe zu verstehen sein, worüber s. oben S. 63 Anm. Die gereizte Stimmung des Königs gegen Rom bereits vor der Synode bezeugt übrigens ausdrücklich Hermann v. Bamberg Cod. Udalr. 135.

die tiefgreifendsten Veränderungen ins Auge faßte, daß er bereits zu einer Regelung der gegenseitigen Verhältnisse auf dem Wege des Concordats sich erbot. — Daß von einer Aufgabe des Investiturverbots bei diesen Verhandlungen nicht die Rede sein konnte, versteht sich von selbst. War dies aber der Fall, so ist dadurch zugleich gegeben, daß an irgendwelche sachliche Milderungen am allerwenigsten gedacht wurde, wie es auch die Worte des Papstes bezeugen. Für die Frage in Betreff der eigentlichen Wahl gab es überhaupt nur zwei Möglichkeiten: entweder die vollständige Freiheit der kanonischen Wahl, in dem Sinne, in welchem sie der Papst auffaßte und mit ihr innerhalb des von jeder Laienbetheiligung streng abgeschlossenen Kreises zu verfahren gedachte, oder die Betheiligung und damit natürlich wieder den wesentlichen Einfluß des Königs. Die letztere aber war einfach ausgeschlossen; nicht einmal um formelle Zugeständnisse an Jenen konnte es sich hier handeln. Solche konnten höchstens in Betreff der eigentlichen, nach stattgefundener Wahl vorzunehmenden Belehnung gemacht werden; denn allerdings konnte ja gerade in dieser Beziehung mit den wahren Consequenzen des Investiturverbots noch nicht operirt werden. Aber etwas Wesentliches konnte, so lange überhaupt die kirchlichen Anschauungen bestanden, auch hier nicht eingeräumt werden. Was hätte es auch bedeutet, wenn man sich etwa dahin geeinigt, daß dem „kanonisch“ — immer im Sinne des Papstes genommen — Erwählten nach vollendeter Inthronisation der König unter irgendwelcher Form die Güter der Kirche unweigerlich zur Verfügung stellen müsse? Noch aber waren die Dinge überhaupt nicht soweit gekommen, daß man an ein solches Verfahren selbst nur gedacht hätte; und immer konnte jede derartige Bestimmung, bei den innerhalb des Gebietes der eigentlichen Wahl stets fortschreitenden, weit über die kanonischen Vorschriften hinauszielenden Bestrebungen des Papstes, auch in dieser Beziehung bloß eine vorläufige, nach Maßgabe jedes anderweitigen Aufschwungs zu modificirende sein. Jedenfalls war diese Frage, obgleich ihre Behandlung die größte Vorsicht erforderte, wie es noch die ganze Art und Weise des von Gregor unter durchaus zu seinen Gunsten veränderten Umständen gebrauchten Hinweises auf sie*) am deutlichsten zeigt, und obgleich sie an sich thatsächlich unfruchtbar war, am meisten geeignet, um an ihr das gegenseitige Verhältniß in seinen Grundfragen klar zu legen und, wenn möglich, in der gewünschten Weise zum Abschluß zu bringen. Es ist um dieselbe Zeit, daß Gregor gegenüber einem andern König, dem von Dänemark, das Recht der Päpste, alle Fürsten und Völker in dem, was tadelnswerth sei, zu tadeln und sie auf den Weg der Besserung zu führen, wie die Ausdehnung des ihnen angewiesenen äußern Wirkungskreises im Vergleich zu demjenigen der Kaiser hervorhebt, daß er, wie er sagt, da der Kirche durch die Könige so große Bedrängniß widerfährt und diese überall dem Ungehorsam, d. i. dem Götzendienst, fröhnen, sich im Gebet an den Herrn der Könige und Gott der Rache um Abhülfe wendet.**)

Andeutungen sind es denn infolge des eingeschlagenen Verfahrens auch bloß, welche sich in den Erlassen und Verordnungen

---

*) reg. III, 10.

**) reg. II, 75. v. 17. April 1075. Interessante Betrachtungen kann eine Verordnung aus eben dieser Zeit, reg. II, 65, veranlassen, in welcher den Mönchen von St. Denys befohlen wird, ihrem Abt Ivo bis zum Austrag der gegen ihn eingeleiteten Untersuchung alle gebührende Ehre zu erweisen und unweigerlich zu gehorchen. Ivo war in sehr gravirender Weise beschuldigt worden, sein Amt simoniace, hoc est per interventum pecuniae, erlangt zu haben. Wie verfuhr man dagegen gegen Bischöfe, die durch kanonische Wahl und ohne Simonie erhoben waren, aber die Investitur angenommen hatten? — Nicht minder beachtenswerth sind die Betrachtungen über Wesen und Nothwendigkeit der exemten Klöster

der nächsten Folgezeit in Hinsicht des Investiturverbots finden, Andeutungen, welche ohne anderweitige Kenntniß seines Vorhandenseins ohne Zweifel als ganz bedeutungslos würden übergangen werden. „Nur aus einer sehr allgemeinen Wendung in einem Schreiben an die Gemeinde von Lodi läßt sich erkennen, daß auf der Synode über die kanonische Besetzung der Kirchen eine Verfügung getroffen worden sei;"*) und wenn eine beiläufige Aeußerung in der Bulle, welche die Suspension über den Bischof Hermann von Bamberg verhängt,**) für uns, die wir die Gesammtheit der Bestrebungen Gregors überblicken, den wahren Inhalt derselben klar an den Tag legt, so konnte dieselbe damals und in dieser Vereinzelung höchstens als An-

---

und Bisthümer, welche zuletzt sogar sich dahin versteigen, den Klostergeistlichen gegenüber Erzbischöfe — denn nicht anders ist der Sinn der ganzen Stelle zu begreifen — als saeculares personae zu bezeichnen; reg. II, 69. — Beide Thatsachen verdienen wohl diesen Hinweis, obwohl sie nicht unmittelbar in den Bereich unserer Betrachtung fallen.

*) Giesebrecht, Gesetzg. d. röm. Kirche ꝛc S. 127. S. reg. II, 55: . . . in ordinandis quoque recte et canonice ecclesiis ei totis viribus auxilium praebeatis. In Lodi hatte die Pataria mit ihrem Bischof Opizo die Oberhand. Aehnlich, wenn auch nur entfernt, reg. II, 54, an die Gemeinde von Piacenza gerichtet: Dabimus etiam operam, ut omnes fideles sancti Petri adiuvent vos in ordinando pastore et expellendo lupo etc. Ueber die Pataria in Cremona und Piacenza s. Bonizo a. a. O. p. 648 ff.

**) reg. II, 76. v. 20. April 1075, an den Sprengel von Bamberg gerichtet: Quapropter ex parte Dei et apostolorum Petri et Pauli interdicimus: ut nulla alicuius dignitatis seu potestatis sive cuiuslibet condicionis persona res iam saepe fatae ecclesiae, maxime thesaurum et praedia, auferre vel aliquo modo alienare iniuste diripiendo praesumat, donec omnipotens Deus per interventum beati Petri ecclesiae illi idoneum pastorem provideat. Zur Erklärung trägt wesentlich bei die Erinnerung an die bekannte Thatsache, daß das Bisthum Bamberg, obgleich im Uebrigen dem Metropolitanverbande von Mainz angehörig, unter den besondern Schutz und die besondere Fürsorge des Papstes gestellt worden war.

wendung einer der gebräuchlichen Formeln des päpstlichen Curialstils aufgefaßt werden.

Ist es nun sicherlich nicht ohne Bedeutung, daß diese immerhin bezeichnenden Andeutungen gerade in den Beziehungen des Papstes zu den sowohl im Allgemeinen, als besonders damals vorwiegend ins Auge gefaßten Objecten seiner Bestrebungen an den Tag treten, so wird zur weitern Erklärung ihrer großen Zurückhaltung noch der Zeitpunkt, auf welchen sie fallen, in Betracht zu ziehen sein. Gregor wartete dermalen noch, bis etwa zwei Monate nach der Synode, den Erfolg seiner jüngsten Maßregeln ab, vorerst unter wesentlich gleichen Verhältnissen, als sie damals obwalteten, wo jene getroffen wurden; er konnte bis zum 1. Juni, wo eine wichtige Entscheidung sich vollzogen haben mußte, nichts Anderes thun. Bis dahin aber war auch bereits eine durchgreifende Veränderung der ganzen Sachlage eingetreten, beziehentlich angezeigt, daß es wohl angemessen erscheinen konnte, die Frage in Erwägung zu ziehen, ob denn überhaupt von einem weitern Verfolgen des Begonnenen die Rede sein könne, und wenigstens die höchste Vorsicht zur Pflicht werden mußte.*) Nicht nur hatten seine Schritte in keiner Weise die erwarteten Wirkungen — indem der König ebenso jedes Eingehen auf die in Aussicht gestellten Unterhandlungen vermied, als er überhaupt kein Zeichen einer Aenderung seiner Anschauungen blicken ließ und in Verbindung mit seinen Räthen blieb, diese selbst aber nicht zur Rechtfertigung in Rom erschienen und die reformatorischen Kanones der letzten Synode bei dem weitaus größten Theile des deutschen Episkopats, wie der niedern Geistlichkeit, denselben Widerstand als früher fanden —, sondern es nahmen auch obendrein die Dinge eine po-

*) Vgl. am besten Giesebrecht, Gesch. d. d. K. Bd. III, S. 321 ff.

sitive, ganz entschiedene Wendung gegen die päpstlichen Interessen. Nach dem Osterfeste hatte zu Mailand die autonomistische Partei einen großen Sieg über die Pataria davongetragen, welcher in seinen Wirkungen einer Auflösung der letztern für längere Zeit gleichkam und neunzehnjährigen blutigen Kämpfen ein vorläufiges Ende machte. Atto hatte sich nach der Erhebung Gregors auf den päpstlichen Stuhl alsbald nach Rom begeben, wo er verblieb, und auf der Synode d. J. 1074 wiederum Anerkennung gefunden, während Strafurtheile Gottfried und die Bischöfe, welche ihn geweiht, trafen.*) An eine Verwirklichung der Absichten des Papstes, insoweit sie sich an die Person jenes Mannes knüpften, war nun vor der Hand nicht mehr zu denken; und vollends alle Hoffnung fiel, als die Mailänder, indem sie Gottfried übergingen, vom König einen neuen Erzbischof zu begehren beschlossen. Zugleich belebte jenes Ereigniß von Neuem den Widerstandsgeist aller feindseligen Elemente in Italien, der nun bereits in dem Auftreten ihrer geistig eben so bedeutenden, als äußerlich einflußreichen Führer, Wiberts von Ravenna und des Kardinals Hugo Candidus, seinen offenen Ausdruck fand; — und König Heinrich zog in denselben Tagen, wo spätestens die Entscheidung für den Papst und seine Sache thatsächlich hätte bekundet sein müssen, nachdem es ihm in ungeahnter Weise gelungen war, die verfügbaren Mittel des Reichs in seiner Hand zu vereinigen, gegen die Sachsen aus, um in bäldester Zeit einen glänzenden Sieg zu erfechten.

Unter diesen Umständen mußte es Gregor nothwendig erscheinen, das bisher verfolgte Verfahren vorläufig gänzlich ein-

---

*) Arnulf a. a. O. l. IV. c. 4. In Betreff der Strafurtheile handelt es sich jedenfalls nur um eine Bestätigung der bereits von Alexander II. gefällten.

zustellen und jede über die bestehenden Verhältnisse hinausgehende Bestrebung nur mit der äußersten Behutsamkeit zur Geltung zu bringen. Das treffendste Bild der Lage gewähren die Schreiben, welche unter dem 20. Juli aus Anlaß der nunmehr über den Bischof Hermann von Bamberg verhängten Excommunication und Absetzung erlassen werden.*) Höchst beachtenswerthe Momente sind es, welche bei der Beurtheilung dieses merkwürdigen Falles genau in Betracht gezogen sein wollen, von uns freilich hier nicht eingehender beleuchtet werden können: die enge Verbindung der bamberger Kirche mit der römischen, das eigentliche Vergehen des Bischofs und der Anlaß, welcher von seinen Feinden ergriffen wurde, um zu der neuen Untersuchung Anstoß zu geben, deren Ergebnisse uns vorliegen, die eigenthümliche Beendung des ersten Verfahrens unter Alexander II. mit den begleitenden Umständen und die Energie, mit der Gregor die Sache betreibt, die Stellung des Bischofs als des zeitweiligen, eben so befähigten, als einflußreichen Führers der Reichsgeschäfte zum König und die Präcision, mit welcher das Papstthum ihn allemal gerade in derselben und trotz derselben verfolgt. Das eine jener Schreiben, an den König gerichtet — denselben, der nach kirchlichen Begriffen in mehr als einer Beziehung längst der Excommunication verfallen war —, belobt diesen im Eingange vor Allem wegen seines mannhaften Widerstandes gegen die Simonisten, wie wegen seiner Bemühungen zur Herstellung der Ehelosigkeit der Priester, und gibt nur in dem Ausdruck, daß derselbe durch jene Gesinnungen die gegründete Hoffnung eines dereinstigen Strebens nach Höherem und Besserem bei Gregor erweckt habe,

---

*) reg. III, 1. 2. 3. Ueber das ganze Verfahren gegen denselben vgl. Giesebrecht, Gesch. d. d. K. Bd. III, S. 326 ff.

zwar vorsichtig, aber urkundlich sicher zu erkennen, daß dieser seine Forderungen keineswegs endgültig aufgegeben habe. Waren nun jene Lobsprüche, soweit man etwa entsprechende positive Verdienste Heinrichs in der angedeuteten Richtung hinter denselben suchen wollte, allerdings unbegründet und in diesem Maße eben nur durch die oben angedeuteten Umstände hervorgerufen, immerhin hatte der Papst noch Ursache genug, bis zu einem hohen Grade mit dem Verfahren des Königs zufrieden zu sein. Hatte dieser doch wenigstens nirgends den von der andern Seite getroffenen Maßregeln Widerstand geleistet, namentlich aber Hermann von Bamberg ohne Einrede fallen lassen. Ein wirkliches Verbrechen, nach der allgemeinen, wohlbegründeten Anschauung lag bei dem Bischof vor, — Heinrich opferte der Gerechtigkeit willig eine seiner kräftigsten Stützen. Wohl konnte ihm der Papst in so überschwenglichen Worten seinen Dank dafür ausdrücken; selbst Lambert*) kann trotz seiner übrigen Gesinnungen seine Verwunderung darüber nicht verbergen, daß der König auch nicht mit einem Wort den Anklägern jenes Mannes widerstanden habe, der doch in Krieg und Frieden, in ruhigen und unruhigen Zeiten des Staates ihm allezeit hülfreich zur Seite gestanden, der allein, als alle andern Fürsten Aergerniß an ihm genommen, dies nie gethan, sondern in allen Unglücksfällen des Tages Last und Hitze mit unerschütterter Treue getragen. Das Schreiben beschäftigt sich weiterhin, wie das an Siegfried von Mainz gerichtete seinem ganzen Inhalt nach, speciell mit der bamberger Angelegenheit; und wenn dem Erzbischof die Veranstaltung und Leitung, dem König die Zulassung einer kanonischen Wahl befohlen, beziehentlich dringend ans Herz gelegt wird, ohne daß dabei auch nur im Geringsten

*) Lambert a. 1075, M. G. SS. V, p. 236.

eine Betheiligung oder ein Einfluß des Königs in Aussicht genommen erscheint,*) so ist doch auch auf der andern Seite von einem unmittelbaren Eingreifen des Papstes in die Wahl, wie es vor Kurzem in Aussicht gestellt wurde,**) keine Rede mehr.

Noch vor Ablauf des Juli erschienen nun zwei Gesandte des Königs in Rom,***) um Verhandlungen mit dem Papst ein-

---

*) Ueber den Sinn der einschlagenden Aufforderung an Erzbischof Siegfried, reg. III, 2, kann überhaupt kein Zweifel obwalten; merkwürdig nur, wie er hier, wo man seiner bedarf, z. B. als venerabilis archiepiscopus angeredet wird, was sonst nicht leicht Jemandem geschieht und wenig zu dem früheren Auftreten des Papstes gegen Jenen stimmt. Auch die übrige Haltung des Schreibens ist dem entsprechend. — Die betreffende Mahnung an den König, reg. III, 3, lautet: Nunc ergo, excellentissime fili, sublimitatem tuam hortamur et pro nostrae sollicitudinis debito suademus: ut religiosorum consilio virorum eadem ecclesia secundum Deum ordinctur, quatinus beati Petri, cuius et nomini et defensioni attitulata est, intercessione divinae merearis obtinere suffragia protectionis; vgl. III, 7 extr. Nirgends findet sich eine Aufforderung an den König, an der Besetzung sich zu betheiligen oder auch nur für ihr Zustandekommen Sorge zu tragen; und auch äußerlich ist das Verhältniß durch den Gebrauch der 3. Person, ecclesia ordinetur, nach der persönlichen Anrede, wie durch die Anwendung der Formel secundum Deum mehr als hinlänglich bezeichnet. So sehr die letztere, deren Uebersetzung nach Vergleichung aller Stellen keine andere sein kann, als „wie der Papst will", innerhalb eines bestimmten Gebietes nach allen jeweiligen Verhältnissen dehnbar ist, so gewiß liegt die Einmischung der weltlichen Macht in die Besetzungen der Kirchen außerhalb dieses Gebietes. Zum mindesten bezeichnet sie eine kanonische Wahl im alten Sinne, und dies ist hier der Fall, — da Weiteres sich derzeit eben gar nicht erlangen ließ. Freilich ist die ganze Wendung aus leicht begreiflichen Gründen so auf Schrauben gestellt, daß es uns nur wundern müßte, wenn nicht in vielen Fällen Unrichtiges daraus abgeleitet worden wäre. So namentlich möchte ich gegen die Auffassung Giesebrechts, Gesch. d. d. K. Bd. III, S. 326. Gesetzg. d. röm. Kirche ꝛc. S. 131, Einspruch erheben.

**) S. oben S. 116.

***) Quellen: reg. III, 5. 7. 10. Es ist dieselbe Gesandtschaft, von welcher Bruno, de b. Sax. c. 64, so Abenteuerliches berichtet. Gewiß konnten im Laufe der Verhandlungen auch ähnliche Maßregeln zur Sprache kommen oder beabsichtigt sein, wie sie von dem Letzteren überhaupt als

zuleiten. Zwar sollten nun dieselben nicht eine der bisher aufgeworfenen Fragen, sondern den seit langer Zeit beabsichtigten, immer wieder aufgegebenen Römerzug Heinrichs und die Kaiserkrönung zum Gegenstand haben; aber eben sie konnten infolge ihres ganzen Wesens und der Natur der Dinge, um welche es sich handelte, da Beide anzubieten und zu fordern hatten, sehr leicht als weitere Folge einen allgemeinen Ausgleich zwischen den jetzt in Conflict befindlichen obersten Gewalten herbeiführen. Gregor hätte von sehr mittelmäßigen Eigenschaften des Geistes sein müssen, wenn er nicht sofort die ganze Wichtigkeit der Position übersehen hätte, die ihm, dem soeben noch auf allen Punkten Geschlagenen, auf diese Weise freiwillig eingeräumt wurde. Mit Freuden ergriff er den Anlaß, welcher sich ihm bot, um das, was er erstrebte, ins Werk zu setzen, — obendrein wohl den einzigen, der ihm gegenwärtig überhaupt geboten werden konnte. In dieser Hinsicht unterscheidet sich denn auch die Haltung seines um den Beginn des Septembers ergangenen Antwortschreibens an den König bereits ganz wesentlich von dem nächstvorangegangenen, wenngleich sie in ihrer äußern Glätte an die im Uebrigen nur erst wenig veränderten begleitenden Umstände noch genugsam erinnert.*) Um die Her-

---

Zweck der ganzen Gesandtschaft dargestellt werden; die Differenz seiner mit so großer Bestimmtheit gemachten Angabe mit den authentischen Aktenstücken läßt indeß an der Wahrheit derselben im Allgemeinen erhebliche Zweifel aufkommen, liefert wenigstens von Neuem einen interessanten Beitrag zur Beurtheilung seiner Glaubwürdigkeit. Für das Ganze der Verhandlungen, von denen natürlich nicht alles unmittelbar hierher Gehörige übergangen wird, s. Giesebrecht, Gesch. d. d. K. III, S. 328 ff. Die Bezüge auf die Kaiserkrönung sind am deutlichsten dargelegt und gar nicht zu verkennen in reg. III, 7. Die Gesandtschaft ging von der Seite des Königs, wie dieser selbst a. a. O. sagt, noch vor seiner Rückkehr von dem sächsischen Feldzuge, also vor Beginn des Juli ab, und es wird dies durch die Zeitbestimmungen bei Bruno bestätigt.

*) Daß dieser undatirte, im Registrum an der 7. Stelle des 3. Buchs

stellung eines wirklichen Friedens zwischen beiden Gewalten, somit für die Kirche, handelt es sich. In Anbetracht dieses Zweckes erklärt nun zwar der Papst seine volle Bereitwilligkeit zum Eingehen auf die Wünsche des Königs, aber er macht die Gewährung derselben von Zugeständnissen abhängig, die,

---

eingereihte Brief vor dem 5. desselben Buchs (vom 11. September) geschrieben worden ist, geht aus beiden ebenso leicht, als unumstößlich hervor. Eigenthümliche Umstände müssen auf die Zusammenstellung oder Ueberlieferung gerade dieses Theils des Registrum von Einfluß gewesen sein; denn bekanntlich findet sich im unmittelbaren Anschluß an dieses noch ein zweites ähnliches Versehen (s. III, 6 u. Jaffé's Anmerkg. dazu). Fast möchte ich auf den 3. September als Tag der Ausfertigung von reg. III, 7. schließen, als von welchem der Erlaß an Siegfried von Mainz datirt ist: zu oft finden wir Verfügungen nach derselben Richtung hin, zumal wenn sie in einer so engen Beziehung zu einander stehen, wie sie im vorliegenden Falle auf der Hand liegt, an einem und demselben Tage erlassen, als daß sich nicht diese Vermuthung aufdrängen sollte. Und wenn vielleicht hier die für andere Fälle in erster Linie maßgebenden Gründe der Beförderung von geringerem Gewicht waren, so stimmen die Verhältnisse der Zeit, soweit sie sich ermitteln lassen, um so besser zu unserer Vermuthung. Jedenfalls ist die Annahme, daß zwischen der Ankunft der ersten Gesandten und dem Abgange der päpstlichen Antwort wenig mehr als ein Monat vergangen sei, in Anbetracht der uns bekannten, dazwischen hinein fallenden Ereignisse keine zu hoch gegriffene. Die in diesem Jahre vor andern zeitig stattgefundene Rückkehr des Papstes nach Rom von dem Sommeraufenthalt während der Malaria zeigt, daß ihn wichtige Geschäfte dahin treiben mochten; und als solche lagen eben jetzt vor Allem die Verhandlungen mit dem König vor. — Für die Anfangsworte des fraglichen Schreibens hebt übrigens weder die Lesart des Codex, noch Giesebrechts Vermuthung (Gesch. d. d. K. III, S. 1095) die offen daliegenden Schwierigkeiten; vielmehr werden beide zu verbinden und wird demnach zu lesen sein: aberamus neque aderant, cum quibus necessarium etc., was bei der Natur unserer Ueberlieferung durchaus zulässig erscheint. — Zu Anfang von reg. III, 5. schiebt außerdem Jaffé rege ein, wohl mit Unrecht. Denn nicht nur berechtigt dazu in dem vertrauten, im engsten Zusammenhang unter einander stehenden und präcisen politischen Briefwechsel Gregors mit den Markgräfinnen ein folgendes idem rex noch keineswegs, sondern es wird auch durch diese Einschiebung Form und Inhalt in gleicher Weise gestört.

wenn sie auch noch so allgemein formulirt sind, doch eben deßwegen uns berechtigen, die Gesammtheit der Forderungen Gregors in ihnen zu erblicken, und die gerade auf eine Lösung der Investiturfrage in erster Linie hinweisen.*) Zum Schluß wird dem Könige die noch immer nicht erledigte Besetzung von Bamberg, im Wesentlichen genau mit den uns bereits von früher her bekannten Ausdrücken, in Erinnerung gebracht. Um dieselbe Zeit ergeht an den Erzbischof von Mainz,**) im geraden Gegensatz zu dessen vermittelnden Maßregeln und zu der Stimmung des größten Theils der deutschen Geistlichkeit, die eindringliche Mahnung zu stricter Ausführung der von der letzten Synode ergangenen reformatorischen Kanones; und noch Wichtigeres mag es sein, was unter den geheimnißvollen Eingangsworten des Schreibens sich verbirgt, was vielleicht bei seinem letzten persönlichen Zusammentreffen mit Gregor gegen Ostern desselben Jahres als nächste Maßregel in Aussicht genommen worden war. War es vielleicht eine eventuelle Verkündigung des Investiturverbots auf einer deutschen Synode etwa in der Weise, wie dies zwei Jahre später zu Autun für andere Gebiete geschah; war es ein Schritt gegen die vielgenannten Räthe des Königs,

---

*) reg. III, 7: nichil aliud a te quaerens, nisi ut ad monita tuae salutis non contempnas aurem inclinare et creatori tuo, sicut te decet, non contradicas offerre gloriam et honorem. Valde quippe indignum est, ut honorem, quem a conservis et fratribus nostris exigimus, creatori et redemptori nostro reddere contempnamus. „Gott die Ehre zu geben", beziehentlich „ihm für die empfangenen Wohlthaten Dank zu erweisen", ist im Investiturstreit eine sehr gewöhnliche Bezeichnung für „Aufgabe des Investiturrechts", zugleich ein vielbenutzter Beweisgrund. Der letzte Theil des obigen Citats, valde quippe — contempnamus, ist nicht minder üblich und wird uns noch mehrmals begegnen als Argument für die Berechtigung des Anathems gegen Fürsten und der damit verbundenen Absetzung.

**) reg. III, 4. v. 3. Septbr.

welche dieser, wenn er überhaupt je die Verbindung mit ihnen aufgegeben, gerade seit seiner Erhebung in der letzten Zeit auch offen wieder in seine Gemeinschaft gezogen hatte?

Eine neue Wendung, welche Heinrich bald darauf den Verhandlungen zu geben versuchte, brachte den Papst heftig auf und ließ ihn ernstlich daran zweifeln, ob denn überhaupt auf dem eingeschlagenen Wege vom König Etwas zu erreichen sei. Jene geriethen ins Stocken; und indem jeder von beiden Theilen auf seinem Standpunkte beharren blieb, ihm gemäß ohne Rücksicht auf den andern verfuhr, mußte, auch ohne das Zusammenwirken so gewichtiger begleitender Umstände, wie es für diesen Fall stattfand, in kürzester Frist der wirkliche, offene Bruch sich vollziehen.

Es hatte sich bisher, seit seiner Kenntnißnahme von dem päpstlichen Investiturverbot, für Heinrich keine Gelegenheit geboten, seine Stellung zu ihm gegenüber dem Urheber desselben thatsächlich zum Ausdruck zu bringen.*) Desto mehr und in

*) Wenn der Bischof Heinrich von Speier während der römischen Fastensynode d. J. 1075 gestorben ist, so ist sein Nachfolger Rüdiger Huzmann jedenfalls so bald darnach ernannt worden (vgl. Lambert, a. a. O. p. 230), daß das Verbot entweder noch gar nicht bekannt, oder wenigstens dem König durch die obengenannten „Getreuen“ noch nicht officiell überbracht worden war. Haben wir unter den Letztern Hermann von Metz und Adalbero von Würzburg zu verstehen, so ist dies um so wahrscheinlicher, da diese noch zu Ende März in Rom sich aufhalten, und es dürfte gerade in dieser Beziehung der Versicherung von reg. V, 18. mehr, als andern gleichartigen, Glauben zu schenken sein. Allerdings beruht die obige Nachricht von dem Tode Bischof Heinrichs nur auf der Ueberlieferung päpstlich gesinnter Geschichtschreiber, die selbstverständlich nicht verfehlen, für ihre Ansichten das größtmögliche Kapital daraus zu schlagen, und Remling, Gesch. d. Bischöfe v. Speier, Bd. 1. S. 300, setzt auf Grund der Angaben zweier Urkunden die Erhebung Rüdigers bereits auf 1073 an; indeß ist gerade jene die besser bezeugte — nicht durch reg. II, 29. 52a., in denen die Namen Beider sehr leicht, vielleicht durch die im päpstlichen Sinne in Umlauf gesetzten Erzählungen bedingt, schon nach

um so gewichtigeren Fällen bot sie sich ihm nun. Die Nachricht von der Ernennung des neuen Bischofs von Lüttich mochte noch nicht nach Rom gedrungen sein, als das letzte Schreiben des Papstes an den König von dort abging; und nicht von unmittelbarem Einfluß auf die folgende Entwicklung der Dinge war, soviel wir wissen, dieser Fall. Von um so größerem mehrere andere, welche kurz darauf sich ereigneten. Für Bamberg ernannte der König zum Bischof den Robert, Propst zu Goslar, seinen vertrauten Freund und Rathgeber, wie treuen Anhänger, übrigens einen bedeutenden Kopf, der denn auch am 30. November auf königlichen Befehl von seinem Metropoliten die Weihe empfing. Von Mailand waren alsbald nach dem großen Sieg über die Pataria und Herlembalds Tod Gesandte beim König erschienen, um unter dem Eindruck der Nachricht von diesen Ereignissen eine Regelung der Frage über die Besetzung des Erzbisthums, die nun einmal in der Person des Gottfried keinen befriedigenden Abschluß fand, anzubahnen.*) Sie hatten die Zusicherung von Jenem erhalten, daß er ihnen einen Erzbischof nach ihrem Wunsch geben werde; darauf hatte er im Herbst den Grafen Eberhard von Nellenburg, einen der gebannten Räthe, die jetzt eine einflußreiche Stellung behaupteten, zur Ordnung der Verhältnisse nach Italien gesendet, und dieser seinen Auftrag ganz im entsprechenden Sinne ausgeführt, die Pataria bekämpft, gegen das Papstthum gerichtete Verbindungen angeknüpft, die Mailänder zum nunmehrigen Empfange

---

wenigen Jahren durch falsche Lösung der Siglen verwechselt werden konnten, sondern eben durch reg. V, 18.

*) Diesen Sachverhalt ergibt die Erzählung des Arnulf, a. a. O. l. V, c. 2. vgl 5, zusammengehalten mit denjenigen des Bonizo und Landulf und den durch die Natur der Thatsachen selbst bedingten Gesichtspunkten des Geschäftsganges.

des Erzbischofs an den König verwiesen. So hatte denn der Letztere einen mailänder Kleriker, Namens Tedald, einen seiner Kapellane,*) ernannt, ohne weder Atto noch den von ihm selbst erhobenen Gottfried weiter zu berücksichtigen; und Jener hatte Aufnahme bei den Mailändern gefunden. Endlich hatte der König auch für die erledigten Stühle zu Fermo und Spoleto, innerhalb eines Gebiets, dessen Herrschaft der h. Petrus selbst beanspruchte, Nachfolger ernannt, und zum Empfang der Weihe an den Papst abgeschickt.

Politische Rücksichten in erster Linie waren es, welche den König bei den genannten Erhebungen leiteten; ein Blick auf seine Lage wird Jedem wenigstens einleuchtend machen, warum er überhaupt und gerade jetzt in dieser Weise vorzugehen geneigt sein mußte; und wer dies Recht der Investitur anerkannte, konnte auch nur von einer Seite aus, in Betreff der Erhebung Tedalds, Etwas dagegen einwenden. Denn in durchaus uneigennütziger Weise geschahen im Uebrigen die Ernennungen; selbst die Gegner sprachen nicht von Simonie, und Heinrich bewies auch bei andern folgenden Fällen ohne irgendwelche äußere Veranlassung, daß er dabei weiter Nichts, als Gehorsam gegen

*) Daß Tedald zur Zeit seiner Ernennung zum Erzbischof königlicher Kapellan war, ist zunächst durch Arnulf V, 5, a. a. O. p. 29. sichergestellt. Mit derjenigen Landulfs, III, 32, a. a. O. p. 99. ist diese Angabe sehr leicht in der Weise zu vereinigen, daß Tedald als Theilnehmer der ersten Gesandtschaft an den König abging, am Hofe unter die Kapellane eintrat und in dieser Stellung bis zur obengenannten Zeit verblieb, unter Anderm auch der Schlacht bei Hohenburg beiwohnte. Landulf wirft beide Gesandtschaften, die Arnulf der Zeit und den Zwecken nach sehr wohl auseinanderhält, durch einander; daher diese Verwirrung in seiner Erzählung, — die aber doch auch wenigstens beachtet sein will. In der vorgeschlagenen Weise lösen sich die Widersprüche, und er kommt in den besten Einklang mit den übrigen Quellen. Zugleich würden wir so einen neuen Beitrag zur nähern Bestimmung der Zeit des Siegs über die Pataria erhalten.

seinen ausgesprochenen Willen beanspruche.*) Welchen Eindruck es dagegen auf den Papst machen mußte, als, vermuthlich unmittelbar hinter einander, um den Beginn des December die Nachrichten von diesen Ereignissen ihn ereilten, ist unschwer zu begreifen. Kaum war in Bamberg mit vieler Mühe jener Hermann beseitigt, als ihm schon ein neuer vertrauter Rath und eine nicht minder zuverlässige Stütze des Königs folgte, in dem Bisthum, welches unmittelbar unter dem Schutze des h. Petrus stand, ernannt durch die königliche Investitur, während doch der Papst mit so großem Eifer wenigstens für das Stattfinden einer kanonischen Wahl eingetreten war!**) Ganz ähnlich verhielt es sich mit den beiden Bisthümern Fermo und Spoleto, nur daß hier noch unmittelbar territoriale Ansprüche ins Spiel kamen; — und dazu, vom politischen Standpunkte aus nur dem Grade nach mehr verwerflich, als jene andern, aber eben durch den Widerspruch gegen die vielen päpstlichen Bemühungen zur Lösung der Frage und durch die kanonische Ungeheuerlichkeit des Verfahrens gegenüber Gottfried in ihrer

---

*) S. die Erhebungen der Aebte Ruzelin für Fulda, Adalbert für Lorsch, des Erzbischofs Hildolf für Köln, zu einer Zeit, wo doch nicht mehr daran zu denken war, als verführe Heinrich so nur aus scheinbarer Nachgiebigkeit, um für den Augenblick die Gunst des Papstes zu gewinnen. — Lambert, M. G. SS. V, p. 236 ff. Berthold, ibid. p. 280.

**) Daß man in Deutschland auch diesen Fall als von nicht geringem Einfluß auf den weitern Gang der Dinge betrachtete, zeigt die Verbindung, in welche beide Gebhard v. Salzburg in dem Briefe an Hermann von Metz, Gretser, opp. t. VI, p. 443: cum rex natalicium diem Andreae etc. bringt, wie auch eine bezeichnende Aeußerung in dem Briefe der Sachsen an Gregor, bei Bruno, de b. Sax. c. 110: . . . Rûperto scilicet Babenbergense, qui horum omnium auctor et incentor est. — Vgl. Lambert a. a. O. p. 259: . . . Ruotbertum Babenb. episc. et Oudalr. de Cosheim et ceteros, quorum consiliis etc., dessen Angabe ebenso positiv falsch, als für die genannte Anschauung bezeichnend ist.

Bedeutung nur noch erhoben, die Ernennung des Tedald für das Erzbisthum Mailand! Stellte sich der König so zu den päpstlichen Forderungen, dann war überhaupt keine Hoffnung zu einer Verständigung mit ihm auf gütlichem Wege mehr vorhanden, mochte er gleich von Neuem in dieser Richtung brieflich sich an den Papst wenden, mochten seine Gesandten, freilich ohne ein eigentliches Mandat zu besitzen oder je gehabt zu haben, noch immer in Rom verbleiben. Gregor hatte sich bereits zu Gunsten der gefangenen sächsischen Bischöfe verwendet, was von dem König unmöglich als in seinem Interesse unternommen betrachtet werden konnte. Jetzt ergehen an und gegen den Bischof von Constanz, dessen Sprengel der Hauptsitz der deutschen Pataria war, Verordnungen, welche die letztere von Neuem aufstacheln, ihre Anstrengungen nach allen Seiten hin wachrufen, den durch sie auf alle widerstrebenden Gewalten ausgeübten Druck in erheblichem Maße vergrößern mußten.*) An Tedald ergeht unter dem 7. December in einfachem, aber sehr bestimmtem Tone, im Hinblick darauf, daß der rechtmäßige Erzbischof von Mailand, Atto, noch am Leben und im Amte ist, und unter Zurückweisung jeder anderweitigen Vermittlung oder Aussöhnung auf Grund des derzeitigen Standes, eine Vorladung zur nächsten Synode und das Verbot der Annahme der Weihe; unter dem folgenden Tage an die Suffragane der mailänder Kirche das Verbot, ihm diese letztere zu ertheilen.**) Das ganze bisherige Verfahren wird, da es sich als unfruchtbar erwiesen, mitdiesem Zeitpunkt abgebrochen. Jetzt ist die Einsicht zum Durchbruch gekommen, daß vom König nur noch durch den concentrirtesten Druck auf seine Entschließungen, oder überhaupt

*) ep. coll. 8. 9.
**) reg. III, 8. 9.

nur im offenen Kampfe von Gewalt gegen Gewalt Etwas zu erlangen sei. Eines von Beiden muß eintreten, und darüber unverweilt Klarheit, die dann alle andern Consequenzen unmittelbar nach sich ziehen wird, geschafft werden. So reiht sich den genannten Schreiben als wirksamstes Mittel zu diesem Zweck das bekannte, unter demselben 8. December ausgefertigte Ultimatum des Papstes an den König an.*) Der Umgang mit den gebannten Räthen ist es zuerst, sodann der Widerspruch zwischen seinen Versprechungen und Handlungen, was diesem in ernstester Weise vorgehalten wird. Der Letztere wird speciell aufgezeigt an seinem Verfahren in Betreff der mailänder Kirche, an der neuesten Besetzung von Fermo und Spoleto, „wenn denn von einem Menschen eine Kirche übergeben oder geschenkt werden kann"; von wo durch den gewichtigsten Hinweis auf den schuldigen Gehorsam gegen den apostolischen Stuhl der Uebergang zu einer Besprechung des Investiturverbots gemacht wird, welches, wie der Papst betont, als allgemein gültiges und verbindliches von vornherein, und am meisten von Heinrich, betrachtet werden sollte. Daß der König auf die beabsichtigten Verhandlungen nicht einging, sondern das Decret obendrein verletzte, ist ein schweres Verbrechen. Möge er Gott und Christus und dem h. Petrus die Ehre geben, möge er nicht die Freiheit der Kirche hindern, sondern ihr Wachsthum in treuer Ergebenheit befördern; möge er nicht auf Grund seines gegenwärtigen Glücks sich erheben, sondern an Saul und sein

---

*) reg. III, 10. Daß dasselbe am 8. December, nicht, wie im Codex steht, am 8. Januar des folgenden Jahres ergangen sei, hat zuerst Luden gesehen, neuerdings wieder Floto, Bd. II, S. 71 f. ganz unzweifelhaft festgestellt. Von hier aus liegt auch die Vermuthung sehr nahe, daß ep. coll. 8. 9., die doch in diesen Theil des Jahres gehören, an demselben Tage ausgestellt seien (vgl. oben S. 123 Anm.).

Schicksal im gleichen Falle gedenken!*) — Noch wirksamer freilich mußten die mündlichen Aufträge sein, welche die Ueberbringer des Schreibens, die drei in Rom weilenden königlichen Gesandten, an ihren Herrn empfingen. Bann und Entsetzung wurden hier schon für die nächste Synode gedroht, wenn Heinrich nicht ungesäumt sich rechtfertige und bessere.

Gewiß war durch dieses Ultimatum die Möglichkeit einer friedlichen Lösung der schwebenden Fragen noch zu letzter Stunde, wenn auch nur im Sinne der vollständigen Unterwerfung des Königs, nicht ausgeschlossen; die Maßregeln des Papstes waren darnach, soweit es anging, getroffen. Aber außerhalb jeder Erwartung lag dieselbe nach allen bestehenden Verhältnissen: sie blieb aus und der offene Kampf begann, mußte beginnen. Den ersten Streich führte in überschäumendem Zorn der König mit den Seinigen auf den Synoden zu Worms und Pavia;**) ihn gab Gregor zurück auf der römischen Fastensynode d. J. 1076.

---

*) Vgl. oben S. 103 Anm. Humbert adv. sim. l. III, c. 14: de praesumptione Saulis et poena.

**) Wie sich überhaupt in den auf diesen Vorgang bezüglichen Aktenstücken (Mon. Germ. Legg. t. II, p. 44 ff.) so recht deutlich die ganze Stellung der Betheiligten gegenüber dem Papstthum und seinen Bestrebungen ausspricht, so findet in ihnen auch eine ganz correcte Anschauung von den Zielen Gregors, wie wir schließlich allseitig bestätigt sehen werden, ihren, obgleich äußerlich übertriebenen, Ausdruck in den Worten des Einladungsschreibens zur wormser Zusammenkunft, a. a. O. p. 48: nam nullum eius iudicio licet esse sacerdotem, nisi qui hoc a fastu suo emendicaverit. Indem sie freilich die Stellung der päpstlichen Würde, wie sie sich auf Grund der bisherigen Entwicklung gestaltet, und die Hierarchie nicht von Grund aus verwarfen, sondern innerhalb der letzteren höchstens den ursprünglich wohl beabsichtigten, factisch aber längst beseitigten und nie wieder herzustellenden fortschreitenden Stufengang des Geschäftsganges gewahrt wissen wollten — wie sich dies in der ep. episc. ad Greg. VII. a. a. O. p. 45. ausspricht —, gaben sie sich und ihre Sache, wie schon betont wurde, selbst preis.

V.

Nur Andeutungen müssen uns zur Bestätigung des von selbst sich darbietenden Schlusses genügen, daß doch wohl auch diese so wichtige Versammlung mit Berathungen und Maßregeln allgemeiner Natur sich beschäftigt habe.*) Denn war eine solche Thätigkeit schon an sich wenig geeignet, in der Ueberlieferung

*) Die Acten des Registrum — III, 10a — enthalten neben den allein auf uns gekommenen Strafurtheilen noch die gewöhnliche Hinweisung darauf, daß auch Anderes verhandelt worden sei, in den Worten: In qua inter caetera decreta quae ibi gesta sunt etc. Scharfe Gebote gegen Simonie und Priesterehe — sicherlich ganz im Geiste der von der vorigen Synode ergangenen, und vielleicht noch mit einer kurzen Frist zur Umkehr für die Reuigen versehen — scheint eine bei Berthold a. a. O. p. 308. erhaltene Bestimmung der Fastensynode d. J. 1078 festzustellen. — Giesebrecht, Gesch. d. d. K., S. 350. 1096, verlegt die Synode, entgegen der herkömmlichen Anschauung, doch, wie es scheint, ohne zwingende Gründe, auf die zweite Fastenwoche. Denn kann die Angabe des Lambert, obgleich äußerlich auf ganz gleichen Verhältnissen beruhend, selbst schon in rein diplomatischer Hinsicht derjenigen des reg. III, 8. auf keine Weise entgegengestellt werden, so erscheint es nicht minder gewagt, die von G. benutzten Worte des Berthold über den Tod des Herzogs Gottfried als mit solcher Präcision gebraucht aufzufassen: — wenn aber auch endlich der König erst um Ostern (27. März) zu Utrecht die Nachricht von seiner Bannung erhielt, ist es nicht willkürlich, der von der Kirche nirgends officiell übernommenen, sondern dem Zufall und den Freunden des Königs belassenen Uebermittelung des Urtheils an ihn etwa fünf Wochen Zeit zu vergönnen, sechs aber abzusprechen?

einen bestimmten Platz zu finden, so mußte sie in diesem Falle vor den übrigen großen Ereignissen, welche sich an diese Synode knüpften, vollends ganz in der Erinnerung zurücktreten. Man wird, wie man dies zu thun pflegte, wenn man Neues aufzustellen nicht für gut fand, die bisher ergangenen Gesetze im Allgemeinen oder wenigstens in ihren wesentlichen Punkten erneuert, sie namentlich in den während der letzten Jahrzehnte in Frage gekommenen Beziehungen eingeschärft haben.

Es ist nun von beiden Seiten der Weg der Gewalt betreten, offen wird der Kampf, je nach Maßgabe der Mittel, welche den Parteien zu Gebote stehen, geführt. Aber nicht mehr um einzelne Streitpunkte bewegt sich derselbe, sondern um die Grund- und Cardinalfrage, in welcher Alles enthalten ist: ob die vom Papstthum in der von Gregor und seinen Gesinnungsgenossen ihm gegebenen Bedeutung beherrschte Kirche von jedem weltlichen Einfluß absolut frei sein, d. i. über die Welt gebieten soll, oder nicht. Sie ist, als solche hingestellt und von allen Seiten ohne weitere Discussion angenommen, wie ohne weiteres Zurückgehen auf die letzten Gründe der Dinge behandelt, die entscheidende; das Verhältniß eines Jeden zu dem Verbrechen des Schisma ist der Maßstab, an welchem er und sein Werth bemessen wird. Es war ein großer Vortheil für Gregor, daß seine Gegner eine Handlungsweise eingeschlagen hatten, durch welche sie ihm die Wahl der Stellung in die Hand gaben. So wurde der in seiner Wichtigkeit von ihm am wenigsten unterschätzte Kampf der Geister auf ein Gebiet verwiesen, auf welchem er infolge der Anschauungen jener Zeit nur einen für die Kirche günstigen Ausgang nehmen konnte. Rein äußerlich genommen gab das Auftreten des Papstes, selbst für den Fall einer Niederlage in Betreff seiner gesammten Ansprüche, hinreichende Gewähr für die Durchsetzung mindestens von einzelnen unter ihnen. Selbstständig indeß, wie dieß früher der Fall war, kommt keiner der letzteren, namentlich innerhalb des Kampfbereichs, mehr in Betracht. So lange Gregor mit seiner Person unmittelbar im Kampfe stand, finden wir seine Thätigkeit, soweit jener überhaupt entscheidend sein sollte, von demselben und seinen Zielen als einheitlichem Ganzen in Anspruch genommen. Erst von da an, wo er selbst jene bekannte Stellung über dem, wenn auch noch immer ungeschwächt und um dieselben Ziele fortdauernden Streit der Parteien einnimmt, fangen seine Bestrebungen wieder an, sich auf die besondern Belange, unter ihnen auch auf die uns vorliegende Frage, zu richten.

Es liegt uns, den gegebenen Umständen gemäß, von nun an in noch weit höherem Grade als zuvor, fern, den Gang der Ereignisse in irgendwie zusammenhängender Weise darstellen zu wollen, obgleich wir andrerseits zur Erklärung einzelner Thatsachen begreiflicherweise mehr als einmal auf denselben ausdrücklich werden Bezug nehmen müssen. Aus der Zwischenzeit zwischen den oben genannten Zeitpunkten liegen im Wesentlichen nur in Betreff der allen bisher besprochenen Verhältnissen gänzlich fernstehenden afrikanischen Kirche Verordnungen vor, welche unsere Aufmerksamkeit in Anspruch zu nehmen geeignet sind*).

*) reg. III, 19. 20. 21. Jaffé vermuthet, daß sie im Juni d. J. 1076 ergangen seien, und in Anbetracht ihres Inhalts ebensowohl, als ihrer Stellung im Registrum kann ich demselben nur beistimmen. Daher auch die Abweichung meiner Darstellung von derjenigen Gfrörers a. a. O. Bd. IV. S. 579 ff. Allerdings aber beruht die meinige auch nur auf den angeführten Erlassen Gregors, und ich erkenne es nicht für unmöglich an, daß dieselbe auf Grund anderer Quellen — die jedoch nicht vorhanden zu sein scheinen — umgestoßen werden kann. — Unzweifelhafte Bezüge auf die Investiturfrage habe ich aus den Schreiben der nächstliegenden Zeit nur gefunden in reg. IV, 3, — worüber unten noch zu sprechen sein wird — und ep. coll. 14, p. 537 extr., im letzteren Falle unter

Schon Leo IX. hatte mit seinem allumfassenden Geiste die afrikanische Kirche als Vorwurf von Bestrebungen ins Auge gefaßt, welche, soviel die uns erhaltenen Zeugnisse besagen, sich namentlich dahin richteten, auch dort den Primat der römischen Kirche und des Papstes festzustellen und die in der abendländischen Christenheit zur Geltung gekommene hierarchische Organisation durchzuführen*). Gregor VII. griff sofort mit Lebhaftigkeit den vielleicht nicht ohne seine Mitwirkung entstandenen Plan seines großen — wenn auch oft überschätzten — Vorgängers auf, den er an Universalität des Geistes noch bedeutend überragte. Wenige Monate bereits nach seiner Erhebung hatte er dort Verbindungen angeknüpft**); — und jetzt kam man ihm sogar entgegen.

Es waren daselbst — d. i. doch wohl nur im Bereich der Erzdiöcese Kartago oder Provinz Afrika — bis vor Kurzem alle Bisthümer, mit Ausnahme des erzbischöflichen Stuhls von Kartago selbst, eingegangen gewesen. Nun hatte der maurische Fürst Anazir beschlossen, in seiner neugegründeten Hauptstadt Buzea ein solches zu errichten; eine kanonische Wahl war vorgenommen worden, und Fürst und Gemeinde hatten noch im Laufe

---

ausdrücklichem Hinweis auf frühere Verhältnisse. Wenn wir jetzt die so oft berührte Frage der Gemeinschaft des Königs mit den excommunicirten Räthen in ihren letzten Ursachen wesentlich auf die Investiturfrage zurückführen zu müssen glauben, so müssen wir bedenken, daß jene Zeit nicht so weit zurückging, vielmehr nur jenes Factum selbst aufnahm und als Princip behandelte.

*) Leon. p. IX. epp. 3. 4. bei Mansi XIX, 657 ff.

**) reg. I, 22. 23. vom 15. Sept. 1073; — wobei natürlich die Möglichkeit des Vorhandenseins anderer Schriftstücke, als der besprochenen, beziehentlich früherer, noch immer als eine große anzuerkennen ist. — Hat übrigens Gregor die im jetzigen Registrum uns erhaltenen Schreiben selbst zur Veröffentlichung ausgewählt, so muß man jene Wahl als eine ungemein geschickte bezeichnen.

d. J. 1076 den erwählten Priester Servandus mit der Bitte um Ertheilung der Weihe dem Papst zugesendet. Jetzt thut dieser Beiden die bereits vollzogene Erfüllung ihres Begehrens kund. Zugleich ertheilt er dem Erzbischof Cyriacus von Kartago den Auftrag, in Gemeinschaft mit dem jüngst geweihten Erzbischof — (denn diese Würde hatte Jenem der Papst ertheilt) — Servandus nach der Vorschrift der heil. Väter einen Dritten znm Bischof zu erwählen und gehörig beglaubigt zur Consecration an ihn selbst abzuschicken, damit dann wenigstens die erforderliche Dreizahl von Bischöfen zur Ertheilung der Weihe bei der als nothwendig erkannten Vermehrung der Bisthümer in Afrika vorhanden sei. Wenn wir nun in diesen Erlassen im Ganzen eben bloß die Absicht erblicken können, eine rein kanonische Besetzung der afrikanischen Bisthümer zu Stande zu bringen*), nur für den Augenblick noch verbunden mit dem Bestreben, durch Verweisung der Ordination an den päpstlichen Stuhl demselben ein Recht endgültiger Entscheidung über jene zu wahren, so gibt diese Wahrnehmung doch keineswegs ein Moment dafür ab, daß wir etwa in derartigen und nicht in weitergehenden Forderungen Gregors, wie wir sie schon gefunden haben und noch finden werden, Aeußerungen seiner letzten und wahren Absichten in Betreff der Bischofswahlen anzuerkennen hätten. Den Beweis dafür gibt die gänzliche Verschiedenheit, welche zwischen den Verhältnissen der Kirche in Afrika und in ihren übrigen Gebieten obwaltete. Dort bestand sie unter der äußern Herrschaft von Muhamedanern, ohne die weltlichen Beziehungen der europäischen Kirchen, fast ganz

*) Doch weicht, wie ersichtlich, bereits das erste angeordnete Wahlverfahren erheblich von den kanonischen Vorschriften ab. Ein gleiches war zwar für die Zukunft kaum beabsichtigt; doch auch das jetzige, was wohl zu bemerken, ist für Gregor „secundum Deum."

noch in der ursprünglichen Verfassung und dem Staat gegenüber in derselben Stellung, in welcher sie sich anfänglich allgemein zu dem heidnischen römischen Reich befunden hatte, — sammt Allem, was jene mit sich brachte. Das Letztere erstrebte ja auch die Reformationsbewegung in den europäischen Staaten, ohne freilich die einzig mögliche Bedingung erfüllen, d. h. auch jene Stellung wieder einnehmen zu wollen und zu können. In Afrika fand die Kirche Duldung, ja selbst je nach den Umständen freundliche Unterstützung; und wenn sie in letzter Instanz vor äußerer Verfolgung nie ganz sicher war, so war sie es immer und vollständig vor Eingriffen der Art, wie man sie in Europa so scharf zurückweisen mußte. Mehr war aber auch unter allen Umständen nicht zu erreichen. Das höchste Ziel aller Wünsche mußte es schon sein, das Bestehende im Wesentlichen zu erhalten. Von diesem Gesichtspunkt aus sind Gregors Verordnungen zu beurtheilen; von ihm aus erklärt sich auch seine auf den ersten Anblick sehr verwunderliche Sprechweise gegenüber dem maurischen Fürsten. Gregors Triebfedern und Pläne waren, was eine Betrachtung der von ihm angewendeten Mittel auf den ersten Blick lehrt, mindestens zugleich im eminenten Sinne politische; nicht allein Religion und religiöser Eifer waren das, was ihn in seinem Handeln bewegte. Sie waren ihm zuerst nur Mittel zum Zweck; und wenn ihm die Religion selbst nicht gleichgültig war, — wie hätte er, der universelle Geist, beschränkt genug sein sollen, den Glauben seiner Kirche, zumal in der Gestalt, in welcher er ihn vertreten mußte, für den alleinseligmachenden zu halten *)? Und als Fürst steht ihm Anazir, eben auf Grund der

*) Man vgl. u. A. nur sein Verhältniß zu Berengar von Tours, das ja hinreichend bekannt ist. Bemerkenswerth ist jedenfalls, wie seine Gegner sich dieses Punktes zu, gewiß nicht unwirksamen, Angriffen be-

angedeuteten Verhältnisse, wie ein ganz Unbetheiligter gegenüber: jeder von Beiden läßt den andern innerhalb des seiner Befugniß zustehenden Wirkungskreises gewähren*). Daher finden wir auch in jenem Schreiben einen offenen, rückhaltslosen, fast herzlichen Ton, den wir in analogen, an christliche Fürsten gerichteten, vergebens suchen würden.

Kehren wir zur Betrachtung der europäischen Verhältnisse zurück, so finden wir innerhalb des Reichs das erste Zeichen der wiederbeginnenden Action Gregors in unsrer Frage nach allen den bekannten Vorgängen von mehr als einem Jahre in dem Augenblick, wo er nach dem Wiederausbruch des nur augenblicklich einmal beigelegten Kampfes in officieller Weise, um diesen Ausdruck zu gebrauchen, die schon angedeutete und für die Folgezeit maßgebende Stellung über demselben einnahm: bei der Wahl des Gegenkönigs Rudolph.

Gregor hatte bereits unter dem 3. September 1076 Gelegenheit genommen, in dem Schreiben, mit welchem er die deutschen Rebellen über seine Ansichten in Betreff der Beilegung des Streits aufzuklären suchte, seine Forderungen auszusprechen**). Die Anerkennung der Kirche als seiner Herrin, nicht als seiner Magd — jene Bezeichnung, in welcher er die

---

dienten; so Eigilbert von Trier, cod. Udalr. 160; Beno card., de vita et gest. Hildebr. (bei Goldast, apol. pro Heinr. IV.) I, p. 3; das decr. syn. Brixin. M. G. Legg. I, p. 51 f.

*) In dieser Richtung ist auch die bekannte Aeußerung Gregors zu erklären, daß er Spanien lieber von den Saracenen, als von den christlichen Königen beherrscht sehen wolle, wenn diese seine Forderungen nicht erfüllten; ebenso auch die zeitweiligen Klagen, daß die Fürsten, z. B. Wilhelm von England, mit der Kirche „schlimmer als die Heiden" verführen.

**) reg. IV, 3. die Stelle in Betreff der Investituren lautet: Non inflatus spiritu elationis consuetudines superbiae, contra libertatem sanctae ecclesiae inventas, defendat: sed observet sanctorum patrum doctrinam, quam pro salute nostra eos docuit potestas divina;

Gesammtheit seiner Ansprüche zusammenzufassen liebte — ist die Bedingung, unter welcher er sich bereit erklärt, König Heinrich wieder zu Gnaden aufzunehmen. Specielle Erwähnung findet daneben die Entfernung der bösen Räthe und ihre Ersetzung durch solche, den König selbst, nicht bloß das Seine lieben und Gott in Allem höher, denn weltlichen Gewinn achten, ferner die Befolgung des Investiturverbots, wenn auch in umschreibenden, so doch nicht mißverständlichen Ausdrücken, sowie auch endlich noch insgemein andere Rechte der Kirche von ihm zurückverlangt werden. Genau dasselbe aber auch soll der eventuell zu wählende neue König leisten, — und es ist schließlich in alledem nichts Anderes zu erblicken, als was wir in der später geforderten Ablegung eines förmlichen, vom Papst vorgeschriebenen Lehnseides durch den nach Rudolphs Tode zu erhebenden Gegenkönig finden werden, welcher letztere selbst umgekehrt hierdurch in manchen weniger ausgeführten Punkten neues Licht empfängt*). Der Gang der Ereignisse bedingte

---

und ist meines Wissens immer in dieser Richtung aufgefaßt worden. Den Vorgang bei der Wahl Rudolfs berichtet bekanntlich Bruno, de bello Sax. c. 91.

*) Eines ausdrücklichen Hinweises auf das Gewicht derartiger Thatsachen für den Beweis, daß der Angriff Gregors nicht gegen die Person des Königs Heinrich, sondern überhaupt gegen das Königthum in seiner ganzen damaligen Gestaltung gerichtet gewesen sei, bedarf es jetzt nicht mehr. Die Leute, welche Jenes glauben konnten, sind längst ausgestorben. — Merkwürdig, obgleich aus den allenthalben schwankenden Verhältnissen sehr leicht erklärlich, ist es übrigens, daß von der sehr bald nach den Ereignissen von Canossa nach Mailand abgegangenen päpstlichen Gesandtschaft (Hauptquelle Arnulf V, 9. a. a. O. p. 31. vgl. Giesebrecht, Gesch. d. d. K. III, S. 413) die Frage über die Person des Erzbischofs, die noch vor Kurzem den nächsten Anlaß zum Ausbruch des großen Streits gegeben, anscheinend gänzlich bei Seite gelassen wurde. Möglich wohl, daß sich der Papst eintretenden Falles zu einer Verständigung mit Tebald auf Grund seines Verbleibens im Amte herbeigelassen haben würde. Atto

unterdessen eine andere Theilnahme des Papstes an der am 15. März 1077 erfolgten Königswahl, als er sie ursprünglich in Aussicht genommen gehabt hatte. Rudolf leistete keinen Lehnseid, obgleich Gregor sein Verhältniß zu ihm, für den Fall seiner offenen Anerkennung, immer so auffaßte *) und er selbst den Papst sofort seines Gehorsams in allen Dingen versichern ließ. Dagegen legte er allerdings den anwesenden päpstlichen Legaten auf ihre Anforderung das Versprechen ab, Bisthümer weder für Geld, noch nach Gunst vergeben, vielmehr jeder Kirche die Ausübung ihres Rechts auf die kanonische Wahl gestatten zu wollen. Damit verzichtete er factisch auf das Investiturrecht in seiner nächstliegenden und nach der bisherigen Auffassung wesentlichsten Bedeutung **), daß nur solche

---

erscheint wenigstens später durch ein anderes Bisthum und die Kardinalswürde abgefunden.

*) Das bezeugen ebensowohl die Thatsachen, die zu bekannt sind, um einer neuen Erwähnung zu bedürfen, als Gregors eigne Worte, namentlich die folgenden, dem Bannspruch gegen Heinrich v. J. 1080, reg. VII, 14 a entnommenen: Ut autem Rodulfus regnum Teutonicorum regat et defendat quem Teutonici elegerunt in regem ad vestram fidelitatem ex parte vestra dono largior et concedo etc. Die Worte ad vestram fidelitatem bezeichnen, man interpungire wie man will, deutlich ein Lehnsverhältniß — denn in diesem Sinne ist ja immer fidelis zu verstehen —, welches die Uebersetzung Giesebrechts (G. d. d. K. III, 484) viel zu schwach hervortreten läßt, während allerdings diejenige Flotos (II, 219) auf der falschen Lesart des cod. Udalr. beruht. — Die Gesandtschaft Rudolfs erwähnt Gregor an derselben Stelle, aus welcher auch anscheinend Berthold a. a. O. p. 202, sicher Paul von Bernried c. 98, sowie Hugo v. Flav. a. a. O. p. 446 geschöpft haben.

**) Einen ausdrücklichen Verzicht Rudolfs auf das Investiturrecht — wie ihn Giesebrecht, Gesetzg. d. r. K. rc. S. 135, vermuthet — anzunehmen, liegt nicht der geringste Grund vor; ihm widersprechen geradezu, außer dem oben Angeführten, Worte Gregors, wie die in reg. VIII, 26: .. et sicut de Rodulfo speravimus .. (s. das.). Im Anschluß an diese Betrachtungsweise würde es vielleicht nicht unfruchtbar sein, den Gedanken weiter zu verfolgen, welchen die folgende Ueberschrift Mansis (XX, 531)

Männer, die dem König genehm wären, auf die Bischofsstühle gelangten. Denn die Ansicht der Reformpartei im engern Sinne wenigstens warf ja jede Investitur unter die oben genannten Klassen: zu der Erkenntniß, daß der Papst mit jenem Verbot eine völlige Loslösung aller Kirchengüter vom staatlichen Lehnsverband beabsichtigen könne, war außer König Heinrich und wenigen erleuchteten Köpfen seiner Partei kaum noch Jemand gekommen. Nur die nachträgliche, vor der Hand freilich auch im päpstlichen Sinne noch ziemlich bedeutungslose Uebergabe des Besitzes an den erhobenen Prälaten verblieb Rudolf. In diesem Sinne ohne Zweifel, und zwar äußerlich wahrscheinlich in derselben Form, welche wir später bei ihm wiederfinden und besprechen werden, hat er bald darauf an der Erhebung eines Abtes von St. Gallen theilgenommen, welchem noch im Herbst desselben Jahrs vom König Heinrich Ulrich, ein Sohn des Herzogs Markward von Kärnthen, mit Erfolg entgegengestellt wurde*). König Heinrich behielt nach wie vor das herkömmliche Verfahren bei.

---

zu den Akten der röm. Synode v. J. 1080 anregt: Conc. Rom. VII. in quo regnum Germaniae Henrico abrogatum collatum fuit Rudolpho, ea constitutione addita ne deinceps investiturae beneficiorum a laicis conferantur vel accipiantur. — Wie wenig noch selbst bei den eifrigsten Gregorianern das Bewußtsein von der principiell allezeit behaupteten Verwerflichkeit der Investitur im gegebenen einzelnen Falle sich geltend machte, zeigt recht deutlich eine Aeußerung Bertholds z. J. 1076, a. a. O. p. 283: Episcopus Paderbrunnensis obiit, cui Poppo praepositus Babinbergensis non omnino canonice successit, quippe a rege iam anathematizato, communicans ipsi, episcopatum suscepit. Also nicht der Empfang der Investitur an sich, sondern die Berührung mit dem Gebannten war nach seiner Meinung ausschlaggebend für die Betrachtung dieser Erhebung als einer unkanonischen.

*) Berthold a. a. O. p. 301: . . eo itidem reprobato, qui regulariter a fratribus electus, a rege Rudolfo illuc abbas ordinatus est . . vgl. 293.

Demnächst ergeht eine für unsern Gegenstand höchst beachtenswerthe Verordnung Gregors in Betreff des Bischofs Gerhard von Cambray unter dem 22. Mai 1077.*) Der letztere hatte im vorigen Jahre nach vorgängiger kanonischer Wahl vom König die Bestätigung und Investitur empfangen und nun — noch vor Empfang der Weihe — bei seiner jüngsten Anwesenheit in Rom, vom Papst deßwegen zur Rede gestellt, versichert, weder von dem Investiturverbot, noch von der Excommunication des Königs in zuverlässiger Weise unterrichtet gewesen zu sein. Er hatte darauf sofort seine Würde in die Hände des Papstes niedergelegt, seine Sache demüthig dem Urtheil desselben anheimgestellt. Gregor hat, so berichtet er jetzt dem Hugo von Die, in Anbetracht der dadurch an den Tag gelegten Gesinnung, der Fürbitten anderer Bischöfe und des von ihnen abgelegten lobenden Zeugnisses über den früheren Lebenswandel des Gerhard, vorzüglich aber wegen der vorangegangenen kanonischen Wahl, diesem das Bisthum bedingungsweise wieder zuerkannt. Er soll nämlich noch einmal, damit dieses Beispiel der Nachsicht von andern Bischöfen ungleicher Gesinnung nicht falsch ausgelegt, beziehentlich für ihre Zwecke verwendet werde, vor der in nächster Zeit von Hugo abzuhaltenden Synode die Wahrheit seiner Aussage, dazu seine Nichtbetheiligung an einem für die Bestrebungen des Papstes höchst gefährlichen Vorfall in Cambray**) eidlich bekräftigen, um dann

---

*) reg. IV, 22. vgl. Gesta episc. Camerac. contin. M. G. SS. VII, p. 497. Chron. S. Andreae castri Cameraces. l. III. ebendas. p. 539.

**) Vgl. reg. IV, 20. Dieselbe Volksmenge, deren Fanatismus seit Jahrzehnten vom Papstthum angefacht und als wirksamste Waffe wider seine Gegner verwendet worden war, hatte vor Kurzem in Cambray sich erhoben und einen Mann, der gegen Simonie und Cölibat gepredigt, verbrannt. Eine Pataria, wie er für sich selbst sie überallhin zu verpflanzen

erst endgültig bestätigt und geweiht zu werden. Gerhard that dieß auf der weiter unten nochmals zu berührenden Synode zu Autun und erhielt daselbst die Weihe, — um nach kurzer Frist von neuem mit König Heinrich in Verbindung zu treten. Doch wir haben hier nicht seine Geschichte zu verfolgen, sondern das Verfahren Gregors zu beurtheilen; und hier erscheint zunächst bei der eigenthümlichen Art und Weise, in welcher das erste Investiturverbot i. J. 1075 aufgestellt worden war, die Nachsicht von Seiten des Papstes, wie sie sich in diesem Falle geltend machte, als ganz sachgemäß und von der Natur der Dinge geboten. Nicht sie jedoch kann für Gregors Entschließungen maßgebend gewesen sein; Männer seines Schlags pflegen nicht gerade sich an derartige untergeordnete und kaum mehr als formelle Rücksichten zu binden, wenn nicht noch gewichtige sachliche Gründe hinzutreten. Und wie geringe Bedeutung in Wahrheit auch nach Gregors Ansicht den hierauf bezüglichen Versicherungen des Gerhard beizulegen war, beweist die vorgeschriebene Eidesformel, die selbst einem ängstlichen Gewissen eine recht genaue Kenntniß von der Existenz des fraglichen Verbots und Bannspruchs abzuschwören erlaubte. *) Auch nicht der unsträfliche Lebenswandel des Angeschuldigten

---

strebte, auf gegnerischer Seite! Das war ein ebenso gefährliches Beispiel für Andere, als eine furchtbare Warnung für den Papst; und wir dürfen es ihm gern glauben, wenn er sagt, jenes Ereigniß sei ihm valde terribile. Er verordnet auch sofort ganz energische Maßregeln, um die Bewegung im Keime zu unterdrücken.

*) constituimus, ut . . . ita se per sacramentum purgare debeat: quod ei ante acceptionem illam et, ut dicitur, investituram episcopatus, regem excommunicatum fuisse, et illud decretum nostrum de prohibitione huiuscemodi investiendi et accipiendi ecclesias neque per legatum nostrum neque ab aliqua persona, quae se his statutis interfuisse et ea audisse fateretur, significatum et indubitanter notificatum fuerit.

konnte jenes Verfahren des Papstes begründen. Sagt Gregor nicht selbst, daß derselbe noch in der zuletzt von ihm bekleideten Stellung das Verbrechen der Simonie durch Verkauf geistlicher Stellen begangen habe, ebendasselbe, welches hinreichte, um Andere leiblich und geistig für immer zu verdammen? Und was will nach alledem die Betonung der allerdings nicht zu bestreitenden Thatsache besagen, daß Jener mindestens kanonisch gewählt worden war, zumal für uns, die wir noch Fällen begegnen werden, in welchen das gleiche Verfahren notorisch nicht durch eine stattgefundene kanonische Wahl gerechtfertigt werden konnte? Es war die von Gerhard augenblicklich erwirkte Ueberzeugung seiner päpstlichen Gesinnung, welche Gregor bestimmte; es war die Erwägung und berechnete Benutzung des Umstandes, daß sich ihm hier von Neuem ein gewichtiges Moment zur Gewinnung eines entscheidenden Einflusses auf die Besetzung der Bisthümer, daß sich ihm hier schon noch der bisherigen Praxis mancher Vortheil, für die zukünftige Erhebung des Anspruchs auf ein allgemeines päpstliches Ernennungsrecht ein Präjudiz darbot. In einem solchen Falle genügte, wie in ähnlichen bereits erwähnten (s. S. 54), die Demüthigung des Schuldigen vor dem apostolischen Stuhl, um alles Vergangene vergessen zu machen und ihm Rechtmäßigkeit zu verleihen.

Knüpfen wir hieran sofort noch die Besprechung zweier Fälle, welche in der Zeit bis zur nächsten Synode in Bezug auf Bisthümer des Reichs ergangen sind und ganz in den Bereich unserer Betrachtung fallen. In dem einen von ihnen dürfen wir uns sehr kurz fassen, da Alles zu klar zu Tage liegt, um auch nur die geringste Schwierigkeit zu machen. Gregor meldet unter dem 17. September 1077 (reg. V, 3) den Bischöfen Rudolf von Siena und Rainer von Florenz als das Ergebniß seiner eifrigen Bemühungen, für das erledigte Volterra

„nach Gottes und der Kanones Vorschrift" einen nützlichen und geeigneten Bischof gewählt zu sehen: daß seine Wünsche mit denen seiner dortigen Anhänger*) sich in der Person eines gewissen Bonoisus (Bonizo?), Archipresbyters zu Mantua, vereinigen. Er befiehlt ihnen, demselben die allgemeine Zustimmung in Form einer von ihnen zu veranstaltenden kanonischen Wahl zu verschaffen, darauf an Stelle des Papstes, wie ihnen als ein auf alter Ueberlieferung beruhendes Herkommen bekannt sei, ihn zu bestätigen und alsbald zum Empfang der Weihe nach Rom zu senden. Wir sehen demnach ein Verfahren, welches einer päpstlichen Ernennung fast gleichkommt. Als nächster Anhalt zur Erhebung erhöhter Ansprüche kann allerdings den Zeitumständen nach vor der Hand nur der Empfang der Weihe von Seiten des Gewählten durch den Papst selbst dienen, daher wohl auch derselben hier eine Bedeutung beigelegt wird, welche sie, ganz an und für sich betrachtet, nicht hat. Auf jeden Fall aber ist diese Forderung ebenso, als die eines päpstlichen Bestätigungsrechtes, ein Eingriff in die ältere Kirchenverfassung, mag nun jene letztere, worüber uns eine Entscheidung versagt ist, wirklich auf dem Herkommen beruhen, oder erst von Gregor mit diesem Prädikat versehen worden sein. Sehr erklärlich ist aber das schroffe Vortreten Gregors mit derartigen Absichten an dieser Stelle; lag ja Volterra in seinem nächsten Machtbereiche und waren die Verhältnisse im Allgemeinen solche, daß eine Rücksichtnahme viel weniger, als sonst, geboten erscheinen mußte.

---

*) Etwas Anderes kann der einschlagende Ausdruck des Schreibens kaum bedeuten. Es heißt daselbst: quia . . et nostra consilia et voluntas e o r u m, q u i d e i l l a e c c l e s i a s u n t, convenit, apostolica vos auctoritate monemus: ut, eandem ecclesiam adeuntes, qualiter generalis electio fiat a b o m n i b u s, procuretis. Doch würde auch eine andere Auffassung die Sache selbst in keinem wesentlichen Punkte ändern.

Andere Gesichtspunkte sind es, unter welchen zwei am folgenden Tage, den 17. Sept. 1077, in Betreff der Besetzung des Patriarchats von Aquileja erlassene Verfügungen betrachtet sein wollen. Sie eröffnen ein höchst beachtenswerthes Verfahren, welches, richtig gewürdigt, unsere Auffassung der Bestrebungen Gregors in dieser Beziehung neben den bereits hervorgehobenen ebensosehr bestätigen wird, als auf den ersten Anblick eine mit besonderer Vorliebe herausgegriffene und mißverstandene Bestimmung derselben entgegensteht. Um die Mitte des August war zu Regensburg der Patriarch Sieghard gestorben; Klerus und Laien von Aquileja hatten darauf den — im Uebrigen unbekannten — Archidiakonus ihrer Kirche zu seinem Nachfolger erwählt*) und den Papst davon mit der Bitte um Be-

*) Die Schreiben Gregors stehen im reg. V, 5. 6; Nachrichten über den Tod des Sieghard bei Berthold a. a. O. p. 295, Bernold ebendas. p. 434, Bruno de b. S. c. 75. — Jaffé vermuthet (s. d. Anm. z. V, 5) entgegen der herkömmlichen Ansicht, daß der erwählte Archidiaconus identisch mit dem vom König durch die Investitur ernannten Heinrich, einem augsburger Domherrn, gewesen sei, wogegen mit Recht bereits Giesebrecht in der Kürze Einwand erhoben hat. Zunächst müßte doch wohl jenes an und für sich nicht gewöhnliche Factum ausdrücklich irgendwo bezeugt sein, allein keiner von den in dieser Sache doch gewiß competentesten Zeugen weiß Etwas davon. Die Annales Augustani (a. 1077. M. G. SS. III, p. 129) nennen jenen Heinrich einfach: pridem Augustensis canonicus, Berthold (p. 317, in der Mittheilung der Verhandlungen der Fastensynode v. J. 1079) Augustensis clericus; und am allerwenigsten auf die von Jaffé angenommene Weise läßt es sich erklären, daß in den obgleich meist kurzen, doch immerhin beachtenswerthen Lebensbeschreibungen der Patriarchen von Aquileja (bei Muratori, Script. t. III. zu Anfang) gerade über Heinrich nicht das Geringste sich findet. Wenn obendrein Berthold in seinem bekannten Bericht über die Ernennung Heinrichs und andrer Prälaten (p. 301) ausdrücklich sagt, daß derselbe „nach Verwerfung des vom Klerus und Volk kanonisch Erwählten“ eingesetzt worden sei, und weder äußerlich noch innerlich irgend ein Grund vorhanden ist, in die Glaubwürdigkeit dieser Angabe einen Zweifel zu setzen, so kann man nur annehmen, daß Jaffé sich die Sache vorstellt, als habe der König

stätigung desselben benachrichtigt. Die Antwort darauf enthalten die beiden genannten Schreiben. In dem einen, an Klerus und Gemeinde selbst gerichteten, führt Gregor zunächst aus, wie es sein festes und unermüdliches Bestreben sei und lebenslang sein werde, im Anschluß an das göttliche Gebot, „daß der Hirt zu seiner Heerde durch die Thür eingehen, nicht anderswo,

---

erst einen uns völlig unbekannten Erwählten verworfen, habe dann entweder nach der königlichen Ernennung des Heinrich zu Aquileja, oder vor oder zugleich mit derselben durch die anwesenden Gesandten im Lager eine Art kanonischer Wahl stattgefunden, worauf nun Gregor in seinen Schreiben Bezug nähme. Ist in Wirklichkeit in Betreff jenes Heinrich eine kanonische Wahl vorgenommen worden, wie dies i. J. 1079 bei den Verhandlungen über sein Verbleiben im Amte behauptet und von ihm beschworen wurde, so kann dies nur in einer der oben angedeuteten Formen der Fall gewesen sein. Allerdings wäre es an sich nicht unmöglich, daß Gregor, wie dies durch ähnliche Vorkommnisse hinreichend beglaubigt wird, in seinem Interesse jene, in Wahrheit pseudokanonische Wahl als vollgültig anerkannt hätte. Allein schon so würde er sich, selbst wenn er sichere Bürgschaften für einen Umschlag der Gesinnung jenes Mannes nach der päpstlichen Seite hin gehabt hätte und trotz der zwingenden Nothwendigkeit einer Bemäntelung seiner Absichten, welche ihm die Umstände auferlegten, kaum in der Weise über denselben ausgesprochen haben, welche wir in seinen Schreiben beobachtet finden. Rein unmöglich wird aber auch diese Annahme durch die Betrachtung der zeitlichen Verhältnisse. Jene Ernennung fand am 8. September oder wenige Tage vorher statt. Damit ist genug gesagt; und damit fällt auch zugleich die Ansicht Gfrörers, a. a. O. Bd. VII. S. 620, der zwar, wie wir es thun, die Person des Archidiaconus sammt der auf ihn gefallenen Wahl von derjenigen des Heinrich trennt, aber doch die Verfügungen Gregors auf diesen letzteren bezieht. — Die Wahl zu Aquileja, wie wir sie richtig aufzufassen glauben, fand offenbar im letzten Drittel des August statt, dann gingen, wahrscheinlich gleichzeitig, die beiden Gesandtschaften an den Papst und an den König ab. Ob der Patriarch Heinrich späterhin in Aquileja eine förmliche Anerkennung in Gestalt einer nachträglichen Wahl gefunden hat, wissen wir nicht; es ist auch sachlich vollständig gleichgültig. Daß übrigens der Papst eine Besetzung durch den König fürchtete — (er konnte noch nicht wissen, daß eine solche bei Abgang seiner Schreiben bereits erfolgt war) —, beweist die Drohung am Schlusse des Erlasses an die Gemeinde.

wie ein Dieb und Räuber einsteigen solle," die durch Gottlosigkeit und böse Gewohnheit ins Verderben gerathene Art der Bischofswahl zu reformiren. Im Uebrigen wolle er die dem König gebührende Dienstleistung und Treue in keiner Weise bestreiten oder verhindern, also keineswegs Neuerungen eigener Erfindung einführen, sondern verlange nur, wie es das Heil Aller erfordere, daß bei der Einsetzung von Bischöfen, dem gemeinsamen Ausspruch der heiligen Väter gemäß, vor Allem die evangelische und kanonische Autorität gewahrt werde. Ueber die Nachricht von jenem Vorgange freue er sich aufrichtig, zumal wenn derselbe in der rechten Weise erfolgt sei. Da es jedoch ihm selbst bei der Schwierigkeit der Sache unmöglich sei, ohne Weiteres eine Entscheidung zu treffen, so sende er ihnen jetzt seine Legaten, um, wenn sie sich von der Vorschriftsmäßigkeit des Wahlverfahrens und von der allseitigen Tüchtigkeit des Gewählten überzeugt, diesen zu bestätigen, im andern Fall aber eine Neuwahl anzustellen. Zugleich erhalten die Suffragane von Aquileja den gemessenen Auftrag, Jene hierbei thatkräftig zu unterstützen; in Verbindung womit den Gebannten unter ihnen für den Fall des Gehorsams Gnade in Aussicht gestellt, im entgegengesetzten mit den schwersten Strafen gedroht wird. — Betrachten wir nun die einzelnen Bestandtheile dieser Verfügungen in ihrem Zusammenhang unter einander und mit den Bestrebungen des Papstes, soweit sie uns bereits bekannt geworden sind, im Allgemeinen, so werden wir uns sagen müssen: das Wesentliche an ihnen ist, daß Gregor durch seine Legaten einen bestimmenden Einfluß auf die Besetzung des Patriarchats zu gewinnen sucht, unwesentlich dagegen und auf Täuschung über seine letzten Ziele berechnet ist es, wenn er gerade seine Bemühungen zur Wiederherstellung des kanonischen Wahlverfahrens in der angegebenen

Weise betont; zum mindesten auf Verdeckung jener ist es abgesehen, wenn er sich gegen die Absicht jedweder Beeinträchtigung der Lehnstreue ausdrücklich, aber in leicht mißverständlicher Weise verwahrt.

Die Erklärung und Begründung für Alles dieß giebt sofort in mehr als hinreichendem Maße die Betrachtung der Wichtigkeit, welche es für Gregor haben mußte, den Besitz jener, als Patriarchat doppelt wichtigen Würde durch ihre Verleihung an einen Mann seiner Richtung sich und seinen Bestrebungen zu sichern und nutzbar zu machen — und nur noch erhöhen konnte dieses Gefühl die Erinnerung an das, was er von dem letzten Inhaber derselben erfahren —; sie giebt die ganz von selbst in erster Linie sich aufdrängende Erwägung, daß es, um Etwas zu erreichen, bei der dem Papstthum in seiner derzeitigen Gestalt offen feindseligen Gesinnung der weit überwiegenden Mehrheit des ganzen Sprengels, nothwendig erscheinen mußte, dem Standpunkte der letzteren wenigstens äußerlich Concessionen zu machen. Wie Gregor über die „kanonische Wahl" dachte und was er aus ihr zu machen suchte, zeigte uns soeben, um der möglichsten Sicherheit des Schlusses halber weder auf frühere noch auf spätere Vorkommnisse gleicher Art Bezug zu nehmen, seine nur einen Tag ältere Verfügung in Betreff der Besetzung des Bisthums Volterra. Schon ihre Vergleichung allein muß allen Denen, welche noch diesen Hinweis verlangen, zeigen, daß Gregors Versicherungen über seine Absichten zur Herstellung der kanonischen Wahl nur dann nicht bedeutungslose Frasen sind, wenn wir jene „ächte kanonische Wahl" als eine solche auffassen, bei welcher dem Papst in jedem Fall der maßgebende Antheil, die ausschlaggebende Entscheidung gewahrt bleibt. Verzichte man denn endlich darauf, Worten einen Werth beizulegen, die nur dazu da sind, auf Grund der herrschenden

Verkettung und Vermengung der einschlagenden Begriffe die Absichten des Papstthums unter dem Schilde und mit der dadurch zu erkaufenden Mitwirkung der Reformbewegung strengerer Richtung ins Werk zu setzen! — Für aufrichtig dagegen bis zu einem gewissen Grade halte auch ich zwar, wie Andere, die Versicherung, daß er, der Papst, der Erfüllung der Lehnspflichten an den König nicht entgegentreten wolle; nur darf man dieselbe weder aus dem von der Natur der Sache und dem Verlauf der Dinge selbst ihr angewiesenen Zusammenhange reißen, noch vollends in unrichtiger Auffassung sie in einer ihr nicht innewohnenden Bedeutung verallgemeinern.*) Wir haben oben das Investiturverbot in den Wirkungen, die es unausbleiblich nach sich ziehen mußte, und in Bezug auf das, was bei seiner Aufstellung nothwendig zu erwägen war, unsrer Betrachtung unterzogen; die kanonische Wahl mit Gregors Bestrebungen in Betreff derselben gegenüber den bestehenden Verhältnissen hat fortwährend den ersten Gegenstand unsrer Aufmerksamkeit gebildet. Es muß daraus bereits hinreichend klar geworden sein, daß zu den Letzteren weder die kanonische Wahl im eigentlichen Sinn auf der einen Seite, noch die gänzliche Loslösung der geistlichen Güter von jeder weltlichen Herrschaft

*) Den erstgenannten Einwand möchte ich gegen die Darstellung Giesebrechts, Gesetzg. d. r. K. ꝛc. S. 136, erheben, der eben auf ganz verschiedenartige Fälle denselben Maßstab anwendet, wenn er nach Erwähnung des von uns oben behandelten Versprechens des Gegenkönigs Rudolf und des Verfahrens gegen Gerhard von Cambray fortfährt: „Wie unbestimmt aber alles bei dieser Frage noch war, erhellt am deutlichsten aus einem Schreiben des Papstes v. 17. Sept. 1077, worin er die Gemeinde von Aquileja belehrt, daß es ihm vor Allem auf eine kanonische Wahl ankomme, daß er aber den Dienst des Königs und die ihm gebührende Treue dadurch in keiner Weise beeinträchtigen wolle". — Auf dem letztgenannten Fehler beruhen Ausführungen, wie die Flotos, a. a. O. Bd. II. S. 16. 58 f., auf welche wir noch anderweit zurückzukommen haben werden.

auf der andern Seite an sich den directen, einzig möglichen Gegensatz bildete. Zogen, absichtlich und unabsichtlich, den ersteren allein die Anhänger, den letzteren allein die Gegner des Papstthums *): beide Parteien verkannten in gleicher Weise das eigentliche Wesen des Streits. Der Papst selbst, so sehr er auch jener Art der Gegensetzung als eines Mittels zur Verdeckung des wahren Inhalts seiner Pläne sich bediente, gebrauchte — hoch oben über dem Kampfe der Andern — eine dritte, zu deren Erkenntniß vielleicht diese Darstellung Etwas beizutragen geeignet ist. In der Hand des Papstes muß die Ernennung mindestens zu den höheren geistlichen Würden liegen; der mit ihnen verbundene Besitz muß ungetheilt und ohne Ausnahme zur Verfügung ihrer Inhaber sein. Ist dieß festgestellt, dann erst kann es sich darum handeln, ob Jene in Betreff dieses Besitzes weltlichen Gewalten verbunden sein sollen oder nicht. So sehr nun das Letztere wünschenswerth ist und in Wahrheit als letztes Ziel erstrebt wird, so wenig ist das Erstere schlechthin ausgeschlossen. Waren im Allgemeinen Zustände hergestellt, wie Gregor sie wollte, war auf der einen Seite sein hierarchisches System, auf der andern Seite namentlich jenes System kleinerer päpstlicher Lehnsstaaten in die Wirklichkeit versetzt, so brachte diese Art der Verbindung der Kirche mit dem Staate, obgleich sie dem behaupteten Wesen der geistlichen Würden in letzter Instanz unangemessen war, wenigstens keinerlei Gefahr für die Freiheit derselben mit sich, um so weniger, als der Papst den Lehnseid, auf welchem denn

*) Vergl., um nur unmittelbare Zeitgenossen zu nennen, auf der einen Seite die Einladung zu der wormser Zusammenkunft, M. G. Legg. t. II, p. 48. u. die ep. Theod. Vird. bei Martene-Durand, thes. nov. anecd. t. I, 227, auf der andern Manegold, bei Giesebrecht, die Gesetzg. d. r. K. 2c. S. 138.

doch schließlich Alles beruhte, jederzeit lösen konnte.*) In dieser Richtung sucht Gregor mit der besprochenen Aeußerung der Anschauung seiner Gegner entgegenzutreten, in diesem Sinne sagt er ihnen eine, aber auch nur eine bedingte, Wahrheit. Insofern aber dieselbe unter den damaligen Verhältnissen und bei ihrer Stellung hoch über dem Kampf mit seinen Interessen sowohl, als über dem geistigen Stande der Kämpfenden unmöglich gefaßt werden, insofern ihre Wirkung auf diejenigen, an welche sie gerichtet war, wenn eine solche überhaupt stattfand, nur die Ueberzeugung sein konnte, daß der Papst wirklich keinerlei Schädigung der königlichen Machtvollkommenheit im Sinne habe, sind wir allerdings berechtigt, in derselben die Absicht einer Verdeckung oder Verschiebung der wahren Sachlage zu erblicken. — Das ganze in Rede stehende Verfahren Gregors war freilich unterdessen bereits dadurch gegenstandslos geworden, daß der König auf seinem Kriegszuge durch Schwaben am 8. September oder einem der nächstvorhergehenden Tage den augsburger Domherrn Heinrich, einen seiner Kapellane, ohne die bereits stattgefundene Wahl anzuerkennen, zum Patriarchen von Aquileja ernannt hatte, der denn auch alsbald Aufnahme von Seiten des Sprengels fand.

Es bedarf keiner weitern Ausführung, daß die Entscheidung, welche im Reiche fiel, für das Verhältniß des Papstes auch zu den übrigen Mächten der abendländischen Christenheit maßgebend sein mußte. In einer dem entsprechenden Weise äußern sich denn auch die Bestrebungen Gregors im Allgemeinen, wie in unserer Frage, ihnen gegenüber. Zugleich sind unterdeß die Umstände solche geworden, daß wir, im Gegensatz

---

*) Seine Ansicht darüber spricht Gregor ep. coll. 41. deutlich genug aus. Ein anderer Ausspruch über den Eid im Lehnsverband reg. VIII, 21.

zu der frühern Behandlungsweise, die Beziehungen des Papstes zu jeder einzelnen unter jenen Mächten bis auf einen weitern Umschwung der Dinge gesondert für sich zu betrachten haben werden. Der Ausbruch des Kampfes im Reiche hatte zunächst für die Zeit der unmittelbaren Betheiligung Gregors an ihm aus leicht ersichtlichen Gründen einen fast gänzlichen Stillstand in dieselben gebracht; nach und nach treten sie nunmehr wieder hervor, vorerst in Beziehung auf Frankreich und das britische Reich, als die nächstwichtigen, — in welchen zugleich wegen des höhern Alters des dasigen Christenthums verhältnißmäßig die Gefahren am geringsten, die Aussichten auf Erfolg am größten waren, — um dann sofort und voraussichtlich ohne Schwierigkeit auf die übrigen übertragen zu werden, in Bezug auf welche unterdessen der Papst nur mehr eine im Allgemeinen vorbereitende Thätigkeit entwickelte.*)

Fern liegt es uns, den schon seit langer Zeit geführten Kampf des Papstthums mit den autonomistischen Bestrebungen des französischen Königthums und Episkopats auch nur in seinen allgemeinsten Wendungen zu berühren. Wie Gregor den schon im Gang befindlichen gegen den derzeitigen Hauptvertreter derselben aus der Mitte der Geistlichkeit, den Erzbischof Manasses von Rheims, von Anfang seines Pontifikats an aufnahm und eifrig fortführte,**) so nahm er auch gegen den König,

---

*) Die sicherste Gewähr für diese Anschauung gibt eine zusammenhängende Betrachtung des Registrum, auf welches im Einzelnen zu verweisen an diesem Orte allerdings unthunlich ist. Bestimmte Thatsachen in Bezug auf jene Länder, welche in den Bereich des uns zugewiesenen Gebiets fielen, sind nicht vorhanden, ausgenommen einige später in Betreff der spanischen und der normannischen Staaten getroffene Maßregeln, wie bereits oben angedeutet. Diese werden an gehöriger Stelle besprochen werden.

**) Bemerkenswerth, nicht auffallend ist es dabei, wie Gregor, wo

dessen Stellung im Allgemeinen große Aehnlichkeit mit derjenigen Heinrichs IV. hatte, im Laufe d. J. 1074 eine immer schroffere Haltung an, welche demnächst einen ganz ähnlichen Conflict herbeizuführen drohte, als jener war, der dem Letztgenannten gegenüber im Keime damals bereits vorlag und bald offen ausbrechen sollte. Zu eben derselben Zeit jedoch, wo hier die entscheidende Wendung nahte, suspendirte der Papst sein Verfahren gegen den französischen König, ohne recht eigentlich, wenn man bloß vom kirchlich-religiösen Standpunkte aus urtheilen will, zureichende Gründe dafür anführen zu können, und hatte seitdem für seine Person jeden Schritt in dieser Richtung vermieden. Inzwischen waltete als sein beständiger Legat seit d. J. 1074 in Frankreich und Burgund der unermüdliche, thatkräftige Bischof Hugo von Die, der eifrigste und ergebenste Anhänger der papalistischen Grundsätze; und im Hinblick auf die überhaupt mögliche Durchführung der letzteren konnte man sich wohl mit Recht fragen, ob das Wirken dieses Mannes allein nicht ebenso erfolgreich sei, als das des Papstes und der ganzen Curie von Rom aus es unter den gleichen Umständen hätte sein können. Bereits früher war die Einmischung des Königs in eine geistliche Angelegenheit andrer Art zurückgewiesen worden.*) Es waren weiterhin unter dem 16. Nov. 1076 an die Gräfin Adelheid und ihren Sohn, den Grafen Robert von Flandern, — deren Stellung für das in Absicht genommene System kleiner päpstlicher Lehnsstaaten und der Benutzung größerer Vasallen gegen die Könige von Bedeutung war, — Schreiben ergangen,

---

andere Belange und andere Vortheile ins Spiel kamen, die Rechtgläubigkeit derselben gallikanischen Kirche betont (reg. VIII, 11), die denn doch nach den Vorgängen der letzten Jahrzehnte gewiß nicht ganz zweifellos zu nennen war.

*) reg. III, 16. (17. aus dem M. April 1076).

welche zum thätigen Einschreiten gegen Simonisten und Nicolaiten aufforderten und unter denen das zweite bereits unverkennbare Hindeutungen auf das Investiturverbot enthielt.*) Endlich hatte der Papst unter dem 1. März 1077 aus Anlaß seiner beabsichtigten Reise nach Deutschland einen Besuch Frankreichs in Aussicht gestellt, dessen allgemeine Zwecke, wenngleich die betreffende Erwähnung an einen ganz speciellen Fall und seine Entscheidung sich knüpft, nicht unklar sein können.**) Die nächsten Verordnungen, welche uns schon ganz direct berühren, ergangen am 4. März 1077, beschäftigen sich mit der Neubesetzung des Bisthums Chartres.***) Der derzeitige Bischof Robert ist, nachdem er gewisse für die fernere Beibehaltung seines Amtes früher eingegangene Bedingungen nicht erfüllt, jetzt vom Papst desselben entsetzt worden, — ohne freilich seinen Platz zu räumen. Um nun die verwaiste Herde nicht länger ohne Hirten zu lassen, und um jede weitere Möglichkeit einer simonistischen Besetzung jenes Bischofsstuhles abzuschneiden, befiehlt jetzt Gregor den kanonischen Wählern der Diöcese, unverweilt ohne jede Rücksicht, sei es Furcht oder Gunst, dem so oft erwähnten göttlichen Gebot gemäß (Ev. Joh. 10, 1 ff.) einen Bischof zu wählen, unter Androhung des Banns gegen jeden nicht kanonisch Gewählten und seine Anhänger; befiehlt er dem Metropoliten von Sens und seinen übrigen Suffraganen, persönlich oder durch Bevollmächtigte die Wahl zu leiten und den von ihr Betrof-

---

*) reg. IV, 10. 11. Die Mittel gegen Simonie und Nicolaitismus und das Investiturverbot, — wir finden sie hier genau in demselben Zusammenhange, in welchem wir sie anderwärts bereits gefunden haben und noch finden werden. Jene Andeutungen je nach den Umständen auszuführen, war eine von den Aufgaben des in demselben Schreiben empfohlenen Ingelrann; darum eben besitzen wir auch nur sie.

**) reg. IV, 13.

***) reg. IV, 14. 15. vgl. III, 17a.

senen zu weihen, mit der Drohung, daß er selbst, wenn sie dies, sei es aus Furcht, sei es aus Gunst gegen Jemanden unterlassen, Jenen weihen, ihnen aber für die Zukunft das Recht hierauf überhaupt entziehen wird. War in frühern Fällen der König an einer Wahl allemal wenigstens irgendwie betheiligt gewesen und berücksichtigt worden, so kann bei dieser hier keine Rede davon sein. Denn daß jener Jemand, den man fürchtet, von dem man hofft, und zwar in einem Grade, daß es so gewichtiger Drohungen bedarf, kein Anderer ist, als der König, daß er es ist, welchem die Möglichkeit einer simonistischen Besetzung — in dem bekannten weiten Sinne — abgeschnitten werden soll, ergibt sich aus den Worten Gregors mit nur zu großer Bestimmtheit; erst dadurch erlangen die Ausdrücke der Verordnungen,*) wie das Versprechen päpstlicher Unterstützung für alle Eventualitäten ihre volle Bedeutung. Im Fluge gewählt und geweiht soll der Bischof werden; es gilt, in einer vollendeten Thatsache das Investiturverbot zur Geltung zu bringen, das demnächst als Gesetz öffentlich verkündigt werden sollte, — wenige Tage später legte der Gegenkönig Rudolf das oben ausgeführte Versprechen ab. Neu sind die strengen Strafen, mit welchen gedroht wird: eine persönliche Einmischung in die vorzunehmende Wahl selbst, beziehentlich Beeinflussung derselben vermeidet der Papst. Offenbar sind hier die Verhältnisse zu schwierig, kann er zu leicht compromittirt werden: — so muß denn dafür die „lautere kanonische Wahl" eintreten. —

---

*) Besonders zu beachten reg. IV, 14 extr.: Quapropter mementote, quod nemo pro vobis passus, nemo pro vobis mortuus est nisi Christus. Cuius libertatem sicut dilecti filii Dei tenentes et defendentes, iugum iniquitatis aut aliquod dominium ad perditionem animarum vestrarum vobis imponi nullatenus patiamini; scientes, quod nunquam vobis in hac causa apostolica deerit auctoritas et defensio.

Jene Einmischung findet sich aber bereits — und darum darf der vorigen Willensäußerung Gregors eine grundsätzliche Bedeutung gar nicht beigelegt werden, — in dem Verfahren, welches durch einen Erlaß vom 23. März in Betreff der Besetzung des Bisthums von Le Puy en Belai angeordnet wird.*) Es würde uns von unserm Gegenstand abführen, wenn wir das ganze, schon seit längerer Zeit in Gang befindliche Verfahren gegen den dortigen Bischof Stefan III. hier im Einzelnen verfolgen wollten;**) im Allgemeinen nur sei auf die große Aehnlichkeit hingewiesen, welche zwischen seiner Lage und derjenigen des eben erwähnten Bischofs Robert von Chartres obwaltete; wie er denn auch in gleicher Weise seinen Sitz noch behauptete. Gregor bestätigt jetzt das Urtheil der Absetzung und Excommunication, welches Hugo von Die bereits im vorigen Jahre über ihn verhängt, und fordert die Gemeinde, die ihn bisher gehalten, unter Entbindung von allen geleisteten Eiden auf, nach Ablegung der gebührenden Genugthuung für die auf sie selbst übergegangene Excommunication vor seinem Legaten Hugo „nach dessen Rath" Gottes Vorschrift gemäß jenem Stefan einen Nachfolger zu wählen. An eine Berücksichtigung des königlichen Investiturrechts ist natürlich hierbei ebensowenig zu denken, als ihrer auch nur die geringste Erwähnung geschieht; und über eine „Wahl nach dem Rathe des Hugo von Die" brauchen wir vollends kein Wort zu verlieren. Energisch in Frankreich vorzugehen, war Gregors fester Wille. Zeigt dies zwei Tage später neben andern wichtigen Verfügungen, die dem Bischof von Paris zugehen, die unverhältnißmäßig starke Betonung jenes

---

*) reg. IV, 18. 19.

**) reg. I, 80. III, 10a. Hugo Flav. (M. G. SS. VIII) p. 413. 417. vgl. Gall. Christ. t. II, p 261 f. 700.

Aufruhrkanons, wie ich ihn nennen möchte, der Synode von 1075,*) der überall eine Pataria schaffen, überall durch sie die Durchführung höherer päpstlicher Ansprüche vorbereiten sollte, so lassen die letzteren nicht auf sich warten. Am 12. Mai ergeht an Hugo von Die der Auftrag,**) eine Synode, womöglich zwar mit Einwilligung des Königs, doch im andern Falle auch ohne sie, abzuhalten. Hat sich doch schon der Graf von Champagne erboten, sie in seinem Gebiet aufzunehmen und zu schützen. Hier soll es, neben der Entscheidung anderer Angelegenheiten — unter ihnen an vorwiegender Stelle der von uns bereits ausgeführten des Bischofs Gerhard von Cambray —, vor Allem des Legaten Aufgabe sein, das Investiturverbot zur Anerkennung zu bringen und für seinen Wirkungskreis in bindender Form zu veröffentlichen. Der Entwurf, welcher ihm für die betreffende Bestimmung übersandt wird, besagt: daß hinfort das auf kanonischer und apostolischer Vorschrift begründete Verfahren bei der Besetzung von Bisthümern gewahrt bleiben, kein Erzbischof oder Bischof, bei Strafe der Absetzung, Jemandem, der von Laienhand ein Bisthum empfangen, die Weihe ertheilen solle; daß keine Gewalt oder Person sich fürderhin mit der Verleihung oder Annahme jener Würde befassen dürfe, bei Strafe des Banns. Es schließt sich daran der Befehl, alle diejenigen, welche nach der päpstlichen Bestätigung dieses Decrets noch gegen dasselbe sich vergehen würden, zur Verantwortung nach Rom zu senden. — Wir haben hier das Investiturverbot in einer Schärfe und Vollständigkeit vor uns, in welcher es bis dahin noch nirgends zu Tage getreten war und in allgemein verbindlicher Weise auch noch nicht so bald an den Tag

*) reg. IV, 20. v. 25. März 1075.
**) reg. IV, 22.

treten sollte. Die Zustände und die Stellung der davon betroffenen Länder machen diese Handlungsweise sehr wohl begreiflich; und das Verhalten gerade des französischen Episkopats zu der ganzen bisherigen Bewegung ließ vom päpstlichen Standpunkt aus ein derartiges Einschreiten wohl ebenso geboten erscheinen, als dasselbe im Vergleich mit den Zuständen anderer Länder bei Weitem weniger gefährlich war. Ein solches Vortreten im Reiche um diese Zeit hätte dort dem schwebenden Streite eine erhebliche Wendung zum Nachtheil des Papstes geben müssen. Bemerkenswerth ist aber doch, wie die Strafe des Bannes für investirende Laien nicht bei diesem Namen selbst genannt, sondern durch Verweisung auf einen entsprechenden Kanon Hadrians II. v. J. 869 umschrieben wird. Offenbar war es denn doch die Absicht Gregors, vor der Hand durch milderes Auftreten, wenigstens in der Form, allzugroße Erbitterung auf der davon betroffenen Seite zu verhüten; denn einem großen Theile der Laien mußte sicher jene Formel mehr oder weniger unverständlich bleiben. Hugo, dessen Thätigkeit sich allezeit auf eine energische Säuberung des Episkopats von allen feindseligen Elementen richtete, vollbrachte seinen Auftrag im Laufe des Jahres in gewohnter Weise. Drei Concilien hatte er während seiner Thätigkeit als päpstlicher Legat abgehalten, zu Anse das erste, das zweite zu Clermont im August 1076, das dritte zu Dijon im Beginn des Januars d. J. 1077. Sie alle übertraf an Bedeutung das vierte, welches er aus Anlaß der Verordnung Gregors auf den 10. September nach Autun einberief.*)

---

*) Bekanntlich besitzen wir über diese Vorgänge verhältnißmäßig sehr reichlich fließende Quellen in dem Berichte des Hugo von Flavigny, der durch seine Stellung hierzu ganz besonders befähigt war, a. a. O. p. 413 ff., in Verbindung mit mehreren Schreiben des päpstlichen Registrum selbst und des Hugo von Die (bei Mansi, XX, 481 ff.). Ueber die Syn-

Eine Menge wichtiger Entscheidungen wurde getroffen, das Investiturverbot verkündet, obgleich die Form, in welcher dies geschah, uns nicht mehr erhalten ist; während früher in Frankreich in dieser Beziehung nirgends offen und im größern Zusammenhange gewirkt worden war, sollte dies nun um so bälder geschehen. Ohne erheblichen Widerspruch anscheinend wurde es erlassen; und wenn weder König noch Bischöfe in der Hauptsache sich durch dasselbe in ihrem Handeln bestimmen ließen, wie denn bereits früher der Erzbischof von Rheims einen in dieser Richtung an ihn ergangenen Befehl des Papstes einfach bei Seite gelegt hatte,*) so entstand doch hier weder ein geistiger Kampf um das vermeintliche Princip, wie in Deutschland, noch fand sich überhaupt eine geschlossene Partei des Widerstandes zusammen. Schlug man auch auf päpstlicher Seite keinen unnützen Lärm von der Sache,**) und wendete man, vielleicht durch die Erfahrungen in Deutschland gewitzigt, nicht gleich die ganze Strenge des Kanons, so wie ihn Gregor vorgeschrieben,

---

ode von Anse läßt sich Nichts feststellen; die zu Clermont sehen wir auf den 7. August 1076, die zu Dijon auf den 2. Januar 1077 berufen.

*) Vgl. den Bericht des Hugo von Die an den Papst über die Synode zu Autun bei Mansi, a. a. O. p. 488: Silvanectensis vero episcopus, accepta investitura de manu regis, ordinatus est ab illo Remensi haeresiarcha, cui litteris vestris interdixistis, ne huiusmodi in episcopos acciperet. Einer spätern gegentheiligen Behauptung des Manasses in Betreff des Gerhard von Cambray, welche uns noch beschäftigen wird, kann nach den bekannten, zum Theil oben von uns behandelten Verhältnissen kaum Glauben geschenkt werden.

**) In der That gibt die einzige ausdrückliche Gewähr für dieselbe aus nächster Zeit der Brief des Manasses von Rheims an Gregor bei Hugo v. Flav. a. a. O. p. 419, wozu dann noch einige Vorfälle kommen, welche wir weiter unten zu besprechen haben werden. Im Uebrigen finden wir weder bei dem letztgenannten Schriftsteller, noch in dem, allerdings unter eigenthümlichen Umständen ergangenen Bericht Hugos von Die an den Papst auch nur eine Sylbe davon.

an, so befand man sich in der um so günstigeren Lage, ohne Aufsehen Schritt für Schritt seine Durchführung anbahnen zu können und doch für jeden einzelnen Fall freie Hand zu behalten. — Simonie und der Mangel einer wirklich kanonischen Erhebung nehmen eine bedeutsame Stellung ein unter den Gründen, auf welche hin Gregor unter dem 6. October 1077 die endliche Absetzung des schon seit längerer Zeit ungehorsamen, ja selbst offen widersetzlichen Bischofs Rainer von Orleans in Aussicht stellt.*) Er beauftragt, was er auch dem Angeschuldigten kund macht, die Erzbischöfe von Sens und Bourges mit einem letzten Versuch, Jenen binnen kürzester Frist zum Gehorsam zu bringen: verweigert ihn derselbe auch dann noch, so soll er unwiderruflich seines Amts entsetzt sein. Bis hierher bietet dieser Fall Nichts, was nicht fast alltäglich vorgekommen wäre und in den Anschauungen jener Zeit von den Befugnissen des Papstes bereits vollständig Platz gefaßt gehabt hätte. Das ist es auch nicht, weßwegen er besonders hervorgehoben wird: es ist das eigenthümliche Licht, welches ein weiterer Auftrag an jene Metropoliten gegenüber den oben erwähnten Anschuldigungen gegen Rainer auf die Absichten Gregors wirft, — der Auftrag, einen gewissen Sanzo, über den sie schon nach Rom berichtet und der sich selbst genugsam als ein Getreuer des h. Petrus ausgewiesen, an Stelle des Rainer „nach Gottes Vorschrift" einzusetzen, d. h. zum allermindesten eine vorzunehmende Wahl nach dem direct ausgesprochenen Willen des Papstes zu lenken. Rainer zog sich wirklich durch fortgesetzten Trotz das angedrohte Urtheil zu, blieb aber ruhig auf seinem Platze. Indeß fand doch schon nach kurzer Zeit durch die Gegenpartei eine Wahl statt und der von ihr betroffene Sanzo begab sich,

*) reg. V, 8. 9.

beglaubigt durch das Wahldecret, zum Empfang der Weihe nach Rom. Ihm folgte nur zu bald ein Schreiben aus der Gemeinde Orleans, in welchem gegen dieses Verfahren Einspruch erhoben wurde. Am 29. Januar giebt in Antwort darauf der Papst derselben kund,*) wie er gewillt gewesen sei, im Vertrauen auf die ihm bekannte Tüchtigkeit des Sanzo, jenem ersten Schreiben Glauben beizumessen und diesen zu bestätigen. Er suspendire zwar auf Grund der zweiten Kundgebung, über die er sich höchlich verwundern müsse, bis auf Erlangung einer nähern Kenntniß der Sachlage sein Verfahren, wolle ihnen jedoch nicht verbergen, daß eine vorläufig angestellte Untersuchung das überwiegende Recht auf Seiten des Sanzo habe erscheinen lassen. Die Gemeinde solle inzwischen bei Strafe der Excommunication diesem, der sich und seine Angelegenheit Gregors Entscheidung vollständig anheimgestellt habe, die gebührende Ehrerbietung erweisen, ohne ihn irgendwie zu beunruhigen; er selbst werde mit dem Beistand des Genannten für die Ordnung der kirchlichen Verhältnisse von Orleans Sorge tragen. Auch dieses Verfahren bedarf keines Commentars; nur der Beachtung und dem Gedächtnisse des Lesers es empfohlen zu haben, wird hier, wie in vielen andern Fällen, genügen. Die Entscheidung in der vorliegenden Sache sollte sich noch längere Zeit verziehen. — Auch in der analogen und, wie wir sahen, mit so vielem Eifer betriebenen Angelegenheit der Besetzung von Chartres war eine solche erst noch zu erwarten, wie sich uns aus einer augenscheinlich in den letzten Monaten d. J. 1077 an Hugo von Die ergangenen Kundgebung des Papstes ergiebt.**) Der Bischof Robert behauptete trotz aller gegen ihn eingeleiteten

*) reg. V, 14.
**) reg. V, 11.

Maßregeln seinen Sitz immer noch. Gregor hat in der letzten Zeit nur gehört, daß sein Legat denselben von Neuem unwiderruflich abgesetzt und gebannt habe, — ein Urtheil, welches er zwar für den Fall, daß die Sache sich so verhält, bestätigt, das ihm aber auch Anlaß zum Verlangen authentischer Nachrichten über die letztere gibt. Zugleich meldet er, daß der König ihn schon zum zweiten Male gebeten habe, einen Abt Robert *) für Chartres als Bischof anzunehmen und zu weihen. Der Abt sei nach Rom gekommen mit der Angabe, daß er die Uebernahme jenes Amtes vom König auf dem Wege der Investitur verweigert; mit ihm sei ein Bericht über die für ihn günstige Stimmung der Mehrzahl unter den einflußreichen und gutgesinnten Parochianen eingetroffen. Entschieden jedoch könne ohne vorheriges kanonisches Wahlverfahren in der Sache Nichts werden; obendrein erscheine jener Bericht wenig glaubwürdig. Hugo solle daher Erkundigungen einziehen, und wenn er die Sache so einrichten könne, daß eine allgemeine und freie, kanonische Zustimmung der Wähler auf Jenen sich richte, so werde er selbst, Gregor, zur Bestätigung bereit sein. In erster Linie dürfte zu beachten sein, wie sorgfältig der Papst jede neue Ausübung der Investitur von Seiten des Königs zu verhüten suchte, auch wenn sie die ganze Angelegenheit sofort in seinem Interesse entscheiden konnte, während im andern Fall dem bisherigen Zustande voraussichtlich noch auf längere Zeit, wie es auch wirklich geschah, Bestand verliehen wurde. Denn daß

*) Derselbe war von König Wilhelm von England aus der Normandie vertrieben worden, und der König von Frankreich hatte ihn i. J. 1076 zu dem obengenannten Zwecke aus dem ihm seitdem untergebenen Kloster der h. Eufemia in Calabrien zu sich berufen. Auf der Reise hatte er den päpstlichen Hof in der Lombardei berührt. — Vgl. Gall. Christ. VIII. 1123.

jene Einwilligung in seinem Vortheil gelegen hätte, daß jener Abt Robert mit seinen Gesinnungen auf päpstlicher Seite stand, geht aus Allem klar hervor. Kein Wort von dem Investiturverbot und seinen Drohungen! Ja vielleicht berührte ihn sogar angenehm und ließ ihn über Weiteres schweigen das Entgegenkommen des Königs, welches in der Wahl gerade dieser Person erblickt werden konnte, obgleich den Letzteren gewiß ganz verschiedenartige Rücksichten dabei bestimmt hatten. Wenn aber der Papst im Gegensatz hierzu die Unerläßlichkeit eines kanonischen Wahlverfahrens so scharf hervorhebt, so wird doch nicht minder durch seine eignen Worte schon jede etwaige Meinung von einer beabsichtigten wirklichen Lauterkeit desselben von vornherein ausgeschlossen. Und alle Vorgänge beweisen, daß das ganze eingeschlagene Verfahren seinen wahren Grund nur in der Rücksicht auf die feste Anhänglichkeit einer großen Majorität im besagten Sprengel an den abgesetzten Bischof hatte. — Am 15. Januar 1078 wurde zu Poitiers die vierte Synode eröffnet, welche Hugo von Die als päpstlicher Legat abhielt,*) dieselbe, die bei dem offenen Widerstande des Königs und einer beträchtlichen Anzahl von Bischöfen leicht auch zu einem offenen Bruch mit Rom hätte führen können, wenn einerseits die französischen Verhältnisse überhaupt mehr zu einem solchen angethan gewesen wären, und man andrerseits nicht aus eigenem Interesse derartiges zu umgehen gesucht hätte. Selbst bei dem gänzlichen Mangel an dahingehenden Nachrichten könnte es nicht zweifelhaft sein, daß auch die Investiturfrage auf der Tagesordnung stand, beziehentlich im Sinne Gregors von Neuem schlüssig gemacht wurde. Und wenn es wahr ist, was Mansi mit größter Wahrscheinlichkeit vermuthet, daß eine

*) Mansi XX, 495 ff.

Reihe uns erhaltener Kanones, an ihrer Spitze ein Investiturverbot, ihr angehören, so ist es doppelt wichtig, zu sehen, wie der kühne Legat in seinem Bereiche dieselbe behandelte. Auf alle geistlichen Aemter wird gleichmäßig das Verbot in bestimmtester Weise ausgedehnt; es wird eine Strafe für die zuwiderhandelnden Kleriker zwar nicht erwähnt, den Laien dagegen in demselben Falle um so energischer mit dem Bann, den auf diese Weise besetzten Kirchen mit dem Interdict gedroht.

Eine noch im September d. J. 1076 ausgefertigte Verordnung in Betreff des erzbischöflichen*) Stuhls von Dole zieht zuerst das Verhältniß und Verfahren Gregors gegenüber dem britischen Reiche in bestimmter Weise**) in den Kreis unsrer Betrachtung. König Wilhelm hatte dasselbe unter dem wirksamsten Beistande des päpstlichen Stuhls, insbesondre auch Gregors, gewonnen und waltete nun darüber in bekannter Weise. Die Stellung der Kirche zum Staate war dort noch durchaus dieselbe, welche sie bisher überall gewesen war, ja der

---

*) Bekanntlich nahmen die Inhaber desselben damals noch diese Würde und auf Grund dessen diejenige von Metropoliten der Bretagne in Anspruch, entgegen denen der Erzbischöfe von Tours. Da in den einschlagenden päpstlichen Schreiben selbst noch jene Bezeichnung gebraucht wird — allerdings mit der andern untermischt —, so glaubte auch ich sie für diesen Fall noch ohne Bedenken anwenden zu dürfen. Später freilich (reg. VII, 15) hat ja Gregor den Streit zu Ungunsten der nunmehrigen „Bischöfe" von Dole entschieden.

**) Die ersten officiellen Berührungen Gregors als Papst mit Lanfrank bezeichnen die Schreiben ep. coll. 1. reg. I, 31., mit der königlichen Familie reg. I. 70. 71. In dem ersteren unter den letztgenannten finden sich allerdings bereits Andeutungen der Art, wie wir sie im Laufe unsrer Untersuchung als auf die Investiturfrage bezüglich schon mehrmals gefunden haben und noch finden werden; so vor Allem die Worte: Sermones matris tuae — ad inferos trudere, die Klagen über die Bedrängniß der Kirche u. A. m.; indeß ist Alles dieß doch noch viel zu unbestimmt, um zu sicheren Schlußfolgerungen Anlaß zu geben.

Charakter und das Interesse des Königs bedingten einen noch viel stärkeren Einfluß des Letzteren auf sie, als anderswo. An der Spitze der Kirche stand daselbst Lanfrank als Primas Englands und der Normandie und beständiger Legat des Papstes für dieses Gebiet. Wenn derselbe nun zwar, trotz mannigfacher Schwierigkeiten, unter dem Schutze und der Mitwirkung Wilhelms eifrig im Sinne der Reformbewegung wirkte*) und zu diesem Zwecke, insofern derselbe die festeste Basis aller weitern specifisch päpstlichen Bestrebungen abgab, nach Kräften benutzt wurde, so war doch er selbst ebensowenig als der König gewillt, sich diesen ohne Weiteres anzuschließen. Vielmehr waren Beide, wenn auch auf Grund verschiedener Interessen, strenge Anhänger des landeskirchlichen Systems: weder war Lanfrank geneigt, eine mehr als im Allgemeinen regelnde Leitung des Papstes anzuerkennen, noch Wilhelm, einem Andern auch nur den geringsten Eingriff in seine Hoheitsrechte zu gestatten. Dazu waren Beide scharfsichtige, entschlossene Männer, welche die Waffen Roms nicht fürchteten, an Geschick und Energie in der Behandlung der Dinge den dortigen Politikern nicht nachstanden; und wenn es selbst ganz unmöglich erschien, daß Wilhelm auf die entgegengesetzte Seite sich schlüge, so mußte schon, um ihn in seiner derzeitigen Stellung zu erhalten, die größte Schonung und Vorsicht im Verfahren ihm gegenüber für Gregor geboten erscheinen. Es ist so nur zu erklärlich, wenn seine Bestrebungen zu einer Zeit, wo sie in andern Ländern schon längst scharf hervorgetreten sind und im offnen

---

*) Diese Thätigkeit bezeichnet den Anschauungen der Zeit gemäß mit wenigen Worten recht treffend Adam von Bremen, l. III, c. 51: Deinde (Guilelmus) Lanfrancum philosophum in ecclesia posuit doctorem, cuius studio et prius in Gallia et postmodum in Anglia multi ad divinum animati sunt obsequium.

Kampfe durchgefochten werden, hier noch fast nirgends sich gezeigt haben; — und wenn dieß jetzt in der Bretagne geschah, so konnte es eben nur deßhalb gewagt werden, weil jene schon außerhalb des eigentlichen Macht- und Wirkungskreises Wilhelms lag. Der erste Angriff richtet sich auf den schwächsten Punkt der gegentheiligen Stellung: ließ dieser sich unter der Hand gewinnen, so konnte er eintretenden Falls der Ausgangspunkt eines dann um so erfolgreicheren Vorschreitens werden.

Die Bretagne hatte sich der im Gang befindlichen Bewegung bisher zwar keineswegs entzogen, ihr aber doch ferner gestanden, als dieß im Uebrigen mit England und Frankreich der Fall war. Sollte nun endlich auch hier etwas Durchgreifendes im Sinne dieser letzteren geschehen, so war offenbar das wirksamste Mittel die Anwendung ihrer Sätze auf das derzeitige Haupt der Provincialkirche selbst. Dieß scheint der maßgebende Gesichtspunkt für das von uns sogleich zu erwähnende Verfahren gewesen zu sein; — und der Anfang war in der That vielversprechend. Juhell, Erzbischof von Dole,*) wie er sich nannte, war von dem päpstlichen Legaten Teuzo, der sich i. J. 1076 dahin begeben, seines Amts entsetzt worden, auf Grund der Beschuldigungen, daß er seine Würde vom Herzog erkauft habe, verehelicht lebe und Güter der Kirche zum Besten seiner Kinder verwende. Zugleich hatte der Legat den Herzog nicht nur zur Ablegung des Versprechens, fernerhin alle Simonie meiden zu wollen,**) sondern auch zur Aufgabe

---

*) Quellen: reg. 4. 5 (vom 27. September 1076). ep. coll. 16 (nach Jaffés sehr wahrscheinlicher Vermuthung von demselben Datum). reg. IV, 13 (v. 1. März 1077).

**) Jedenfalls bei der Ausübung des ihm anderweit zustehenden Patronatrechts.

seines herkömmlichen Rechts auf Ertheilung der Investitur für jenes Bisthum zu bewegen gewußt. Dies war bis dahin eigentlich der einzige praktische Erfolg zu Gunsten des im vorigen Jahre erlassenen Verbots gewesen. Klerus und Laien der Kirche von Dole hatten darauf dem Abgesetzten einen Nachfolger erkoren und ihn zur Ordination nach Rom gesandt. Gregor hat nun, so schreibt er an Jene zurück, dieselbe verweigert, weil der Gewählte, obgleich im Uebrigen nicht untüchtig, des erforderlichen Alters ermangelte; — und war dieser Mangel wirklich allein der ausschlaggebende, so war der Papst dazu allerdings auf Grund der kanonischen Vorschriften vollständig berechtigt. Wenn sich uns aber auch hier im Hinblick auf andere Vorgänge schon an sich der Verdacht aufdrängt, daß vielmehr der Mangel der gehörigen päpstlichen Gesinnung oder der hinreichenden Tüchtigkeit zur Durchführung der Absichten Gregors bei dem Gewählten maßgebend gewesen sei, so kann derselbe durch das, was folgte, nur bekräftigt werden, und es treten darin zugleich die letzten Ziele des Papstes mit hinreichender Klarheit zu Tage. Dieser ersah nämlich „unter vielem Bitten des Nichtbestätigten und seiner Begleiter und mit ihrer Zustimmung“ einen der letzteren, einen Abt Ivo, zum Erzbischof und ertheilte ihm die Weihe. Nehmen wir nun sogar an, daß jene Zustimmung eine ganz aufrichtige, in keiner Beziehung beeinflußte gewesen sei, so ist doch klar, daß selbst eine solche, als von einigen dazu nicht bevollmächtigten Abgesandten ausgehend, nun und nimmermehr eine auch nur nachträgliche der gesammten berechtigten Wähler, geschweige denn eine von diesen selbst nach eignem Ermessen unternommene kanonische Wahl ersetzen konnte. Dagegen liegt auf der Hand, daß auch diese Annahme so gut wie unmöglich ist, daß eine Initiative des Papstes vorliegt und sein Wort allein in Wahrheit das bestimmende sein konnte. Ein sicheres positives Zeugniß dafür gibt die Art und Weise an die Hand, in welcher Gregor selbst dem König gegenüber jenes Ereignisses Erwähnung thut: nur knapp und nebenbei geschieht es, ganz an letzter Stelle, und, mit seinen andern Kundgebungen verglichen, unter augenscheinlicher Verdrehung der Thatsachen.*) Die eine oder die andre von beiden Angaben sammt den oben aus ihr gezogenen Consequenzen ist falsch, und zwar ist es die erstere. Denn was hätte nicht Alles Gregor vom rein reformatorischen Standpunkte aus dem König gegenüber geltend machen können und müssen, wenn er selbst nicht wirklich sein Verfahren so eingeleitet und betrachtet hätte, wie wir es thun? Es ist dies das erste, noch maskirte Vortreten derselben Forderung, die uns später in der Form eines Gesetzes begegnen wird: daß es dem Papst zustehen müsse, fehlerhafte Wahlen nach seinem Ermessen zu vernichten und dann das Recht einer Ernennung ohne weitere Zuziehung der Wähler auszuüben; es ist die erste Anwendung des später beanspruchten Devolutionsrechts.

Juhell allerdings wich vor der Hand nicht vom Platze, König Wilhelm verwendete sich für ihn, und es darf uns nicht verwundern — wenn anders wir die Umstände in Erwägung ziehen, — daß der Papst dem Letzteren unter starken Lobsprüchen auf seine Tugend eine nochmalige genaue Untersuchung der ganzen Angelegenheit an Ort und Stelle vornehmen lassen

*) Die betreffenden Worte von ep. coll. 16. sind: Nos vero supra dictae ecclesiae afflictionem diutius non ferentes, Deo inspirante, virum vita probabilem et compertae religionis inibi ordinavimus et consecravimus, .. qui, cum ob alias causas, quas explicare prolixum est, ad nos venisset, pontificatus onus ex insperato subire compulsus est (von wem?). Man vgl. reg IV, 4. 5, um den Sachverhalt ohne weitern Hinweis sofort zu erkennen.

zu wollen versprach.*) Blieb doch zudem so die Sache immer noch, wie sie war, ohne daß er geradezu sich selbst zu desavouiren nöthig hatte, und ließ die Möglichkeit einer endlichen Ordnung in seinem Sinne offen.

*) reg. IV, 17. vom 21. März 1077.

VI.

Unterdessen war die Fastenzeit des Jahres 1078 herangekommen, mit ihr das vierte allgemeine Concil, welches Gregor um sich versammelte.*) Und höchst zahlreich war dasselbe besucht; an hundert Erzbischöfe und Bischöfe, eine unzählige Menge von Aebten, von Klerikern aller Grade, und von Laien hatte sich eingefunden. Den Charakter der von dieser Synode sanctionirten Beschlüsse würde man wohl richtig von der einen Seite als einen die Vergangenheit in gewissem Grade abschließenden, von der andern als einen die demnächstige, endgültige Entscheidung vorbereitenden bezeichnen. Die Umstände hatten den Ausfall der Synode des vorigen Jahrs bedingt, und rasch war, wie es große Entwicklungen thun, auch die vorliegende seit der letzten derartigen Versammlung vorgeschritten. Jetzt gilt es, die Resultate der Zwischenzeit des Kampfes im Allgemeinen und am Einzelnen zu constatiren, sich der zu Gebote stehenden Mittel zu versichern, zu weiterem Vorgehen sie energisch zusammenzufassen. Aber auch nicht unbesonnener Weise

*) reg. V, 14a. ergänzt durch Berthold, M. G. SS. V, p. 306 ff. Die Synode wurde eröffnet, nach Jaffés richtiger Vermuthung gegenüber der Ueberlieferung bei Berthold, am 27. Februar, geschlossen am 3. März.

provocirt darf die Entscheidung werden; denn manche Gefahr für die päpstlichen Bestrebungen hat sich durch das Zusammentreffen verschiedener Umstände gerade jetzt aufgethürmt. Auf dem gegebenen Boden vor der Hand zuzuwarten, ist eine dringende Nothwendigkeit; und während in der Theorie, die auf die große Menge der Gemüther ohne tieferen Eindruck bleibt, wie für die persönliche Lage innerhalb des in Gang befindlichen Streits irrelevant ist, gewichtige Forderungen aufgestellt werden, macht in dem Einzelverfahren Behutsamkeit und Milde sich geltend, wo sie nur statthaft ist.*) Einerseits trifft der Bann die Häupter des Schisma und wird die Thatsache, sowie der Modus eines baldigst zu fällenden Richterspruchs in der Sache der beiden Könige festgestellt; andrerseits werden die Gebote gegen alle beharrlichen und. besonders während der zwei letzten Jahre rückfällig gewordenen Simonisten und Nicolaiten bei Strafe des Banns erneuert, wird jede von einem Excommunicirten empfangene Weihe für ungültig und unheilvoll erklärt, wird die Strafe der Excommunication unter dem Schein der Milde durch äußere Beschränkung verschärft,**) wird end-

*) Vgl. zu den in den Akten enthaltenen Maßregeln besonders reg. V. 17.

**) Dieß scheint mir, beiläufig gesagt, entgegen der gewöhnlichen und von Gregor selbst in dem betreffenden Kanon ihr gegebenen Auffassung, der wahre Sinn der einschlagenden Maßregel zu sein. Gregor streute förmlich die Anatheme nach allen Richtungen und auf die geringsten Anlässe hin aus. Das fiel schon den Zeitgenossen auf (s. d. Brief der Sachsen an Gregor, bei Bruno de b. Sax. c. 115: Igitur vestra illa famosa strenuitas etc.); und der oftgenannte Brief des Petrus Damiani (ep. I, 12), in welchem dieser gegen das entsprechende Verfahren Alexanders II. protestirt, würde, auch wenn der damalige maßgebende Einfluß Gregors nicht durch die Thatsachen bezeugt wäre, wenigstens die wesenhafte Verbindung des gedachten Verfahrens mit der ganzen Richtung beweisen. Ging dies noch eine Zeit lang fort, so mußte, zumal da der fortdauernde Kampf immer neue Strafurtheile hervorrief, bald die Mehrlich eine Bestimmung getroffen, welche nicht nur für die uns vorliegende Frage, sondern auch für die ganze Stellung der Kirche innerhalb des Staats von der weitreichendsten Bedeutung ist. Wie die Strafe der Excommunication über Alle verhängt wurde, welche in oder an Kirchen Raub begehen würden, so drohte sie der Kanon in gleicher Weise allen Klerikern oder Laien, welche gegen die Vorschriften der heiligen Kanones Bisthümer, Abteien, Propsteien, überhaupt Kirchen jeder Art, Zehnten, oder irgendwelche kirchliche Würden an Geistliche oder an jedwede Person zu Lehen geben und mit ungeweihter Laienhand das, was Gotte durch kanonische und rechtmäßige Schenkung zum Eigenthum und Dienst dargebracht worden, den geweihten Dienern des Altars und der Kirche gleich einem Eigen und Erbe*) zur Verwaltung übertragen würden.

---

zahl der ganzen Christenheit vom Bann betroffen sein, d. h. die bisher wirksamste Waffe ihre Kraft verlieren. In demselben Sinne sind sicherlich auch zum Theil die Milderungen aufzufassen, welche Gregor in reg. V, 17. gegenüber den Richtersprüchen des Hugo von Die trifft. Natürlich behielt der Papst bei allen derartigen, wirklichen oder scheinbaren Milderungen immer noch für jeden einzelnen Fall freie Hand, und beachtenswerth ist z. B. für derartige Modalitäten das reg. I, 20. vorgeschriebene Verfahren. Jedenfalls aber war die besprochene Maßregel desselben eine Modification der hergebrachten kanonischen Vorschriften, und die Gegner versäumten nicht, sie als solche gegen ihn auszubeuten. vgl. Beno, de vita et gest. Hild., bei Goldast, apol. pro Henr. IV., pg. 3. 8. 15. Andeutungen in unsrer Richtung bei Stenzel, a. a. O. Bd. 1, S. 503.

*) Vgl. Petr Dam. ep. I, 13: Quod si bona ecclesiae sine ecclesia suscepisti (nämlich bei Empfang der Investitur), schismaticus es atque sacrilegus, qui bona ecclesiae ab ecclesia dividis et, quod alienum est, in tui usus iura convertis etc. etc. vgl oben S. 33. Also selbst diesem Einwand, der doch noch zuerst erhoben werden konnte, ist ausdrücklich vorgebeugt. Denn hierin waren die Anschauungen der kirchlichen Partei Eins; und thatsächlich belegte dieß Gregor, indem er Jeden, der die Investitur empfangen, verwarf, auch solche, die dieß erst

In Eins zusammengefaßt sehen wir hier zwei tief in die bestehenden Verhältnisse eingreifende Verbote; schon dies würde beweisen, in welch engem Zusammenhange sie der Papst auffaßte, auch wenn jener in sachlicher Beziehung nicht schon von selbst klar zu Tage läge: hier das Investiturverbot in weitester Ausdehnung und ohne die vorwiegende Betonung bestimmter kirchlicher Aemter, welche ihm in seiner ersten Fassung gegeben worden zu sein scheint; auf der andern Seite das Verbot, Laien mit kirchlichem Besitz überhaupt zu belehnen. In diesem Umfang war die Maßregel neu. War früher in entsprechenden Geboten von Zehnten und andern, zur unmittelbaren Erhaltung des Gottesdienstes und der Kirchendiener unzweifelhaft nöthigen Einkünften die Rede gewesen, hatten einzelne Päpste, wie wir Gregor es mehrmals anstreben sahen, sich bemüht, die durch Belehnungen übermäßig verstreuten Güter einer Kirche wieder zusammenzubringen: in Form eines allgemein verbindlichen, von den schwersten Strafen geschützten Gesetzes war sie noch nicht hervorgetreten. Die Thatsache ist nicht zu leugnen; die Consequenzen derartiger Maßregeln beschäftigten uns bereits und werden uns von Neuem beschäftigen, soweit ihr offen vorliegendes Wesen es fordert; den Triebfedern derselben nachzugehen, wird, wie bisher, auch ferner unsre stete Aufgabe sein.

Der Papst fand nicht für gut, in Bezug auf die Veröffentlichung des letztgenannten Gebots anders zu verfahren, als er es im gleichen Falle auf der Synode d. J. 1075 gethan.*) Nur innerhalb der Versammlung wurde es verkündet,

---

nach geschehener kanonischer Wahl gethan, also auf jenen Einwand sich stützen konnten.

*) Giesebrecht, Gesetzg. d. röm. Kirche. S. 137 f. — Daß der Bann nur denjenigen, welche geistliche Würden oder Güter lehenmäßig austheilen, nicht auch den Empfängern angedroht wird, darf, wenn anders

im günstigen Falle machte wohl hier und da einer der Theilnehmer des Concils oder ein päpstlicher Legat dasselbe geltend; eigentliche Folgen, namentlich solche von durchgreifender Art, blieben aus, — wenn anders sie überhaupt für die nächste Zukunft beabsichtigt waren. Ein Ereigniß jedoch wird in directe Verbindung damit gebracht, welches sich während des folgenden Osterfestes am Hoflager des Gegenkönigs Rudolf zu Goslar zutrug.*) In Augsburg war im vorigen Jahre von der päpstlich-rudolfischen Partei ein dortiger Domherr, Namens Wigold, zum Nachfolger des verstorbenen Bischofs Embriko gewählt worden, hatte jedoch dem von König Heinrich ernannten und am 8. September eingesetzten Siegfried weichen müssen. Jetzt erhielt er in Goslar durch den anwesenden päpstlichen Legaten, den Erzbischof Siegfried von Mainz und neun andere Bischöfe Bestätigung und Weihe. Bischofsstuhl und Ring und Stab erhielt er während der letzteren vom Erzbischof; erst nachdem dieß vollbracht, übertrug ihm Rudolf für seinen Theil Alles, was von dem Besitz der Kirche dem König zugestanden. Von einer Belehnung ist nirgends die Rede; Ring und Stab waren Symbole des bischöflichen Hirtenamts und wurden von jeher

---

unsre Quelle den Inhalt des Kanons vollständig wiedergibt, nicht Wunder nehmen. Für den Thatbestand war dies gleichgültig, bestrafen konnte man nach unzweifelhaftem kanonischen Recht jeden von beiden Theilnehmern, sobald man dieß überhaupt wollte. Ohne Widerrede aber waren Jene die nächsten und greifbarsten Träger des gegentheiligen Systems; vielleicht auch scheute man für den Augenblick die unmittelbare Aufregung der Letzteren. Um durchgeführt zu werden, bedurfte das Verbot noch mancher neuen Redaction; und später hat man, wie wir sehen werden, das Versäumte nachgeholt.

*) Berthold, M. G. SS. V, p. 309 f. Natürlich waren bis dahin die Gesandten Rudolfs von der Synode nach Hause zurückgekehrt. Der Kardinal Bernhard war bekanntlich an Rudolfs Seite seit der Wahl desselben.

bei der Weihe dem neuen Bischof überreicht. Gerade deßwegen wurde ja von kirchlicher Seite, freilich in der gewohnten, Alles vermengenden Weise, gegen die Laieninvestitur als gegen den Mißbrauch eines Sakraments Einspruch erhoben. Indem aber nach der Anschauung der Zeit eben an jene Symbole der Besitz nicht bloß des Amtes, sondern auch der Güter unzertrennlich geknüpft war, mußte nach Durchführung des Investiturverbots die ursprünglich rein geistliche Handlung jener Uebergabe bei der Weihe im Wesentlichen zu der bisherigen Bedeutung der Laieninvestitur kommen, als Belehnung mit den Kirchengütern kraft kirchlicher Autorität betrachtet werden. Eine Willensäußerung des Königs ist auf diese Weise ganz unmöglich; erst nach vollzogener Thatsache darf er dem Geweihten das, was etwa noch von Regalien innerhalb des Bisthums in seinem Besitz ist, überlassen. Es fehlt die Belehnung durch ihn, und wo sie, wo der Lehnseid fehlt, da ist auch keine Verpflichtung. Dagegen wurde schon längst bei jeder Weihe der römischen Kirche, d. i. dem Papst, als Ausfluß aller geistlichen Gewalt, der Eid der Treue und des Gehorsams geleistet — vgl. für Gregor reg. II, 28 —, und Nichts lag näher, als mit jener Belehnung durch kirchliche, d. i. päpstliche, Autorität ihn in Verbindung zu bringen, den früheren entsprechende Verpflichtungen aus ihm abzuleiten. Das eben ist der große Unterschied zwischen derartigen Vorkommnissen und der Weise, welche man später im wormser Concordat und anderwärts einschlug.

Unter dem 10. März ergeht eine Verfügung,*) deren Inhalt gleichfalls in engster Beziehung zu der Synode steht, indem die Sache ohne Zweifel daselbst verhandelt und festgestellt wurde, oder wenigstens zur Berichterstattung kam. Sie gilt

---

*) reg. V, 18.

der einstweiligen Anerkennung und Bestätigung des Bischofs von Speier, Rüdiger, aus dem Geschlecht der Huzmann, der bisher auf gegnerischer Seite gestanden und zeitweilig eine hervorragende Rolle gespielt hatte. Auf Grund seiner Versicherung, daß er zur Zeit seiner Erhebung das Investiturverbot nicht gekannt habe, wird jene bis auf die Zeit einer weiteren Verantwortung hin ausgesprochen; und sicherlich war jene Angabe in Wahrheit begründet.*) Gregor wendet in diesem Fall die Sache nicht so, wie wir es bereits in einem frühern bemerkten und in einem späteren von Neuem hervorzuheben haben werden, als ob er zu dem genannten Entschlusse durch die, sei es Thatsache, sei es Fiction einer vorgängigen kanonischen Wahl vor Empfang der Investitur von Seiten des Bischofs bestimmt worden sei.**) Schon dies würde zur Genüge bezeugen, worauf auch die anderen Nachrichten hinweisen,***) daß die Erhebung desselben durchaus in der herkömmlichen Weise, d. h. an erster Stelle und wesentlich auf Grund der empfangenen Investitur stattgefunden habe. Unter diesen Umständen ist die

*) S. oben S. 125. Anm.

**) S. oben S. 142. die Angelegenheit des Bischofs Gerhard von Cambray und unten, im unmittelbaren Anschluß an die Verhandlungen der Fastensynode d. J. 1079, die des Patriarchen Heinrich von Aquileja.

***) Remling, Gesch. d. Bischöfe v Speier. Bd. I, S. 300. behauptet das Gegentheil, ohne den Beweis zu führen. Mir sind über den Vorgang nur bekannt die Aeußerungen von Berthold, a. a. O. p. 278: Heinrico miserabiliter decedenti Outzmannus Spirensis ecclesiae canonicus successit, und Lambert, ebendas. p. 230: De cuius (Heinrici) obitu dignam memoria visionem vidit clericus quidam, qui ei defuncto protinus in episcopatum successit, nomine Huzmannus. Jenes einfache successit bezeichnet aber, wie es die durchgängige Vergleichung der einschlagenden Stellen ergibt, weiter Nichts als eben die herkömmliche Ernennung durch den König in der oben gedachten Weise. Obendrein würden Männer von der Gesinnung eines Berthold und Lambert, wie in andern Fällen, so auch hier das Factum einer vorhergegangenen kanonischen Wahl zu erwähnen nicht unterlassen haben.

Vergebung des Vergehens wider das Investiturverbot aus bloßer Nichtkenntniß anscheinend um so weniger erklärlich, ist es um so auffallender, daß nicht sowohl das bischöfliche Amt als solches dem Betreffenden abgesprochen, als vielmehr nur seine bisherige Ausübung der Amtspflichten als eine unrechtmäßige bezeichnet wird, als Gregor ja bei Anderen selbst noch vor Aufstellung des Investiturverbots die Niederlegung des auf gleiche Weise erlangten Amts von ihrer Seite ganz in der Ordnung gefunden,*) somit die Verwerflichkeit der Investitur im Princip, ohne Rücksicht auf augenblicklich bestehende Bestimmungen, von vornherein öffentlich anerkannt hatte. Nicht minder ist es geeignet, unsre Aufmerksamkeit auf sich zu ziehen, wenn der Papst gerade in diesem Zusammenhange das genannte Verbot nur als das seinige hinstellt, während doch sonst auf jede Weise das hohe Alter desselben in rein sachlicher Beziehung hervorgehoben wurde**) und er selbst die gleichzeitig dem Bischof in Erinnerung gebrachten Bestimmungen gegen die Simonie als die seinigen und die seiner Vorgänger bezeichnet. Alles findet seine natürlichste Erklärung in einem Umstande, der trotz des Schweigens unsrer Quellen deutlich vorliegt: Rüdiger hatte für den

---

*) S. oben S. 53. 142. vgl. S. 39 Anm.

**) Bekanntlich führen mehr oder weniger alle Behandlungen des streitigen Punkts von dieser Seite aus dasselbe auf einen unter den sog. canones apostolorum zurück, des Inhalts: Si quis episcopus saeculi potestatibus usus ecclesiam per ipsos obtineat, deponatur et segregentur omnes, qui illi communicant. In der Praxis war das Verbot allerdings neu, nur in der Theorie wurde es älter gemacht und von den Theoretikern, beziehentlich Parteigenossen, unter einander für verbindlich geachtet. — Auch das bleibt übrigens neben dem obengenannten merkwürdig und wird nur in derselben Weise begreiflich, warum doch bei Gelegenheit der bereits i. J. 1076 von Rüdiger persönlich zu Rom erbetenen Absolution für seinen Verkehr mit dem König der Papst die vorliegende Angelegenheit nicht zu einem definitiven Austrag oder wenigstens zur Behandlung gebracht hatte.

Augenblick eine Schwenkung nach der päpstlichen Partei hin gemacht, — und Renegaten nimmt man gern an, zumal wenn man sie sonst gebrauchen und der Uebertritt ohne allzugroßen Eclat geschehen kann, wie es in diesem Falle das Zusammentreffen der Umstände ermöglichte. Zur weiteren Erleichterung des Vorgangs nur dient, was von Gregor über die letzteren hinaus noch außerdem selbstthätig in der Sache unternommen wird. Der Bischof selbst aber auch soll nun sofort den Eifer des Renegatenthums für die jeweilig neu ergriffene Sache in energischer Beseitigung aller Simonie innerhalb seines Bereichs erproben. Von langer Dauer freilich sollte die Sinnesänderung Rüdigers, wenn sie überhaupt je eine tiefer gehende war, nicht sein.

Auch in Frankreich treten die Gegensätze immer schärfer hervor. Wir haben hier alle die Maßregeln, welche diese Thatsache bezeichnen, nicht im Einzelnen zu verfolgen. Nur in Betreff des Manasses von Rheims dürfen wir andeuten, wie er, indem er auf seinem Recht als Erzbischof gegenüber fremden Eingriffen in die Angelegenheiten seiner Diöcese, als angeblich rechtmäßiger Primas von Frankreich gegenüber dem Walten der päpstlichen Legaten daselbst besteht, einer Entscheidung förmlich entgegengetrieben wird, die ihn entweder zur Unterwerfung bringen oder als offenen Feind, damit er als solcher gestürzt werden kann, hinstellen soll.*) Die Synode zu Autun, auf welcher er trotz der ergangenen Vorladung nicht erschienen war, hatte ihn excommunicirt, ohne auf seine Entschuldigungen und seine Appellation an den Papst zu achten. Zwei Schreiben

*) Die ganze Correspondenz in dieser sehr instructiven Sache, die uns in den Einzelheiten ihres Verlaufs nicht näher berührt und binnen etwa zwei Jahren in der zuletzt angedeuteten Weise endgiltig entschieden wurde, s. bei Sudendorf, Registrum Bd. I, ep. 9. Hugo Flav. a. a. O. p. 419. reg. Greg. VII. l. VI, 2. 3. ep. coll. 32. reg. l. VII, 12. 20. VIII, 17–20.

liegen uns vor, in welchen er über dieses Verfahren bei dem Papst Beschwerde führt. In dem einen, offenbar früheren (bei Sudendorf a. a. O.), führt er daneben an, wie gerade er ehemals dem Bischof Gerhard von Cambray wegen der empfangenen Investitur die Weihe verweigert, und dieser sie darauf für Geld vom Bischof von Langres erhalten habe, demselben, welcher der Haupturheber seiner Verurtheilung sei. In dem zweiten (bei Hugo v. Flavigny a. a. O.), soweit sein Inhalt hierher gehört, beschwert er sich auch darüber, daß zwei seiner Suffragane einen dritten, der die Investitur von Laienhand erhalten, den Bischof von Amiens, geweiht haben. Gegenüber etwaigen Bestrebungen Gregors in Betreff eines über die bisherigen Grenzen ausgedehnten päpstlichen Bestätigungsrechts, wie sie uns wenigstens in einzelnen Fällen bereits entgegengetreten sind, ist es nun allerdings nicht unwichtig, die an den Tag tretenden Gegensätze zu verfolgen. Der Erzbischof erhebt gegen jene Handlung Einspruch zwar auch im Hinblick auf das jüngst publicirte Investiturverbot, im Wesentlichen aber doch und ganz vorwiegend auf Grund des ihm als Metropoliten zustehenden Rechts der Bestätigung; der Papst dagegen bringt in der Verfügung, in welcher er dem Legaten Hugo von Die den Auftrag zur Untersuchung dieser und anderer hierher gehöriger Angelegenheiten ertheilt,*) das letztgenannte Recht nur in einem Auszug aus der Beschwerdeschrift des Manasses in Erwähnung, legt aber das wesentliche Gewicht in Betreff der Entscheidung über die Nothwendigkeit eines Einschreitens gegen den Bischof von Amiens durchaus auf die Verletzung des Investiturverbots von Seiten des Letzteren. Manasses citirt die Provincialsynode, Gregor das allgemeine römische Concil als Autorität. Indeß

*) reg. VI, 3. v. 22. August 1078.

die bedingungslose Anerkennung des Investiturverbots durch Manasses bleibt bestehen; nur innerhalb des so begrenzten Bereichs fand der Kampf statt, und wie anderswo, so muß man auch hier sich fragen, ob eine Partei auf die Dauer bestehen konnte, deren Häupter selbst zu derartigen Zugeständnissen sich herbeiließen? Freilich in diesem Falle konnte sogar ein solches Jenen nicht mehr retten: er mußte fallen um jeden Preis. — Für ein nicht näher bezeichnetes Bisthum in Spanien, wo sämmtliche Verhältnisse anders lagen, war noch kürzlich auf ausdrückliche Bitte, also nicht ohne Betheiligung, des Königs, allerdings zugleich auf Empfehlung des Hugo von Clugny, ein übrigens unbekannter Abt vom Papste selbst „mit Gottes Hülfe" zum Bischof geweiht worden.*)

In Betreff eines hervorragenden Metropolitensitzes des britisch-normännischen Reichs wird dem König desselben die Verordnung einer Maßregel zugesandt,**) welche, — wie es denn auch für nöthig erachtet wird, sie durch den Hinweis auf die Pflicht des päpstlichen Amts und auf die überaus hohe Trefflichkeit des Königs ausdrücklich zu motiviren, — im Gegensatz zu der bisherigen Politik nach Maßgabe der entsprechend veränderten allgemeinen Lage bereits als erster Schritt zu einem weitern Vorgehen zu betrachten sein dürfte. Ein päpstlicher Legat soll, unter Zuziehung einer Provincialsynode, darüber entscheiden, ob der seit längerer Zeit körperlich geschwächte Erzbischof Johann von Rouen noch länger im Amte zu verbleiben hat oder nicht, und es soll im letztern Fall durch kanonische Wahl diesem ein Nachfolger bestellt werden. Das alleinige päpstliche Recht der Absetzung von Bischöfen war bereits längst

*) reg. V, 21. v. 21. Mai 1078.
**) reg. V, 19. v. 4. April d. J.

anerkannt, und es lag im Begriff dieser selbst, wie des päpstlichen Oberaufsichtsrechtes, daß gerade in dieser Beziehung viel weniger Widerspruch sich erhob und Anstoß genommen wurde, als in Betreff der Ernennung. Auffallend jedoch ist der Umfang, in welchem jenes Recht hier in Anspruch genmmen wird: nicht bloß Vergehen, sondern auch längere körperliche Untüchtigkeit soll den kanonischen Grund dazu bilden können, und nicht bloß auf dem Wege einer beeinflußten, obschon anscheinend freiwilligen Abdankung des Betreffenden soll der Platz geräumt werden, wie dieß in andern Fällen gewöhnlich versucht wurde; auch durch directen Befehl, auf Grund der apostolischen Autorität soll man seiner etwaigen Weigerung entgegentreten. Von einer Betheiligung des Königs, dem doch dieses Schreiben zugesandt wird, an dem ganzen Verfahren ist nirgends die Rede.*) Betheiligte er sich dennoch und erhielt er schon durch die bloße Thatsache den wesentlichen Einfluß auf den Gang der ganzen Angelegenheit, vor Allem auf die eventuelle Neuwahl, so war im Vergleich zu den bisherigen Erfahrungen innerhalb seines Gebiets für die päpstlichen Bestrebungen zum mindesten Nichts verloren, im entgegengesetzten Falle aber das wichtige Präjudiz eines unberufenen Einschreitens und der bedeutende Antheil an dem Ergebniß jener Wahl, welchen die persönliche Theilnahme eines Legaten bedingte, gewonnen. Im Uebrigen aber bewegt sich Gregor hier noch durchaus in den alten Bahnen, so namentlich in der Angelegenheit von Dole, welche nach ihrem einst so viel versprechenden Anfang jetzt ganz in jener Weise behandelt wird.

*) Man müßte denn in der Vorschrift: praecipimus virum tanto ponderi competentem . . . universorum consensu eligi et in archiepiscopum promoveri, die genannten universi als die „herkömmlich Berechtigten", und nicht als die „kanonisch Berechtigten" auffassen, was aber unzulässig ist.

Sie soll, so verordnet der Papst unter dem 22. März 1078,*) auf der demnächstigen französischen Synode unter Mitwirkung des Königs Wilhelm, sowie der Geistlichkeit und der Laienschaft der Bretagne entschieden werden. Wie viel die Verwendung eines Wilhelm noch vermochte, bezeugt die so eben genannte Thatsache überhaupt, bezeugt — um davon zu schweigen, daß die früheren, dem Gebrauch der mönchischen Eiferer entlehnten und selbst ziemlich schmutzigen Ausdrücke zur Bezeichnung der Vergehen des Juhell ganz wegfallen — die Art und Weise, wie die Sache jetzt bei den Legaten Hubert und Teuzo eingeführt wird.**) Von Neuem wird der Hauptbeschwerdegrund des einst für immer verdammten und vom Papst persönlich ersetzten Bischofs vorgebracht und so als wenigstens einer Discussion fähig anerkannt, der Grund, daß bei seinen Lebzeiten, und eben deßhalb widerrechtlich, ein Anderer auf seinen Sitz erhoben worden sei, — derselbe, wie wir uns erinnern müssen, den einst Gregor gegenüber dem Erzbischof Tedald von Mailand zu Gunsten des Atto so nachdrücklich geltend gemacht. Wie aber der König in letzter Instanz sich zu den gregorianischen Bestrebungen verhielt, sollte in diesem Jahre noch mehr an den Tag treten. Wir bemerkten bereits, wie Gregor von Anfang seiner Regierung an mit Lanfrank in Verbindungen trat,***) welche auf eine beabsichtigte Gemeinschaftlichkeit in der Durchführung gewisser Pläne schließen lassen; und als in den letztern inbegriffen auch die uns beschäftigende Angelegenheit der Investituren von vorn herein erblicken zu wollen, wird durch ausreichende Gründe vielmehr gestützt, als widerlegt. Die päpstlichen Legaten werden in ihrem Verkehr am Hofe und mit den obersten kirchlichen Ge-

*) reg. V, 22. 23.

**) reg. V, 22: pervenit ad nos . . . conversatione tenuerat.

***) S. oben S. 48. 50.

walten des Reichs den Versuch nicht unterlassen haben, dem Verbot Gregors wenigstens in den Gemüthern Eingang zu verschaffen, und es bedürfte, um dies sicher festzustellen, nicht des Zeugnisses der Thatsache, daß einer unter Jenen anderwärts innerhalb des Reichs bereits unter noch ganz andern Umständen mit Erfolg für den gleichen Zweck gewirkt hatte.*) Vielleicht auch war an Lanfrank eine gleiche, ausdrückliche Verordnung, wie an Hugo von Die, zur Veröffentlichung der päpstlichen Bestimmung ergangen. Sei dem, wie ihm wolle: so viel ist gewiß, daß vor der Hand factisch Nichts erreicht wurde. Denn wenn der König zwar auf einem in diesem Jahre von Lanfrank abgehaltenen normännischen Provincialconcil zu Lillebonne ebenso, wie wenig später in England selbst,**) die bischöfliche Gerichtsbarkeit — als ein wesentliches Moment der erstrebten strengen Ordnung in seinem Reich — feststellte und mit ziemlich weiten Grenzen umgab, wenn er Bestimmungen über Priesterehe, Zehnten und Anderes derartige im Sinne der herrschenden Richtung bestätigte, so wurde gerade jener, an Wichtigkeit alle die andern weitaus überragenden Frage eine nur zu dürftige Behandlung zu Theil. Auf das gewöhnliche, niedere Patronatrecht der Laien sehen wir sie herabgedrückt; und wenn vielleicht die einschlagende Bestimmung selbst im günstigsten Falle auf die Besetzung auch höherer Würden angewendet werden sollte: sachlich bedeutete sie für beide Fälle in keiner Beziehung eine Aenderung der bestehenden, altherkömmlichen Weise.***)

*) S. oben S. 167 f.

**) Mansi XX, p. 555 ff. und 663 ff.

***) Laicus presbyterum non det vel adimat, nisi ex consensu praesulis. Quem tamen, si recipiendus est, episcopus non repellat et, si repellendus est, non retineat.

VII.

Am 19. November desselben Jahres hielt Gregor bereits von Neuem ein allgemeines Concil zu Rom ab.*) Müßten wir selbst bei einer sehr mangelhaften Kenntniß der Ereignisse der Zwischenzeit von vornherein annehmen, daß ganz gewichtige Gründe es waren, welche ihn zu diesem außerordentlichen Verfahren bewegten, so war auch in der That, außerdem, daß die

---

*) reg. VI, 5b. vgl. Giesebrecht, Gesch. d. d. K. S. 1110. Die capitula sind die Inhaltsangaben alles dessen ohne Unterschied, was überhaupt auf der Synode verhandelt wurde, die decreta diejenigen Beschlüsse allgemeinen Inhalts, welche zur öffentlichen Bekanntmachung ausgewählt, nicht bloß den jeweiligen Interessenten an jedem einzelnen Falle kundgegeben wurden. Die Reihenfolge der decreta entspricht mit einer Ausnahme (s. d. Kanon si quis praedia beati Petri) genau derjenigen der capitula, wobei natürlich die Weglassungen der ganz speciellen oder vor der Hand zurückgelegten allgemeinen Bestimmungen zu berücksichtigen sind. Nur die decreta werden auch an andern Orten wiedergegeben (Berthold, a. a. O. p. 314 f. Hugo Flav. a. a. O. p. 423 f.). Ob der Kanon: Ut nulli episcopi ecclesiae etc. nur durch ein Versehen unter die capitula gerathen oder gleich andern einstweilen absichtlich zurückgestellt und dann vielleicht bei der Herausgabe des Registrum der Vollständigkeit wegen in seinem ganzen Umfange beigefügt worden sei, läßt sich nicht entscheiden. Jedenfalls finden sich, wie wir alsbald hervorzuheben haben werden, ihm entsprechende Verordnungen aus der spätern Zeit.

politische Lage wiederum eine vorläufige Behandlung erheischte, seine Stellung, namentlich durch sein Verhalten zu den kämpfenden Parteien im Reiche, eine solche geworden, daß er wohl daran denken durfte, schärfer und in ausgeführterer Weise, als es bisher geschehen war, das, was er forderte, vor den Augen der Welt zusammenzufassen und als verbindlich für sie, ohne Rücksicht auf die noch verborgene äußere Entscheidung, hinzustellen. „Diese Synode, obwohl sie abermals mit dem deutschen Thronstreite zu thun hatte, obwohl auch von ihr eine lange Reihe von Bannungen ausging, war doch recht eigentlich zur Herstellung der Kirche im Sinne Gregors bestimmt, — pro restauratione sanctae ecclesiae, wie es in den Akten heißt.*) Auf keiner Synode hat Gregor eine längere Reihe von Kanones veröffentlicht, von denen sich die meisten auf Sicherung, Mehrung und Befreiung des Kircheneigenthums beziehen."**) Auch sie war übrigens, wie die noch bedeutendere d. J. 1080, schwach besucht, während bei der nächstvorhergegangenen und nächstfolgenden in beiden Beziehungen, und wiederum in einer ihrer Bedeutung im umgekehrten Verhältniß entsprechenden Weise, gerade das Entgegengesetzte stattfand. Erneuert wurden die Bestimmungen gegen Simonie, Priesterehe und unächte Erlangung kirchlicher Würden, die bisher den Mittelpunkt des reformatorischen Strebens in der Oeffentlichkeit gebildet und nunmehr freilich auch officiell immer mehr diesen Charakter verlieren. Bischöfe, welche Pfründen oder Aemter irgendwelcher Art verkaufen oder sonst irgendwie unkanonisch besetzen, oder

*) Wir dürfen wohl annehmen, daß Berthold in gleicher Weise von dem letztgenannten Gesichtspunkte geleitet wurde, als er, a. a. O. p. 315, die andere, in den Akten gebrauchte, dort kaum mehr als canzleimäßige Formel ad utilitatem sanctae ecclesiae für seinen Bericht verwendete.

**) Giesebrecht, Gesetzg. d. röm. K. 2c. S. 139.

welche die Priesterehe dulden, sollen suspendirt, — Ordinationen, zu deren Erlangung Geld oder Bitten oder Dienstleistungen*) angewendet oder welche ohne Zustimmung von Klerus und Laienschaft der betreffenden Kirche, beziehentlich ohne die Bestätigung des competenten Obern erlangt worden sind, sollen ungültig sein. Fernerhin soll jeder Laie Güter der Kirche — unter denen diejenigen des h. Petrus in einer besondern Bestimmung hervorgehoben werden —, die er vom König, oder von Bischöfen, Aebten und sonstigen geistlichen Würdenträgern, sei es wider ihren Willen, sei es mit unrechtmäßiger Bewilligung derselben, zu Lehn empfangen hat, zurückerstatten bei Strafe des Bannes; ebenso Zehnten, mag sie ihm übertragen haben, wer es auch immer sei. Den Bischöfen soll es zwar erlaubt sein, Kirchengüter als Lehen zu vergeben, doch nur mit Bewilligung des Papstes, wenn sie von ihm geweiht sind, oder, wenn das Letztere nicht der Fall ist, mit derjenigen ihres Erzbischofs und seiner übrigen Suffragane, bei Strafe der Suspension und der Ungültigkeit des Rechtsgeschäfts für jede Zuwiderhandlung. In Betreff der Investiturfrage, „der Ursache so vieler Verwirrungen der Kirche“, soll hinfort gelten: daß kein Kleriker die Investitur für ein Bisthum, eine Abtei oder Kirche von der Hand des Kaisers, eines Königs oder irgendwelches Laien, sei es Mann oder Weib,**) empfangen dürfe, bei Strafe der Ungültigkeit derselben und der Excommunication für ihn selbst bis zur Ablegung gebührender Genugthuung.

In diesen letzteren Bestimmungen finden wir den Hauptinhalt des so allgemein gehaltenen einschlagenden Gebots der letzten Fastensynode zergliedert, und es liegt gerade in dieser

---

*) S. oben S. 31.

**) Vgl. oben S. 35. Humbert, adv. sim., l. III, c. 12: de praesumptione feminarum et dignitate sacratarum rerum.

Specialisirung wahrhaftig keine Milderung desselben, mag auch das derzeitige Fallenlassen einzelner Punkte auf den ersten Blick diesen Anschein erwecken. In Bezug auf die Kirchengüter ist die obengenannte Bestimmung die letzte Gregors, welche uns vorliegt, und nicht bloß deswegen, sondern auch weil die von ihr behandelte Angelegenheit in engster Beziehung zu der Investiturfrage im eigentlichen Sinne steht, und weil die letztere auf dieser Grundlage demnächst ebenfalls ihren äußern Abschluß, wie ihre Fortsetzung auf dem Gebiete des Positiven finden sollte, erfordert jene unsere erneute Beachtung. Gregor bedurfte nicht der Aufforderungen bedrängter Bischöfe, wie es ein Zeitgenosse behauptet,*) um zu diesem Entschlusse zu gelangen. Wir kennen seine früheren Verfügungen in dieser Richtung, wir kennen den Kanon der Fastensynode desselben Jahres; und erst noch in jüngster Zeit hatte er dem Bischofe von Metz die lehenmäßige Vergabung von Kirchengütern absolut untersagt.**) Auch später wird im Anschluß an die besprochenen Kanones in gleicher oder ähnlicher Weise verfahren,***) einer Weise, die freilich, bei dem vorliegenden Abschluß der Gesetzgebung in dieser Beziehung und bei der Unmöglichkeit eines weiteren Hinausgehens über ihre Bestimmungen, von nun an aufhören wird, uns in jedem einzelnen Falle zu interessiren und in Betracht gezogen zu werden. Wie solidarisch gerade in Hinsicht des weltlichen Besitzes die Interessen der gesammten Geistlichkeit verbunden waren, mochte sie außerdem im laufenden Streite in ihren Anschauungen noch so weit auseinandergehen, beweist deutlicher, als alles Andere, im einzelnen Falle eine spätere päpstliche

*) Bruno, de b. S. c. 112.
**) reg. VI, 5. vom 22. Octbr. 1078.
***) reg. VII, 19. vgl VI, 19.

Verordnung zu Gunsten der Güter der bamberger Kirche, deren Haupt als treuester und geistig hochbedeutender Freund an der Seite des Königs stand, — eine Verordnung, die in ihren Folgen doch unmöglich bloß auf Erreichung persönlicher Zwecke abgesehen sein konnte.*) Wohl jeder Prälat mochte den Augenblick mit Freuden begrüßen, wo er von den an sich schon gegebenen und durch die Zeitverhältnisse nur vermehrten Mißlichkeiten der herkömmlichen Vergabung des Besitzes seiner Kirche sich befreit fühlen könnte. Je reiner und freier von persönlichen Rücksichten die Begeisterung eines Jeden für das Wohl der anvertrauten Kirche war, — die freilich in dem fortdauernden Kampfe immer seltener wurde, — in desto höherem Grade mußte dies nach den gesammten Anschauungen des Zeitalters, von der übrigen und namentlich politischen Stellung ganz abgesehen, der Fall sein. Nur begeisterten sich die Betreffenden und arbeiteten, wenn sie jene Bestrebungen unterstützten, für ganz andre Zwecke. Bis noch vor Kurzem hatte ein gänzliches Verbot jedweder lehnsmäßigen Vergabung von Kirchengütern bestanden; in dieser Weise hatte der Papst zuerst der Sache entgegenzutreten versucht. War indeß jene unter den gegebenen Verhältnissen nun einmal nicht zu vermeiden, so konnte es nur im Interesse der Durchführung dessen, was überhaupt zu erreichen war, und der päpstlichen Autorität liegen, den Thatsachen mit der Gesetzgebung auf dem Fuße nachzufolgen. So soll denn die gedachte Art der Vergabung gestattet sein, aber nur mit höherer Erlaubniß, — wobei, wie wir sehen, der Papst in Betreff der Competenz für sich nicht am wenigsten gesorgt hat. Seit langer Zeit schon hatten die Päpste das Recht zur Weihe für jedes kirchliche Amt, sobald es ihnen oder dem zu Weihenden beliebte, mit Erfolg

*) reg. VI, 19. v. 17. Febr. 1079.

in Anspruch genommen. Gregor war nicht gewillt, auch nur den kleinsten Titel von diesem Recht und den durch die Ausübung desselben gewonnenen Vorrechten über die Geweihten aufzugeben;*) vielmehr laufen alle seine Bestrebungen in dieser Richtung offenbar darauf hinaus, die Weihe in allen nur möglichen Fällen selbst zu vollziehen, sie an sich zu bringen.**) Wenn wir nun diesem Streben die weitere Ausführung jener von dem besprochenen Kanon gestellten Bedingung gegenüber halten, wenn wir bedenken, daß eben jener Anspruch mit der ihm zu Grunde liegenden Absicht, nur sichere Leute zu diesem Amte gelangen zu lassen, in Betreff der Weihe von Erzbischöfen erst recht und ganz allseitig vom Papst erhoben wurde, daß endlich, wo beide angedeutete Fälle nicht vorlagen, sich doch fast immer unter den übrigen Suffraganen, an deren Erlaubniß für diesen zweiten Fall jede derartige Vergabung geknüpft war, der eine oder der andere von streng päpstlicher Richtung fand: so erhellt, daß jene Concession an die gegebenen Zustände doch nur in dem Sinne gemacht wurde, um durch sie der päpstlichen Machtfülle ein neues, unendlich wichtiges und wirksames Moment hinzuzufügen. Die ganze Frage wird auf dieser Synode harmonisch abgeschlossen, sowohl in den positiven Anforderungen an die Zustände, die nunmehr jeden weltlichen Eingriff in den kirchlichen Besitz von dieser Seite ausschließen, als auch in ihren Strafbestimmungen, die nach beiden Seiten hin in einer dem Zeitgeist entsprechenden Weise gleichmäßig vertheilt sind. Das Investiturverbot dieser Synode bedarf bei seiner Ausführlichkeit und deutlichen Fassung kaum einer Bemerkung. Auf-

---

*) reg. I, 31. v. 20. Nov. 1073. Vgl. reg. II, 55a. ep. coll. 31.
**) Vgl. z. B. reg. I, 29. 41. — 36. 76. ep. coll. 7. — reg. I, 69. — 82—86. — reg. IV, 15. — V, 21 u. s. w.

fallend könnte höchstens sein, daß hier wiederum, im Gegensatz zu früheren Bestimmungen, die Excommunication als Strafe nur für die Kleriker, welche die Investitur empfangen, nicht für die Laien, welche sie ertheilen, ausgesetzt ist. Eben diese Verschiedenheit zwischen den einzelnen Androhungen beweist, daß noch keine unter den uns bisher bekannt gewordenen Fassungen für sich vereinzelt der letzte Willensausdruck des Papstes war, sondern daß Gregor in der Richtung, welche er jenem jeweilig gab, von andern Umständen bestimmt wurde. Für jetzt lag offenbar die Absicht vor, die bisher eingenommene Stellung zu den deutschen Thronstreitigkeiten, die in Gemäßheit einer etwa beigefügten Drohung der Excommunication für zuwiderhandelnde Laien sofort wieder eine offen feindselige gegen König Heinrich hätte werden müssen, für die nächste Zukunft noch beizubehalten, ohne dabei wenigstens die eine Seite des Widerparts, die gegnerische Geistlichkeit, außerhalb der Verfolgung zu stellen. Wenn der offene Kampf mit dem König wieder ausgebrochen sein wird, — denn auf das Gebiet des Reichs zunächst konnte namentlich jetzt das Gebot allein berechnet sein, — dann wird auch für Strafbestimmungen nach der andern Seite hin ein Object vorhanden sein, wird, wie die andere, soeben von uns besprochene Bestimmung schon jetzt ihn fand, auch diese nach allen Seiten hin ihren harmonischen Abschluß finden.

Trotz der Veröffentlichung der wichtigsten allgemeineren Bestimmungen der Synode, unter ihnen des Investiturverbots, blieben die Ereignisse der nächsten Folgezeit ohne Beziehungen auf sie. Kaum eine Aeußerung Gregors findet sich, welche unsern Gegenstand näher berührte. Unter dem 30. November des J. 1078*) bestätigt er dem Bischof Landulf von Pisa auf sein

---

*) reg. IV, 12.

Ansuchen die gegenwärtigen und zukünftigen Besitzungen seiner Kirche und verleiht ihm, wie seinen Nachfolgern, wenn anders sie, wie Landulf, in kanonischer Weise, d. h. „durch Zustimmung des Papstes und Wahl von Seiten des Klerus und der Gemeinde" ihre Würde erlangt haben, die Legation für Corsika. Kaum Andres als ein gefordertes päpstliches Vorschlagsrecht läßt uns der Zusammenhang in der erforderlichen „Zustimmung des Papstes" erblicken; zum mindesten steht die Thatsache des Anspruchs auf ein unmittelbares päpstliches Bestätigungsrecht, im Gegensatz zu demjenigen des Metropoliten, fest. Vielleicht ist es auch nicht ohne Bedeutung, was freilich damals in allen Verhältnissen nur zu häufig geschah, daß die nachgesuchte Bestätigung der Güter der Kirche mit Nachdruck als zu einer solchen der Kirche selbst, d. h. des Amtes, für Landulf gewendet erscheint.

VIII.

Die nächste Fastensynode, abgehalten vom 11. bis zum 17. Februar des Jahres 1079*), beschäftigte sich von Neuem mit dem deutschen Thronstreit, ohne an sich denselben dem Abschluß näher zu bringen, als dies bisher geschehen war, entschied kirchliche Angelegenheiten verschiedener Art, stellte aber auf dem Wege der Gesetzgebung, wie im Allgemeinen — außer einer, factisch freilich nur einstweiligen, Entscheidung des so lange geführten Streits über die Transsubstantiation —, so auch für unsern Gegenstand nichts Neues auf. Und sehr erklärlich ist dieser Umstand, selbst bei einer nur oberflächlichen Betrachtung der obwaltenden Verhältnisse. Dagegen hat höchstwahrscheinlich wenigstens eine durchgängige, ausdrückliche Erneuerung der einschlagenden Beschlüsse der beiden letzten Synoden stattgefunden **).

---

*) reg VI, 17 a. Ueber die Zahl der Anwesenden (150 Bischöfe und Aebte und unzählige Kleriker) und einzelne bedeutendere Persönlichkeiten unter ihnen s. Bernold, der selbst an der Synode mit theilnahm, de Bereng. damn. bei Ussermann, Mon. Allem. t. II, p. 435.

**) Bezeugt wird dies für die Bestimmungen gegen die Unkeuschheit der Priester durch Bernold, M. G. SS. V. p. 436 (vgl. ep. coll. 28, ein Erlaß, welcher jedenfalls hierin seine nächste Veranlassung fand), für

Auf dieser Synode wurde auch in Betreff des Patriarchen Heinrich von Aquileja eine an sich schon sehr bemerkenswerthe und namentlich von einer höchst wichtigen weiteren Maßregel begleitete Entscheidung getroffen. Dieser hatte in der letzten Zeit, so scheint es, den Entschluß kundgegeben, sich der päpstlichen Partei zuzuwenden. Es würde von ebenso zweifelhaftem Erfolge, als unfruchtbar für unsern Zweck sein, wenn wir uns der Untersuchung der Frage hingeben wollten, von welchen Interessen er wohl dazu bewogen worden sei, ob ein Ausharren auf jener Seite über den Zeitpunkt der Erreichung gewisser Absichten zu Gunsten seiner derzeitigen Partei hinaus überhaupt in seinem Plan liegen mochte oder nicht. Sein Name begegnet uns bereits in den Akten der Novembersynode d. J. 1078, sei es, daß er mit ihr Unterhandlungen eröffnete, sei es, daß der Papst daselbst den ersten öffentlichen Schritt zum Ausgleich that, indem er etwa in Gestalt einer Vorladung zur nächsten Synode den Modus des letzteren feststellte. Jetzt war der Patriarch erschienen,*) bewies, daß er kanonisch gewählt sei, rechtfertigte sich gegen den Vorwurf der Zuwiderhandlung gegen das Investiturverbot durch eidliche Versicherung seiner Nichtkenntniß desselben zur Zeit seiner Erhebung und empfing nun — auf Verwendung der Synode, wie uns erzählt wird —

diejenigen in Betreff der Gültigkeit von Ordinationen durch Excommunicirte und der ihnen geleisteten Eide, für die bekannte Einschränkung der kanonischen Theilnahme an der Excommunication durch jede Gemeinschaft mit Excommunicirten (s. Berthold a. a. O. p. 318). Ebenso fand in der Erneuerung des Gesetzes über die Kirchengüter jedenfalls die von der Synode selbst aus datirte, vor Kurzem bereits einmal erwähnte Verordnung reg. VI, 19 ihren innern Anlaß, wozu immerhin noch der von Floto, Bd. 2. S. 203. vermuthete als gewichtiger äußerer getreten sein kann.

*) Berthold, M. G. SS. V, p. 317.

nachdem er zuvor dem Papst einen, sogleich in Betrachtung zu ziehenden Eid geleistet, von diesem Ring und Stab und die übrigen Abzeichen des Patriarchats „in kanonischer Weise." Die Akten des Registrum geben die genannte Eidesformel. In ihr verspricht der Patriarch, oder vielmehr „Erzbischof",*) wie es hier heißt, dem h. Petrus und dem Papste nicht nur Gehorsam, sondern auch Treue, in einer Weise und unter Hinzufügung einzelner Ausführungen, wie sie nur in einen Lehnseid gehören und in der That auch den wesentlichen Bestandtheil aller uns vorliegenden Lehnseide aus jener Zeit und jenen Kreisen bilden. Ein solcher und nichts Andres ist er auch; und noch über jene, wie vollends über jeden kirchlichen Obedienzeid hinaus geht er, indem er ausdrücklich das Versprechen enthält, den Papst und seine durch die „besseren Kardinäle" erhobenen Nachfolger im Besitz ihrer Würde und der Regalien des h. Petrus vertheidigen, die römische Kirche auf erhaltene Ladung auch mit weltlicher Hülfe unterstützen zu wollen. Zu den weitgehendsten Schlußfolgerungen in der That zwingt es, wenn man diesen Eid im Zusammenhang mit der auf ihm beruhenden Uebergabe des Amtes sammt dem damit verknüpften Besitz auch nur oberflächlich zu betrachten geneigt ist; und wenn früher in einem ähnlichen Falle, als Wibert von Ravenna seinen bei weitem weniger inhaltsschweren Eid dem Papst Alexander II. leistete, die öffentliche Meinung ihre Aufmerksamkeit fast instinctiv gerade auf das Fehlen jedweder Erwähnung eines weltlichen Lehnsherrn lenkte, wenn damals schon als ihre nächste

---

*) Diese Thatsache ist sehr bemerkenswerth. Natürlich konnte das Papstthum in seinem Bereich nicht die Würde des Patriarchats in ihrer ursprünglichen Bedeutung dulden. Aber auch der bloße Titel erschien noch gefährlich.

Folge nur die Ueberzeugung von einer beabsichtigten Loslösung der kirchlichen Güter von allem weltlichen Lehnsverbande und den dadurch bedingten Verpflichtungen Platz greifen konnte, so steht hier nicht nur das Verlangen nach dieser letzteren, sondern auch das positive Streben nach der Uebernahme jener Güter auf die gleichen Verpflichtungen hin durch den päpstlichen Stuhl in dem von maßgebender Seite selbst verfaßten Documente urkundlich bezeugt vor uns. Der Papst vergiebt die weltlichen Güter der Kirche, der Papst ernennt, „in kanonischer Weise, nach Gottes Vorschrift", zum bischöflichen Amt. Denn auch in der letzteren Beziehung läßt sein Verfahren in der vorliegenden Sache keine andere Betrachtung zu. Wir kennen die Art der Erhebung der Patriarchen, wissen, mit welchem Recht er behaupten konnte, kanonisch gewählt zu sein, wissen, welche Geltung eine Willensäußerung der Synode gegenüber dem Oberhaupt der Kirche hatte, sahen die Thatsache der Unterwerfung Heinrichs, betrachteten in ausführlicherer Weise ähnliche Fälle, — kein Wort mehr bedürfen wir nach alledem zur Erläuterung des wahren Sachverhalts, zur Beleuchtung der vor den Augen der Welt abgespielten Komödie, wie sie die daneben erfüllten Formalitäten enthalten.

Gregors Stellung war jetzt auch in Wahrheit eine solche, daß er die Erfüllung seiner Absichten als in nächster Nähe gegeben betrachten und offener als je, außer etwa im unmittelbaren Machtbereich des König Heinrich, mit ihnen hervortreten durfte. So streng die Kirche in der von den mönchischen Eiferern und dem Papstthum ihr gegebenen Richtung jedwede Betheiligung von Laien an der Ordnung oder Verwaltung kirchlicher Angelegenheiten perhorrescirte, so hat sie nicht minder das Recht der Berufung derselben zur Beseitigung äußerlicher Hindernisse gegen die genannten Vorgänge immer, und selbst in ihren extremsten Richtungen, für sich in Anspruch genommen. In gleicher Weise thut dies Gregor, wenn er dem Gegenkönig Rudolf um dieselbe Zeit aufträgt*), die Gegner, welche bisher die Wiederbesetzung des verwaisten Erzbisthums Magdeburg**) verhindert, zu bekämpfen und für die Einsetzung eines dieser Kirche würdigen Oberhaupts „unter gemeinsamer Beistimmung und Wahl aller gottesfürchtigen Erzbischöfe und Bischöfe, sowie nicht minder des Klerus und der Laienschaft" Sorge zu tragen. Aber von einer Theilnahme des Königs an der eigentlichen Wahl — welche übrigens schon die von diesem bei seiner Erhebung eingegangenen Verpflichtungen ausschlossen — ist wenigstens in unzweideutiger Weise nirgends die Rede; dies bezeugt neben den angeführten Worten schon der Umstand, daß auch an alle Anhänger Rudolfs ganz die nämliche Aufforderung ergeht. Nur zur Ermöglichung eines Wahlverfahrens, — wenn wir all die verwirrten Verhältnisse scharf scheiden wollen, bei denen ja doch nur der politische, nicht der religiöse Gesichtspunkt entscheidend war, — zur Durchführung des Ergebnisses desselben regt der Papst ihn an. Erkennen wir aber selbst das Vorhandensein eines Zugeständnisses von Seiten Gregors in der entgegengesetzten Richtung an, dasselbe wird seinem Wesen nach ebenso, wie im andern Falle die einzig übrig bleibende Modalität der sogenannten reinen kanonischen Wahl, sofort nichtig gemacht, indem der Papst zur Wahl einen unter drei von ihm genannten Kandidaten, denen er im Voraus seine Sanction ertheilt, unter dringender Empfehlung vorschlägt. Die offen gelassene Möglichkeit der Wahl eines An-

---

*) ep. coll. 26. vgl. 27.

**) Der frühere Erzbischof Werner war bekanntlich auf der Flucht aus der Schlacht bei Mellrichstadt von Bewohnern der Gegend umgebracht worden.

dern, falls keiner von jenen drei Männern für würdig befunden werde, ist offenbar eine Scheinconcession an das Bewußtsein der Beauftragten von der wahren Natur einer Wahl, wie von den üblichen Anforderungen an das Wesen einer kanonischen Wahl insbesondere, und wird durch die immerhin noch vorbehaltene Bestätigung des Erkorenen, sowie durch die scharfe Androhung der Excommunication für jeden, der in ungesetzlicher Weise erhoben werde, vollends ganz illusorisch.*)

In bezeichnendster Weise fordert unter dem 1. März**) Gregor die kanonischen Wähler des Erzbisthums Arles auf, der bedauerlichen, langen Verwaisung desselben ein Ende zu machen dadurch, daß sie entweder unter der Leitung seines Legaten, des Bischofs Suirger von Gap, einen solchen Mann „nach Gottes Vorschrift" zu ihrem Hirten wählen, den Hugo von Die ihm, dem Papst, zur Bestätigung empfehlen könne, oder wenn, wie er glaube, in ihrer Mitte kein Würdiger zu finden sei, in die Hände des Legaten das Versprechen abzulegen: denjenigen an- und aufnehmen zu wollen, den der Papst kraft Petri Gewalt zu ihrem Erzbischof weihen werde. Und Alles spricht, neben dem kaum zweifelhaften Sinn seiner Worte, dafür, daß Gregor allein das Letztere wünscht, einzig dieß ins Auge faßt.***) Ist er ja doch seines nahen Sieges auf Grund der zeither eingenommenen Stellung so sicher, daß er ebenso jede Vermittlung mit dem König Heinrich zurückweist, als er andrerseits den Klagen der Rebellen über sein Verfahren nur die

*) Welche Beachtung die Vorschläge des Papstes gefunden haben, ist bei der Dunkelheit, welche über die Herkunft des am 7. August 1079 eingesetzten neuen Erzbischofs Hartwig herrscht, nicht zu erkennen und ist allerdings auch für unsern Zweck vollständig gleichgültig.

**) reg. VI, 21.

***) S. Gall. Christ. I, 556.

unwandelbare Beharrlichkeit desselben und höchstens unter solchen Umständen gegenstandslose Aufforderungen zur Ausdauer im Kampfe entgegenstellt,*) daß er selbst einem Hugo von Clugny gegenüber, gemäß der (besonders früher oft nicht verstandenen) Stellung, welche dieser zwischen ihm und dem König und zu dem beiderseitigen Kampfe einnahm, keinerlei Rücksichten mehr anwenden zu müssen glaubt.**) Fest und siegesgewiß steht er da, so schwer ihn auch wohl zeitweilig das Gefühl der Vereinsamung auf seinem vorgeschobenen Standpunkte, zu dem nur Wenige ihm folgen konnten und mochten, bedrückte.***)

Noch einmal kommt die früher von uns berührte Angelegenheit der Besetzung des Bisthums Orleans zur Sprache.†) Dort saß noch immer der abgesetzte Rainer fest auf dem Bischofsstuhl, während der „von der Gemeinde gewünschte" Sanzo — so schreibt Gregor, indem er ganz offenbar seine Wünsche und diejenigen einer Minorität in der Gemeinde denen der Gesammtheit supponirt, denn Sanzo war ein Gegenbischof ganz in bekannter Art und bester Form — sich in Rom aufhielt. Von hier werden, wie der Papst der Gemeinde meldet, demnächst Legaten abgesendet werden, um gegen Rainer abschließend einzuschreiten, und dann wird er den Mann ihrer Wahl, Sanzo, „nach Gottes Vorschrift" bestätigen. Die letztere Verfahrungsweise, insofern sie von der gewöhnlich eingeschlagenen abweicht, namentlich die lange Verzögerung der officiellen Anerkennung, Bestätigung und Weihe des Sanzo gründet sich freilich wohl

---

*) Vgl. reg. IV, 22 u. ep. coll. 27. Im letzteren Schreiben ist bemerkenswerth der Ausdruck: nolite, filii mei, in hoc, qui vos iam multo tempore exagitat, bellico furore deficere etc.

**) ep. coll. 32.

***) Vgl. z. B. reg. VI, 15. 17. VII, 8.

†) reg. VI, 23. v. 1. März 1079.

weniger auf kirchenrechtliche Bedenken, wie es nach den Worten des Schreibens scheinen könnte, als darauf, daß eine frühere Vornahme jener Maßregeln bei der Unmöglichkeit, dem Rainer innerhalb des Bisthums selbst irgend welche erhebliche Concurrenz zu machen, theils an sich werthlos gewesen wäre, theils eine anderweitige Lösung der Frage ohne Noth abgeschnitten hätte.

Wichtiger ist die Urkunde, durch welche Gregor unter dem 19. April 1079 dem Erzbischof Gebuin von Lyon und seinen rechtmäßigen Nachfolgern den Primat für die Erzdiöcesen Lyon, Rouen, Tours und Sens verleiht, beziehentlich, was uns hier nicht weiter berührt, erneuert.*) Als rechtmäßige Nachfolger erklärt er diejenigen zu betrachten, die ohne Kauf, sei er durch eigne, sei er durch fremde Hand vollzogen, ohne Dienstleistung, ohne Bitten, seien es nun eigne oder diejenigen Untergebener, ohne ferner die Würde von Seiten der weltlichen Gewalt verliehen oder bestätigt zu erhalten, auf den bischöflichen Stuhl werden erhoben werden. Rechtmäßig sind die, welche auf Grund reiner und lauterer Wahl dem Gebuin nachfolgen und ebenso durch die Thür zur Heerde eintreten, wie es von diesem dem Papst bekannt ist. Wer anderswie erhoben wird, soll nicht nur des Primats, sondern auch jedes höhern Grades verlustig sein.**) — Wir sehen hier die von Gregor I. herrührende

---

*) reg. VI, 34.

**) Wir haben uns hier weder mit dem übrigen Inhalt der Urkunde, noch mit dem an sich höchst interessanten Schreiben zu beschäftigen, in welchem Gregor den Erzbischöfen von Sens, Tours und Rouen die Unterordnung unter den Primat von Lyon befiehlt. Hier giebt er, im Hinweis auf die Ordnungen des Himmels und auf die fingirte alte Eintheilung der Kirche nach den weltlichen Verwaltungsbezirken des römischen Reichs, den Bauriß eines hierarchischen Gebäudes, welches freilich nur zu oft in einer Weise, der wir hier nicht von Neuem entgegentreten wollen, mißverstanden wird. — Aehnlich von Leo IX. ep. 4, bei Mansi XIX, p. 659 ff.

Definition und Umgrenzung des Begriffs Simonie, über deren Benutzung und Consequenzen wir früher bereits das Nöthige zu bemerken Gelegenheit hatten, nach dem Vorgang der eifernden Reformer auch von unserm Gregor angewendet; und Mancher vielleicht dürfte im Anschluß daran hiernach seine Ziele bemessen wollen. Ich hebe dagegen nicht den Grund hervor, daß eine derartige große Urkunde überhaupt nicht der Ort war, um Bestrebungen zu verzeichnen, deren Ziele jenseits der kanonischen Ueberlieferung lagen, welche die Anschauung der Zeit für durchaus maßgebend hielt und jetzt gerade die ebenso mächtige, als für die Zwecke des Papstthums unentbehrliche Reformbewegung so eifrig verfocht; nicht betone ich, daß viel mehr Gregors Gesetze und Handlungen, als seine bloßen Worte, für uns entscheidend sein müssen: — auch jene Worte ganz allein für sich enthalten in hinreichendem Maße, was zur Charakteristik der Bestrebungen Gregors in Betreff der sogenannten „lauteren kanonischen Wahl" geeignet ist. Es muß, wenn man auf jene Worte achtet, verwunderlich erscheinen, daß in ihnen gerade des sonst überall so sehr hervorgehobenen Hauptmerkmals der kanonischen Wahl, der Wahl durch Klerus und Laienschaft der Diöcese, keine Erwähnung geschieht. Und in der That mit gutem Grund geschieht dies. Gebuins Vorgänger, Humbert, war von der Synode zu Autun, d. h. im Wesentlichen von Hugo von Die, am fünften Tage ihrer Verhandlungen abgesetzt worden;*) unmittelbar darauf hatte sie Gebuin erwählt, und dieser bereits zwei Tage später, am 17. Septbr. 1077, die Weihe erhalten. Aus dem ganzen Verfahren ebenso, als aus den begleitenden Umständen geht hervor, daß beide

*) Hugo Flav. M. G. SS. VIII, p. 415 f. vgl. Hug. Diens. ep. ad Greg. VII. bei Mansi XX, 488.

Handlungen in dieser Weise entweder nur auf ausdrücklichen Befehl Gregors, oder mindestens auf seine, den Vorschlägen des Legaten Hugo im Voraus ertheilte Zustimmung hin vorgenommen worden sind.*) Auf jeden Fall kam eine solche Wahl der Ernennung durch den päpstlichen Legaten gleich und konnte durch die nachträgliche Zustimmung der aus der Diöcese gerade anwesenden Kleriker und Laien ebensowenig zu einer wirklichen kanonischen Wahl gestempelt werden, als andrerseits die Grenzen des von der Kirche den versammelten Bischöfen einer Provinz allerdings zugestandenen Einflusses auf die Wahl ihres künftigen Oberhirten innegehalten wurden. Und mag der Papst an dem Wahlvorgang ganz unbetheiligt sein, es bleibt die spätere Anerkennung des durch seinen Legaten so gut wie ernannten Würdenträgers. Er ist „durch die Thür eingetreten"; wie er, so sollen seine Nachfolger erhoben sein, um als rechtmäßige anerkannt zu werden: — wo bleibt die „lautere kanonische Wahl"?

An Hugo von Die ergeht der Befehl,**) den Manasses, der durch königliche Investitur das Bisthum Chalon (sur Saone) erhalten, abzusetzen und im Fall des Widerstandes zu excommuniciren; auf allen Synoden, welche er abhält, soll der Legat das Investiturverbot von Neuem einschärfen, Zuwiderhandelnde ohne Ausnahme bannen. Erwähnt wird hier jenes Verbot unter ausdrücklicher Berufung auf seine Feststellung durch die römische Synode; und augenscheinlich in seiner Fassung vom November 1078 wird es verstanden. — Wenn nun zugleich Gregor im Laufe des Herbstes seinen Legaten in Deutschland, den Bischöfen Ulrich von Padua und Petrus (igneus)

*) Vgl. Gfrörer, Greg. VII. u. s. Zeitalter, Bd. 4, S. 188.
**) ep. coll. 32.

von Alba, verbietet,*) wie in Betreff der Streitsache der beiden Könige, so auch in Betreff der erwählten Bischöfe für Trier, Köln und Augsburg, oder überhaupt aller, welche die Investitur von Laienhand empfangen, eine Entscheidung auszusprechen, so beweist dieß am allermindesten, „wie wenig er damals die Investitursache weiterzutreiben gedachte."**) Für sich selbst wollte er, wie es schon der nächste Zusammenhang ergiebt, bis zu dem immerhin noch für die nächste Zeit in Aussicht genommenen großen Richterspruch über die Gesammtverhältnisse des römischen Reichs, jene Entscheidung aufbewahrt wissen. Die genannten Bischöfe waren natürlich die der königlichen Partei, vom König Heinrich investirt. Der Wahl des einen von ihnen, des Egilbert von Trier, gibt ein Ehrenmann das Zeugniß, daß sie — vor Erlangung der Investitur und ohne Betheiligung des Königs vorgenommen — in allen Stücken selbst den strengsten kanonischen Anforderungen entsprochen habe.***) Dennoch erlangte er nie die päpstliche Anerkennung; und nicht zum Nachtheil der Betreffenden einzuschreiten verbot jetzt der Papst seinen Legaten. Vielmehr lag das umgekehrte Verhältniß vor: sie hatten, entsprechend der theils aus listiger Berechnung, theils aus Beschränktheit zweideutigen, die Interessen des Königs Heinrich entschieden begünstigenden Rolle, welche sie spielten,

---

*) ep. coll. 31.

**) Giesebrecht, Gesetzg. d. röm. K. rc. S. 141.

***) Theod. Vird. ep. s. Gesta Trever. addit. et contin. prima c. 13. (M. G. SS. VIII.) Die Sache wird deßwegen ausdrücklich betont, um von Neuem die Stellung Gregors zu der reinen kanonischen Wahl und sein entgegengesetztes Verfahren in andern, selbst nicht einmal in der Fiction sich dem kanonischen Ideal in gleichem Grade nähernden Fällen auch von dieser Seite aus der Betrachtung des Lesers zu empfehlen. Berthold freilich (M. G. SS. V, p. 315) weiß auch von dieser Erhebung die gewöhnlichen Schaudergeschichten zu berichten.

Bischöfe dieser Partei geradezu bestätigt.*) Das ist es, was ihnen der Papst zu unterlassen befiehlt; und dies ist denn doch, abgesehen von der den verwickelten Verhältnissen angemessenen Form, eher alles Andere, als ein Stillstand oder Rückschritt in der Behandlung der Investiturfrage, die überhaupt nur noch eines formellen Abschlusses in Betreff ihrer praktischen Anwendung bedurfte.

Gregor war zur Zeit vollständig in der Lage, nunmehr auch in Bezug auf das britische Reich sein früheres Verfahren zu modificiren, zu versuchen, inwieweit auf Grund der durchaus veränderten allgemeinen Lage auch hier seine wahren Grundsätze zum Ausdruck und zur Durchführung sich bringen ließen. Zunächst wird Lanfrank hart angelassen, weil er während Gregors Pontificat noch nie in Rom erschienen sei.**) Nur die alte gegenseitige Freundschaft habe ihm noch die Strafe erspart; die Entschuldigung, daß der König es nicht gestatte, könne nicht als gültig betrachtet werden, vielmehr sei dieser zur Besserung anzuhalten.***) Es solle ihm, Gregor, um seiner

---

*) Hugo Flav. a. a. O. p. 451. vgl. Stenzel, Gesch. Deutschlands unter den fränk. Kaisern, Bd. I., S. 453. An der von Hugo überlieferten Thatsache ist, so sehr derselbe auch Einzelnheiten anzuführen vermeidet, im Hinblick auf die anderweitige Thätigkeit dieser Gesandtschaft gar nicht zu zweifeln (vgl. auch reg. VII, 3). Mehrere Besetzungen von Kirchen durch Heinrich, außer den von Gregor selbst genannten, erwähnt Berthold, a. a. O. p. 323, und auch seine weiteren Auslassungen über das Verfahren der Legaten können der Angabe des Hugo v. Fl. nur zur Bestätigung dienen. Sie lassen geradezu vermuthen, daß er das ihm wohlbekannte Factum aus Parteiinteresse verschwieg. Die einzelnen Fälle, in welchen die Legaten in der angegebenen Weise verfuhren, lassen sich freilich nicht mehr feststellen; um so leichter erklärlich ist das Schweigen aller übrigen Quellen von beiden Seiten über diesen Vorgang.

**) reg. VI, 30. v. 25. März 1079.

***) Und man beachte, wie von nun an das, was früher an Wilhelm so ruhig hingenommen, wenn nicht sogar gepriesen worden war, auf einmal als tumor, arrogantia, libido, procacitas, culpa u. dergl. erscheint.

langen innigen Beziehungen zu Jenem willen doppelt leid sein, wenn er strafend einschreiten müsse, und die Strafe könne dann nur um so härter ausfallen. Wenn nun der Papst es im Laufe des Sommers zu allen früheren Erfahrungen hinzu noch erleben mußte, daß Wilhelm auf die Anforderung, den althergebrachten Peterspfennig zu senden und den Lehnseid zu leisten, jene bekannte Antwort ertheilte: „das Geld, dessen Eintreibung ohne sein Zuthun nur verspätet worden sei, wolle er wohl schicken, doch Treue schwören möge er nicht, weil weder er noch seine Vorgänger Gregor oder den seinigen dies versprochen hätten," daß Lanfranks Antwort im kühlsten, allgemein ablehnenden Tone gehalten war, wenn er die gleichgültige, nur von ihren eigenen Interessen bedingte Stellung beider Männer zu seinem Kampfe offen genug von ihnen dargelegt sah: so liegt in dem Desaveu, welches er gewissen Drohungen des Legaten Teuzo gegen Wilhelm ertheilt, sowie in dem Auftrag an den Legaten Hubert, den König nochmals gütlicher Weise um die Erfüllung seiner Forderungen anzugehen, allerdings noch eine weitere Anerkennung der oben hinlänglich angedeuteten Verhältnisse, welche alle mögliche Vorsicht geboten. Allein der gleichzeitige Befehl an Hubert, schleunigst zurückzukehren, da ihm, dem Papst, an dem bloßen Geld, ohne die „Ehre" Nichts gelegen sein könne, die bittern Klagen gegen den König, als welcher Schlimmeres, denn selbst die Heiden, am heiligen Stuhl begehe, indem er die Bischöfe verhindere, nach Rom zu reisen, die Drohung mit dem Zorn des h. Petrus, wenn er in dieser Weise zu handeln fortfahre,*) der Befehl zur Absetzung des Erzbischofs von Rouen,

---

*) reg. VII, 1. vom 23. September 1079. — Auf Bann und Entsetzung weisen, immerhin zwar noch aus weiterer Ferne, doch deutlich genug die Worte hin: quatinus honorem, quem sibi a subditis suis

wenn er der Sohn eines Priesters sei:*). — Alles dies bezeugt deutlich die veränderte Richtung; und die Berufung der englischen und normännischen Bischöfe in der Zahl von mindestens zwei aus jeder Erzdiöcese zur nächsten römischen Synode zeigt, auf welchem Wege zunächst und wie energisch Gregor unter fortdauernd gleichen Bedingungen einzugreifen entschlossen war. Das Verfahren in Betreff des Erzbischofs von Rouen mußte um so auffälliger sein, als doch, wie wir oben sahen, ein eigner Legat zur Ordnung der dortigen Verhältnisse, namentlich zur Entscheidung über die Nothwendigkeit einer Neubesetzung des Stuhls und zum Vollzug derselben abgesandt worden war. Dieser hatte also den früheren Erzbischof Johann auf Grund seiner körperlichen Schwäche beseitigt, und dann, wenn nicht einen vorwiegenden Einfluß auf die Erhebung seines Nachfolgers ausgeübt, so doch derselben zugestimmt. Denn daß der König bei dem Vorgange sich betheiligte, müssen wir auf Grund aller Nachrichten und Verhältnisse als unzweifelhaft annehmen; und daß dann sein Wille den Ausschlag gab, ist davon die unmittelbar gegebene Folge. Sicherlich konnte auch der kanonische Mangel, der jetzt vom Papst

graviter ferret non exhiberi, sanctae Romanae ecclesiae non tantopere laboret imminuere, d. h. das Argument, daß demjenigen kein Gehorsam geschuldet werde, der nicht der Kirche gehorchen wolle, welches ja ganz besonders und überall vom Papst, wie von seinen Anhängern, gegen die Schismatiker angewendet wird. Vgl. z. B. ep. coll. 9. 10. reg. III, 10a. IV, 11. VII, 11. u. a. m.

*) Gall. Christ. Bd. XI, S. 37. vgl. Gfrörer, a. a. O. Bd VI, S. 185, wonach eine frühere Aeußerung desselben, Bd. III, S. 541, zu berichtigen ist. Des Erzbischofs Vater war nach dem Tode seiner Frau Kleriker geworden, woraus allerdings nach strengem kanonischen Recht Einwände gegen die Person des Ersteren sich ableiten ließen. — Die Ueberlieferung bei Ordericus Vitalis ist leider zu sehr in Unordnung, um Sicheres zu bieten.

dem Erzbischof vorgeworfen wird, zu jener Zeit nicht unbekannt sein. Wir wissen nicht, mit welchem Grade von Bereitwilligkeit oder ob überhaupt nur durch die Umstände gezwungen, der Legat damals seine Beistimmung ertheilt hat. Jedenfalls geschieht seiner jetzt keine Erwähnung, und das eingeleitete Verfahren ist, unter gänzlicher Beiseitelassung aller andern Zwischenfälle, gegen den König, seine Partei und seine Tendenzen allein gerichtet. Eben dadurch gewinnt dasselbe nur an Wichtigkeit und charakteristischer Bedeutung; und das dazu ergriffene Mittel war ein ebenso ausgiebiges, als wirksames.

IX.

Auf der Fastensynode des J. 1080*) sprach Gregor zum zweiten Male Bann und Entsetzung über den König Heinrich aus: — dieß die bekannteste und wichtigste That derselben in politischer Beziehung, zugleich diejenige, welche unsern Gegenstand in erster Linie berührt. Es liegt außerhalb der uns gesteckten Grenzen, den Gang der Ereignisse, die Erwägungen und Absichten zu betrachten, welche den Papst zu diesem Schritte bewogen; wir nur haben zu constatiren, daß derselbe auch in dem diesmaligen Urtheil über den König der Investiturfrage im Besondern keine Erwähnung thut: der Ungehorsam gegen die Gebote der Kirche im Allgemeinen, der Götzendienst ist's, was Jenen stürzt. Wohl aber ist es für uns von der höchsten Bedeutung, daß Gregor zu derselben Zeit und in demselben

*) reg. VII, 14a. v. 7. März 1080. Nur 50 (60?) Bischöfe, ganz im Gegensatz zu der großen Frequenz der letzten Synode, waren zugegen; — leicht begreiflich, warum das Registrum ihre Zahl nicht nennt, wie es arglos die Ueberlieferung der Investiturkanones thut, Anselm v. Lucca, nach ihm Deusdedit, Hugo v. Flavigny (worüber s. oben S. 94 f. Anm.) Ueber die letztere selbst ist dort bereits alles Nöthige abgehandelt; über ihre Bedeutung für die Entwicklung des kanonischen Rechts vgl. noch weiter Giesebrecht a. a. O. Weiter nirgends, als in den Akten des Registrum, ist der Kanon über die Bischofswahl überliefert.

Zusammenhange, in welchem er auf diese Weise zu der Grundfrage in Betreff des Verhältnisses zwischen Kirche und Staat gegenüber dem letzteren unter beiden Factoren wiederum eine ausgesprochene Stellung einnimmt, Bestimmungen auch für unsere Specialfrage trifft, welche im Gegensatz zu seinem bisherigen Verfahren den Beginn einer ganz neuen Epoche anzeigen. War jenes den begleitenden Umständen gemäß, soweit es im Wege der Gesetzgebung zum Ausdruck gebracht worden war, im Wesentlichen nur ein negatives, höchstens in manchen Beziehungen vorbereitendes gewesen, hatten positive Bestrebungen nur im einzelnen Falle sich gezeigt, fast möchte man sagen, zuweilen sich hervorgewagt, so findet das erstere jetzt in endgültiger Form seinen letzten Abschluß, kommen auch die letzteren in Gestalt eines allgemeinen Gesetzes zur Geltung. Eine neue Ordnung der Dinge soll beginnen, überall ist sie seit Jahren emsig vorbereitet worden; und in ganz anderem Sinne, als 1076, ist gegen die bisherige, trotz aller Sophismen und trotz aller Anstrengungen der Rebellen nicht wegzuleugnende oberste Gewalt der Christenheit der Bann ausgesprochen worden: nicht wieder rückgängig zu machen ist der jetzt gethane Schritt. Zugleich mit dem soeben sanctionirten Wechsel aber auch soll sie — mit ihr alle unteren Gewalten — in dieser ihrer neuen Gestalt in eine ganz neue Stellung zur Kirche, zum Papste treten; und was sie zunächst zu leisten, die ersten Bedingungen, welche sie zu erfüllen hat: in entschiedenster Weise, ohne alle Rücksicht auf Personen oder Umstände, werden sie ihr zur Beschlußfassung vorgelegt.*) Von ihr ist ein ernstlicher Widerstand nicht zu erwarten; und sollte sie ihn wagen, ganz anders steht ihr nach solchen Vorgängen das Papstthum gegenüber, als dem, welchen vorher das Reich seinen

*) Vgl. S. 140 f. Anm.

Herrscher genannt. Wenn nun gleichzeitig die genannten Bestimmungen auf Grund der äußeren Verhältnisse bestimmt waren, den Abschluß der gesetzgeberischen Thätigkeit Gregors zu bilden, so wird die genaueste Betrachtung ihrer selbst und ihrer Consequenzen, wird deren Feststellung dadurch an Wichtigkeit für unseren Zweck nur gewinnen müssen.

Sie lauten in ihrem vollen Umfange, wie folgt: „In Gemäßheit der Vorschriften der h. Väter entscheiden und bestimmen wir in Betreff der Besetzung der Kirchenämter — wie wir bereits auf früheren Concilien, die wir nach Gottes Barmherzigkeit gehalten, beschlossen haben, — so auch jetzt kraft unserer apostolischen Gewalt, daß, wenn Jemand in Zukunft ein Bisthum oder eine Abtei von der Hand eines Laien empfängt, er in keiner Weise für einen Bischof oder Abt geachtet und ihm kein Gehör als einem solchen gewährt werde. Dazu entziehen wir ihm die Gnade des h. Petrus und den Zutritt zur Kirche für so lange, als er nicht in sich geht und die Stelle, welche er eingenommen aus verbrecherischem Ehrgeiz ebenso, als aus Ungehorsam, der gleich ist dem Götzendienste, verlassen hat. Gleiches bestimmen wir auch in Betreff der niederen geistlichen Würden.

Ferner: So ein Kaiser, König, Herzog, Markgraf oder Graf, oder überhaupt irgendwelche weltliche Person oder Gewalt sich anmaßt, die Investitur von Bisthümern oder sonstigen kirchlichen Würden zu ertheilen, so möge sie wissen, daß sie demselben Richterspruch verfallen ist. Dazu auch, so sie nicht Buße thut und der Kirche die ihr gebührende Freiheit wiedergiebt, möge sie die Wirkung der göttlichen Strafe in diesem Leben sowohl am eignen Leib, als an all dem Ihrigen erfahren; damit bei der Ankunft des Herrn der Geist genese. Ferner:

Ueber die Wahl der Bischöfe:

So oft nach dem Tode des Hirten einer Kirche ein Nachfolger ihm kanonisch zu bestellen ist, soll unter der Leitung des Bischofs, der vom apostolischen Stuhl oder vom Metropoliten zum Verweser des Bisthums bestimmt worden ist, der Klerus und die Laienschaft, mit Hintansetzung jeder weltlichen Rücksicht, jedweder Furcht oder Gunst, mit der Einwilligung des apostolischen Stuhls oder des Metropoliten sich einen Hirten nach Gottes Vorschrift erwählen. Wenn sie nun sündiger Weise anders verfahren, so soll das Ergebniß der fehlerhaften Wahl durchaus ungültig und sie für weiterhin des Wahlrechts verlustig, dieses selbst aber in seinem vollen Umfange dem Ermessen des apostolischen Stuhls oder des Metropoliten anheimgestellt sein. Denn wenn derjenige, dem das Recht der Consecration zusteht, durch ungesetzliche Ausübung nach dem Zeugniß des h. Leo desselben verlustig geht, so wird in Gemäßheit dessen auch der, welcher eine ungesetzliche Wahl vollzogen hat, des Wahlrechts verlustig."

Die Bedeutung der beiden ersten unter diesen Bestimmungen kann an sich sowohl, als nach dem, was wir bereits über diesen Gegenstand verhandelt haben, nicht unklar sein. In ihnen fanden die gesammten Bestrebungen gegen die Investitur nach allen Seiten hin ihren harmonischen Abschluß: auch die spätere Zeit konnte über ihren Inhalt nicht hinausgehen. In jeder Richtung, für Alle, welche verleihend oder empfangend bei jenem Lehnsact sich betheiligen, für jedes Kirchenamt ist nunmehr, für so lange und insoweit, als überhaupt die Kirchengesetze Geltung haben, die Investitur unmöglich gemacht, jedwede Uebertretung mit den entsprechenden Strafen bedroht; die stricte Negation der herkömmlichen Weise ist vollendet. Die dritte Bestimmung, welche sich als positive Forderung auf dieser Grundlage erhebt, bezeichnet, wenn anders wir ihr wahres Wesen ergründen, eine ganz erhebliche Veränderung des bisher als kanonisch betrachteten Wahlverfahrens, und zwar in der Richtung eines in jedem einzelnen Falle geltend zu machenden, unmittelbaren und maßgebenden Einflusses des Papstes auf die Besetzung der Bisthümer. Darum also hatte die Reformbewegung die Wiederherstellung der lautern kanonischen Wahl, sowie das festgehaltene Ideal der ältesten Kirche sie erscheinen ließ, auf ihre Fahne geschrieben, hatte das Papstthum diese Bestrebungen in die Hand genommen, darum hatte Gregor von Anfang seines Pontificats an immer seiner ebenso lebhaften Sehnsucht nach Erlangung entsprechender Zustände, als seiner Sorge um dieselbe Ausdruck gegeben und die Aufrichtigkeit seiner Absichten betont, um jetzt, wo die Möglichkeit der Bethätigung in einer für die ganze abendländische Christenheit maßgebenden Weise gekommen war, jenes vielgepriesene Verfahren bei Seite zu werfen und in dieser Richtung vorzugehen? um die früheren vielgeschmähten Zustände im Wesentlichen fortzupflanzen, d. h. an die Stelle der Ernennung durch die Lehnsherren nur diejenige durch den Papst zu setzen? Oder hatten zwar die mönchisch-frommen Eiferer ihre Sache ehrlich gemeint, das Papstthum aber, und insbesondere Gregor, von Anfang an den jetzt an das Licht getretenen Tendenzen gehuldigt, war nur von dieser Triebfeder sein ganzes Thun in dieser Beziehung geleitet, waren seine Worte, denen schon von Anfang an seine Handlungen widersprachen, nur auf Täuschung berechnet gewesen? — Zwar finden wir in dem vorliegenden Kanon die „Wahl durch Klerus und Laienschaft" des vacanten Sitzes, die nun einmal als wesentlichstes Merkmal einer kanonischen Erhebung im alten Sinne betrachtet wurde, beibehalten, ebenso wie die in dem bisher gültigen Verfahren nothwendig enthaltene leitende Mitwirkung des Metropoliten nicht ausgeschlossen wird; doch stellen sich bei einigermaßen genauerer Erwägung beide Bestimmungen als rein formelle, als nur scheinbare Zugeständnisse an die Autorität der geheiligten Tradition und die durch sie bestimmte öffentliche Meinung sofort heraus. Mußte schon nach dem früheren Verfahren der Wille des Erzbischofs auf Grund des ihm zustehenden Rechts der Leitung und Bestätigung das wesentlichste Moment für den Charakter des Ergebnisses einer jeden Wahl sein, so mußte jetzt die ausgesprochene Willensmeinung von mit päpstlichem Ansehen und päpstlicher Machtvollkommenheit ausgerüsteten Legaten, wo sie in die Stelle des Erzbischofs traten oder wo es die Ernennung eines Erzbischofs selbst galt, den kanonisch berechtigten Wählern des Sprengels gegenüber eine noch viel höhere Bedeutung in sich tragen, das ursprüngliche, freie Bestimmungsrecht der Letzteren auf eine noch viel tiefere Stufe herabdrücken. Die Bestätigung der Erzbischöfe hatten die Päpste, ohne einen Rechtstitel dafür aufweisen zu können, durch eine weitreichende Verkettung der Verhältnisse, und namentlich auf dem Wege der Verleihung des Palliums mit den daran sich knüpfenden Ansprüchen und Verpflichtungen, schon seit längerer Zeit factisch in ihre Hände zu bringen gewußt, und Niemand machte sie ihnen in diesem Sinne mehr streitig, so oft auch wohl sie selbst auf Grund verschiedenartiger Rücksichten die Anwendung derselben vermieden oder da, wo der alte landeskirchliche Geist noch nicht verschwunden war, überhaupt nicht nach einer päpstlichen Bestätigung oder Verweigerung der letzteren gefragt wurde. Das lebhaftere Hervortreten der papalistischen Idee, wie der Idee einer streng gegliederten hierarchischen Kirchenverfassung unter der einheitlichen obersten Leitung des Papstthums, hatte den Freunden derselben die wirkliche Durchführung und gesetzliche Feststellung jener Maßregel ebenso wünschenswerth erscheinen lassen müssen, als sie auch der Ausbreitung der ganzen Anschauung in weiteren Kreisen nur förderlich sein konnte. Gehört die Bestätigung der gewählten Bischöfe vor ihre nächsten Oberen, vor die Metropoliten, so kommt diejenige der Letzteren, wenn überhaupt eine gesetzmäßige Ordnung in der Kirche walten soll, im gleichen Falle ihrem nächsten Oberen, dem Papst zu, — diese Schlußfolgerung lag zu nahe, als daß sie nicht alsbald hätte gezogen werden müssen; und wir sahen bereits, wie Humbert dieses Verhältniß als feststehende Thatsache in sein System aufnahm.*) Er zeigt, wie in allem Anderen, so auch hier die Richtung der bewegenden Kräfte auf seiner Seite in der Folgezeit an; und wie Gregor sowohl, als seine Vorgänger, das hergebrachte Verfahren in Betreff der Verleihung des Palliums ganz in der bezeichneten Weise benutzten, wie Jener bei der Erhebung von Erzbischöfen durch leitende päpstliche Legaten wirkte — Fälle, die unserer Betrachtung bereits vorlagen, — so ist die obige Bestimmung in dieser Beziehung nichts Anderes, als eine gesetzliche Feststellung des Erstrebten in seinem vollen Umfange. Hierauf vor Allem mußte es bezogen sein, wenn der Papst für jede Wahl — denn selbstverständlich sind die Wahlen

*) S. o. S. 35. Was Humbert vor Gregor, das behauptete und bewies nach dem Letzteren in gleicher Weise Placidus von Nonantula, dessen Buch man, wie dasjenige des Humbert als den wissenschaftlichen Anfang, so als den wissenschaftlichen Abschluß der gregorianischen Epoche bezeichnen könnte. Es vertritt die Ideen des Papstes zu einem großen Theil, soweit sie überhaupt der Außenwelt zugänglich waren, noch in verhältnißmäßig bedeutender Schärfe, während die Gedanken der Mitwelt und die Ziele der jeweilig im Gang befindlichen Kämpfe längst andere geworden waren, — obgleich es auch in wesentlichen Punkten bereits von den letzteren alterirt worden ist — Plac. Non. de hon. eccl. c. 104 (Pez. thes. an. nov. t. II. p. II)

der Erzbischöfe unter jenem Kanon mit inbegriffen — die Ernennung eines Vicars für das verwaiste Bisthum und für den Wahlvorgang sich vorbehielt. War nun zwar so schon, wie schließlich auch auf einigen Umwegen bei dem bisherigen Verfahren, eine erhebliche Bürgschaft dafür gewonnen, daß nur solche Männer zu Erzbisthümern gelangen und ihr Bestätigungsrecht für die Wahlen ihrer Suffragane ausüben könnten, welche seinen Anforderungen an die Gesinnungs- und Handlungsweise derartiger Würdenträger genügten, so konnte doch unmöglich dabei stehen geblieben werden: die Möglichkeit eines unmittelbaren Eingreifens auch in die einfachen Bischofswahlen sich vorzubehalten mußte geboten erscheinen. Sie ist in unsrer Bestimmung nicht minder, und zwar ohne alle Beschränkung, offen gelassen. Denn nicht liegt das Wesen der Hierarchie, wie sie das Papstthum erfaßt, bloß in dem instanzmäßigen, stufenweisen Gang der Geschäft und der Urtheile, den wohl niedriger Stehende, von dem Riesenhaften zugleich und symmetrisch Geordneten geblendet, als die Hauptsache ansehen; es liegt zugleich in jener Möglichkeit des Eingreifens von oberster Stelle aus an jedem beliebigen Punkte der Stufenleiter. Mit gleichem Gewicht steht neben dem Gesetz der zuständigen Oberen das Recht der Devolution. Damit freilich befindet sich die ursprüngliche, auf der kanonischen Ueberlieferung begründete Anschauung im directen Widerspruch. War der gedachte Vorbehalt selbst nur für einzelne Fälle etwa von der Art, daß der Papst der Gesinnung des Erzbischofs nicht ganz sicher sein durfte, aufgenommen, so wurde schon dadurch die anscheinend bloß beschränkte Anerkennung des kanonischen Rechts der Metropoliten in Wahrheit ganz vernichtet. Im vollen Maße thut dies in Bezug auf das ganze kanonische Wahlverfahren und die daran geknüpften Bestrebungen der letzte Theil des Gesetzes.

Er gibt dem Papst bereits die volle Befugniß der Ernennung von Erzbischöfen und Bischöfen in die Hand. Darüber und über den Sinn dieser Maßregel kann kein Zweifel sein. Für die Beurtheilung kann höchstens noch in Betracht kommen, in welcher Ausdehnung jene zur Geltung gelangen oder als in Absicht genommen erscheinen konnte; doch auch hier sehen wir, sobald wir uns nicht absichtlich gegen die aus unsern eigenen Wahrnehmungen hervorgehenden Ergebnisse verschließen, daß dies für jede einzelne unter den fraglichen Wahlen der Fall war, daß bei der Weite und Vieldeutigkeit der sonstigen kanonischen Anforderungen an den zu Wählenden*) ein Verstoß gegen dieselben, wenn man nur wollte, sich überall finden und demgemäß das für diesen Fall in Anspruch genommene Ernennungsrecht sich ausüben ließ.

Es ist bereits gesagt worden, daß mit den von uns besprochenen Bestimmungen die gesetzgeberische Thätigkeit Gregors überhaupt abschließt. Der von Neuem ausbrechende offene Kampf mit seinen Belangen nahm alle Aufmerksamkeit, alle Kraft in Anspruch, das allgemeine Interesse mußte zurücktreten vor dem persönlichen, vor dem unmittelbaren Bedürfniß des Angriffs und der Abwehr. Schon rüstete Heinrich IV. sich zum Zuge über die Alpen, als die Fastensynode d. J. 1081 tagte, **) die auch unter andern Verhältnissen nach so kurzer

---

*) Man erinnere sich nur an die früher erwähnte, von Gregor adoptirte Definition des Begriffs Simonie. Vgl. S. 31. 187. 200.

**) Jaffé, reg. pont. Rom. z. d. J., vermuthet nach der Stellung der Akten im Registrum, VII, 20a, und der durchgreifenden Analogie mit Recht, daß auch sie auf die erste Fastenwoche in diesem Jahre, 21.—27. Februar, fiel. Nur ein einziges Mal finden wir in Gregors Verordnungen die zweite genannt, in einer Ladung zur Synode d. J. 1075 (reg. II, 1); doch wurde auch diese in der ersten abgehalten. Im Uebrigen dürfte im Hinblick auf die Bedeutungslosigkeit für unsern Zweck die

Zeit kaum Weitergehendes geschaffen haben würde; — mitten unter dem Lärm der Waffen wurde die vom 18.—20. No- d. J. 1083 abgehalten,*) „im Elend" zu Salerno die d. J. 1084.**) Gregor verließ den Kreis der Lebenden, ehe noch eine Wendung eingetreten war, welche die Wiederaufnahme jener Thätigkeit ermöglicht hätte. Nur Strafurtheile sind uns von diesen Concilien erhalten, und immer von Neuem werden höchstens die Kanones bekräftigt worden sein, wie sie i. J. 1080 als maßgebend hergestellt worden waren.***)

Uebergehung aller Einzelnheiten in Bezug auf dieses und die folgenden Concilien, so wichtig dieselben auch sonst sein mögen, wohl durchaus am Platze sein, und der Hinweis auf ihre treffliche Darstellung bei Giesebrecht, a. a. OO., genügen.

*) reg. VIII, 58. Bernold, M. G. SS. V, p. 438.

**) Bernold, p. 441. Hugo Flav. M. G. SS. VIII, p. 463 ff.; von ihr aus ergeht ep. coll. 46.

***) Die von Giesebrecht am Schluß seiner oft genannten Schrift, die Gesetzg. d. r. K. ꝛc., veröffentlichten, von der Ueberlieferung Gregor VII. zugeschriebenen Kanones enthalten das Verbot des Empfangs von Kirchen oder Lehen aus Laienhand für die niederen geistlichen Grade und machen dagegen denjenigen aus der Hand des Bischofs zur Regel. Allerdings würden dieselben, für den Fall ihrer Aechtheit, allen übrigen Umständen nach am ehesten der Synode d. J. 1083 zuzuweisen sein. Allein gegen jene sprechen ebenso äußere Eigenthümlichkeiten ihrer Fassung, wie innerlich ihr den bisherigen Bestrebungen Gregors gänzlich fernstehendes Wesen. Ohnehin müßte es, selbst unter Voraussetzung der Richtigkeit des Gegentheils, auf jeden Fall mindestens befremdlich erscheinen, daß eine Versammlung, der doch Interessen ganz anderer Art und viel höherer Bedeutung vorlagen, überdieß die Zeit sehr knapp zugemessen war, sich mit derartigen Bestimmungen beschäftigt haben sollte.

X.

Die einzelnen Verfügungen Gregors von der Synode d. J. 1080 an bewegen sich zunächst ganz in der von uns in dieser Beziehung zuletzt dargelegten Richtung fort; sie streben bereits über das jüngst Festgestellte hinaus und bereiten auf eine nächst höhere Stufe vor. Nicht bloß lückenhafter Ueberlieferung oder etwa dem Mangel an Anlässen dürfte gerade ihre geringe Zahl zuzuschreiben sein; von größerem Gewicht hierfür war wohl vielmehr der Umstand, daß eben der Kampf, in welchen der Papst von Neuem mit seiner Person eingetreten war, mit seinen unmittelbaren Interessen alles Andre absorbirte. Zugleich bemerken wir, daß die Bestrebungen Gregors auf unserm Gebiete von nun an in viel allgemeinerer, nach allen Seiten hin viel gleichmäßiger vertheilter Weise sich geltend zu machen anfangen. Keine seiner Verordnungen aus der nächsten Zeit bezieht sich auf einen unsrer Betrachtung zugehörigen Gegenstand im Reiche; nur als auf einen sehr nahe verwandten möchte auf das Ideal der monastica libertas und das Verfahren des Papstes zu Gunsten derselben hingewiesen werden, wie es sich in der dem Abt Wilhelm von Reichenau für das ihm ebenfalls untergebene Kloster St. Salvatoris zu Schaffhausen ausgestellten Urkunde darlegt.*) Wenn das, was hier bestätigt und befohlen wird, zur Ausführung kommt, so wird allerdings das unmittelbar unter dem Papst stehende Kloster von jeder weltlichen Gewalt und von jedem weltlichen Eingriff „frei" sein, wird es höchstens zu seinem eignen Nutzen in den unentbehrlichsten Fällen sich ihrer bedienen und sie dabei zu beherrschen wissen. — Auch gegen Wilhelm von England wird der Ton ein ernsterer. Ein nicht unwichtiges Schreiben an ihn**) bewegt sich zwar zunächst noch in der Form vertraulichster Ermahnung, verbindet den Hinweis auf die langjährige Zuneigung Gregors zum König und die ihm einst gewährte kräftigste Unterstützung mit der besänftigenden Meldung, daß er, Gregor, auf Jenes Verwendung einen Bischof von der Suspension befreit habe. Aber eben jener Hinweis, wie die Deduction, daß der Papst kraft seines Amtes der bedrängten Kirche zu Hülfe kommen müsse, erhöht nur den Ernst der Ermahnung, von seinem bisherigen Verfahren abzulassen und nunmehr ernstlich auf die Absichten Gregors einzugehen. Das Schreiben wurde durch Gesandte des Königs, welche sich soeben zu Rom aufgehalten hatten, an seine Adresse überbracht. Ihnen war zu mündlicher Ausrichtung in ausgeführterer Weise alles dasjenige aufgetragen worden, was in dem Briefe nur noch in den ersten Grundlinien und mit hinlänglicher Vorsicht angedeutet, durch den gewöhnlichen äußern Schwulst verdeckt erscheint.***) Vor Allem soll der König, wie er dies an Trefflichkeit thut, so auch im schuldigen Gehorsam

*) reg. VII, 24

**) reg. VII, 23. v. 24. Apr. 1080.

***) Man erinnere sich des sehr ähnlichen Verfahrens gegenüber Heinrich IV. im December 1075, obschon ja dort die Gegensätze bereits viel schärfere waren, der offene Bruch in viel unmittelbarerer Nähe bevorstand. Ganz gleich verhielten sich auch dort zu einander der Inhalt des päpstlichen Schreibens und der mündlichen Aufträge an den König.

gegen die Kirche den übrigen Fürsten mit seinem Beispiele vorangehen, im Hinblick auf den hohen Lohn dieses heilsamen Strebens im Jenseits und ohne Rücksicht auf seine augenblickliche Wirkung auf die Gemüther der Uebrigen. Ist aber dies überhaupt die Cardinalfrage in Betreff des ganzen Verhältnisses zwischen Kirche und Staat, die, einmal im Sinne der ihr entsprechenden päpstlichen Hauptforderung gelöst, alle andern Specialfragen und -forderungen ohne Weiteres in sich schließt, so fehlt auch hier neben jener nicht die Hindeutung auf eine der wichtigsten unter den letzteren, die Frage der Besetzung der geistlichen Würden.*) Und wie der Sturmvogel auf der See — wenn es denn erlaubt ist, dieses für Sinn und Anwendung des Spruchs gleich bezeichnende Bild zu gebrauchen —, so kündigt hier den nahen Sturm an das bekannte „Verflucht sei, wer sein Schwert zurückhält vom Blute", kräftigst unterstützt durch eine neue und in viel bestimmterem Tone gehaltene Entwicklung der Ansicht des Papstes über die Stellung der königlichen Gewalt zu ihm, die durch das hier gebrauchte, bekannte Gleichniß von Sonne und Mond hinreichend charakterisirt wird.**) Wenn nun aber diesem König gegenüber immerhin

---

*) Exemplum tibi te ipsum propone. Sicut enim veiles ab eo, quem ex misero et pauperrimo servo potentissimum regem fecisses, non immerito honorari; sic et tu, quem ex servo peccati misero et pauperculo — ita quippe omnes nascimur — potentissimum regem Deus gratis fecit, honoratorem tuum ..... honorare semper studiose festina, — eine Stelle, in welcher in ungewöhnlicher, aber leicht zu durchschauender Weise die geläufigen Argumente für die Pflicht des Gehorsams gegen die Kirche, der Aufgabe des Investiturrechts und für die Verwerflichkeit der Simonie mit einander verbunden sind.

**) reg. VII, 25. vom 8. April, also gerade zwei Wochen jünger, als das andere Schreiben. Am eingehendsten ist die besprochene Ansicht des Papstes bekanntlich auseinandergesetzt in dem vielberufenen Manifest

noch eine gewisse Schonung geboten erscheinen mag, so wird im gleichen Falle dem von Castilien und Leon ohne Weiteres mit den härtesten Kirchenstrafen, mit Aufruhr und Krieg gedroht;*) — und es ist dem nur angemessen, wenn verordnet wird, daß keine Ordination ohne die vorherige Zustimmung des päpstlichen Legaten in jenem Reiche gültig sein solle. Für die erzbischöflichen Stühle hatte zuerst das Papstthum in seiner neuen Richtung das Recht der Bestätigung, welches nach der ältern Verfassung der Kirche ihm keineswegs zustand, beansprucht. Bereits vor seiner Erhebung auf den päpstlichen Stuhl hatte Gregor hierfür gewirkt, seine damalige Forderung, ohne Zweifel in der allgemeinsten Form aufgestellt, war für den zur Zeit vorliegenden Fall von durchgreifender Bedeutung geworden;**)

---

an Hermann von Metz, reg. VIII, 21. — Man vergleiche mit der oben genannten Stelle, um die Entwicklung der veränderten Lage an einem Gegenstand recht deutlich zu erkennen, was Gregor unter dem 1. Sept. 1073 an Rudolf von Schwaben schreibt (reg. I, 19): Quae ... verba illud nobis videntur consulere, per quod et status imperii gloriosius regitur, et sanctae ecclesiae vigor solidatur: videlicet ut sacerdotium et imperium in unitate concordiae coniungantur. Nam sicut duobus oculis humanum corpus temporali lumine regitur, ita his duabus dignitatibus in pura religione concordantibus corpus ecclesiae spirituali lumine regi et illuminari probatur. Dem Herzog gegenüber konnte damals, in Anbetracht der von ihm getragenen Bestrebungen und der Pläne, welche der Papst hieran knüpfte, eine solche Aeußerung am Platze sein; der wahren Ansicht Gregors über das genannte Verhältniß entsprach sie nicht, wie, wenn nicht andere frühere Aeußerungen dies hinlänglich bezeugten, schon die gänzliche Unmöglichkeit eines derartigen Umschwungs während seines Pontifikats es darlegen würde. Diese Vergleichung allein könnte es rechtfertigen, wenn man jene „concordia“ von Anfang an eben nur als „Unterwerfung des Königs“ auffaßt.

*) reg. VIII, 2. 3. 4. vom 27. Juni 1080. — Man vgl. zu der oben angeführten auch die Art und Weise, in welcher wenig später Gregor den Gehorsam der Sarden zu befestigen sucht, reg. VIII, 10.

**) S. oben. S. 41. Arnulf, gesta archiep. Med. M. G. SS. VIII, p. 23.

und jetzt war natürlich die Durchführung derselben das allermindeste Maß desjenigen, was zu verlangen er von seinem Standpunkte aus für gut halten mußte. Wir verfolgten sein Streben in dieser Beziehung, wir betrachteten bereits die gesetzliche Feststellung des Anspruchs in einer wenigstens der Möglichkeit nach gegebenen Ausdehnung auf jedes beliebige Bisthum überhaupt. In der umfassendsten Weise finden wir die letztere hier bereits angewendet; unmöglich wäre es, gewichtigere Zeugnisse für die Richtigkeit dessen zu verlangen, was wir oben aus jener Bestimmung selbst über ihr wahres Wesen beibringen zu müssen glaubten und was bereits damals über ihren letzten Zweck sich folgern ließ.

Der Lehnseid des Robert Guiskard,*) durch welchen die nunmehr dringend nothwendig gewordene, unbedingte Vereinigung beider Gewalten bezeichnet wird — während die bisherige Politik des h. Stuhles seit Nicolaus II. in dieser Richtung immer insofern eine halbe gewesen war, als sie zwar dasselbe, was jetzt Gregor, von dem Normannenfürsten gefordert, das von ihm verlangte Aequivalent jedoch hartnäckig verweigert hatte, — wie derjenige des Grafen Bertram von der Provence,**) ist deßhalb hier zu erwähnen, weil beide das Versprechen von Seiten der Betreffenden enthalten, alle Kirchen im Bereiche ihrer Herrschaft in die Gewalt des Papstes überlassen zu wollen. Dasselbe hatte schon im Jahre 1073 der Fürst Richard von Capua geleistet; und während der Eid des Grafen Bertram nur von den „Kirchen" spricht, ist in den beiden anderen auch aller Besitzungen der Kirchen ausdrücklich Erwähnung gethan. Vertheidiger der letzteren in Treue gegen die römische Kirche

*) reg. VIII, 1a. vom 29. Juni 1080.

**) reg. VIII, 35. vom 25. August 1081.

sein zu wollen, verpflichten sich die beiden Normannen; Graf Bertram verspricht, die Gottes Vorschrift angemessene Besetzung derselben zu unterstützen.*) Und Robert Guiskard wird dem Papste, wie in der Behauptung seiner Würde, so in der Behauptung, Erwerbung und Vertheidigung der Regalien und Besitzungen des h. Petrus nach Kräften gegen alle Menschen behülflich sein. — Nicht unklar kann nach dem, was wir bereits in Bezug auf die Kirchengüter, auf die Besetzung der geistlichen Würden vorgehen sahen, der Sinn dieser Versprechungen sein, die allerdings für den Augenblick noch verschiedene Auslegungen, je nach dem Stande der beiderseitigen Interessen, erfahren konnten. Giebt es aber Zeugnisse dafür, daß der Plan einer vollständigen Loslösung der geistlichen Güter von dem weltlichen Verbande beim Papst wenigstens in Erwägung kam, und zwar bereits von allem Anfang an im Anschluß an die schon früher festgestellten Bestrebungen dieser Partei und noch lange vor der praktischen Aufwerfung der äußerlich hierfür maßgebenden Investiturfrage in Ueberlegung gezogen worden sein mußte, so sind sie es. Zugleich beweisen sie, daß für den Fall des Vorhandenseins jenes Planes dieser selbst und die beabsichtigte Herstellung der päpstlichen Lehnshoheit über alle weltlichen Reiche sich am wenigsten diametral entgegengesetzt, aber auch nicht einmal bloß alternativ jeder einzelne von ihnen für den Fall des Mißlingens auf der andern Seite in Absicht genommen waren, sondern beide unzertrennlich zusammengehörten, beide Systeme einander wechselseitig ergänzen sollten. Wir werden später darauf zurückzukommen haben.

---

*) D. i. natürlich, so Erhobene mit seiner Macht zu schützen, „Eindringlinge" zu verjagen. — Ueber die Anrufung der weltlichen Gewalt von Seiten der Kirche s. oben S. 35 f. 196 f.

Unter dem 15. October d. J. 1080 ordnet weiterhin Gregor eine unter Leitung der dazu entsendeten Legaten für den erzbischöflichen Stuhl zu Ravenna, an Stelle des Wibert, vorzunehmende Wahl an.*) Er mochte es für nothwendig erkannt haben, seinem Gegner nicht mehr bloß in seiner Stellung als Gegenpapst, sondern auch in der Grundlage derselben Concurrenz zu machen; denn gerade die letztere mit ihren Traditionen und ihrem althergebrachten Verhältniß zur römischen Kirche machte den derzeitigen Inhaber des Erzbisthums in ganz bevorzugter Weise zum gefährlichsten Feinde des Papstthums. Wenn nun fast eine jede derartige Gegenwahl, wie die vorliegende den obwaltenden Verhältnissen gemäß insbesondere, schon von selbst dem Begriff einer Ernennung durch das nächststehende leitende Glied der Partei, wie hier durch den Papst oder seine Legaten, sehr nahe kommen mußte, so zeigen die Worte Gregors, mit welchen er später den Getreuen des h. Petrus im Sprengel von Ravenna die Aufnahme und Unterstützung des jüngst erhobenen Gegenbischofs Richard befiehlt,**) daß auch er die Sache so ansah, daß eine Ernennung im wahren Sinne des Worts von seiner Seite aus wirklich stattgefunden hat. An dem Recht des Papstes hierzu zu zweifeln, würde natürlich kanonisch eben so unzulässig sein, als jeder Zweifel an dem Recht des h. Petrus, den h. Apollinaris dorthin abzusenden. Ausdrücklich wird auch auf diese Thatsache verwiesen; aber es fehlen wenigstens Behauptungen, wie: „daß dieser Bischof kanonisch „gewählt", in gesetzmäßiger, Gottes Vorschrift angemessener Weise erhoben und ordinirt worden sei, daß er durch die Thür, welche ist Christus, zu seiner Heerde eintrete", wie

*) reg. VIII, 12, 13.
**) reg. VIII, 14. v. 11. December 1080.

sie sich um die nämliche Zeit auf einen ganz gleichen Fall angewendet finden.*) Solcher Ausdrücke bedient sich der Papst, indem er der Gemeinde von Narbonne zur Annahme, dem Grafen von St. Gilles zur Unterstützung den von ihm ernannten und geweihten Gegenerzbischof Dalmatius überweist. Freilich war über jene Gemeinde der Bann ausdrücklich verhängt worden, den, vom kirchenrechtlichen Standpunkte aus beurtheilt, auch diejenige von Ravenna längst sich zugezogen hatte; — aber, so müssen wir hier, wie in hundert anderen Fällen, von Neuem fragen, wo bleibt die „lautere kanonische Wahl?"

Nichts Anderes bedeutete es schließlich der Sache selbst nach und konnte wenigstens in seinem etwaigen Ergebniß keiner andern Beurtheilung unterliegen, als die soeben besprochene Handlungsweise des Papstes, wenn er sehr bald auch für Rheims die Vornahme einer Gegenwahl unter der Leitung seines Legaten, des Bischofs Hugo von Die, und der gehorsamen Suffragane jenes Erzbisthums anordnete.**) Ganz selbstverständlich ist das Verbot, welches an König Filipp von Frankreich ergeht, sich jeder Einmischung in diese Angelegenheit zu enthalten; für alles Weitere bürgte die Natur des Vorgangs selbst, wie die Gesammtheit der persönlichen Eigenschaften des Legaten. Aber auch in einem für die factischen Verhältnisse bedeutungslosen Nebenpunkte sind die darauf bezüglichen Verfügungen interessant; sie beleuchten von einer andern Seite, als dies bisher geschehen ist, die Stellung Gregors zu dem als kanonisch betrachteten und auch von ihm immer als Gegenstand seiner Bestrebungen hervorgehobenen Wahlverfahren. Als Hauptmerkmal des letzteren

*) ep. coll. 35. reg. VIII, 16.
**) reg. VIII, 17—20. vom 27. December 1080.

galt bekanntlich in der abendländischen Kirche durchaus die Wahl — mochte sie nun eine wirkliche, productive, oder nur eine reproductive, um diesen Ausdruck zu gebrauchen, in Gestalt einer nachträglichen Zustimmung der berechtigten Wähler zu der anderswie erfolgten Erhebung ihres künftigen Hirten sein — durch Klerus und Laienschaft der betreffenden Kirche. Hatte bereits das nicänische Concil das ausschließliche Wahlrecht der Geistlichen festgestellt und war das Letztere im Morgenlande durchgedrungen: im Bereich des römischen Papstthums war dies doch nun und nimmermehr der Fall. Und in dem Schreiben zwar, welches die rheimser Gemeinde selbst zur Vornahme der Neuwahl aufforderte, ist dieses Princip anerkannt, wird demgemäß verfügt. In dem an den Grafen Ebulus von Roucy gerichteten dagegen ist nur von der Zustimmung des „besseren Theils der Kleriker" die Rede, und auch den getreuen Suffraganen des Erzbisthums wird in bestimmtester Weise zunächst nur ihre Zuziehung befohlen. Geschieht ihnen gegenüber hinterdrein noch der Wahl „des bessern und frömmeren Theils von Klerus und Laienschaft" Erwähnung, so kann es sich nur darum handeln, ob dieser Ausdruck die bedeutungslose Anwendung einer stehenden Formel, oder ob unter jenem Theil der Laienschaft eben nur der Graf von Roucy mit seinen Anhängern zu verstehen ist. An der Sache, auf die es vor Allem ankommt, ändert, wie bereits bemerkt, keine von beiden Auffassungen auch nur das Geringste; der ganze Zusammenhang aber spricht durchaus für die erstere. Inwiefern dieses Verfahren*) in den Umständen selbst seinen guten Grund hatte, indem vorläufig an eine Vornahme der Wahl in Rheims gar nicht, und an die Mitwirkung eines

*) Einigermaßen ist ihm zu vergleichen die oben besprochene Verfügung in Betreff des Bisthums Jaca, s. S. 71 f. — Vgl. auch Humbert, adv. sim. l. III. c. 8, oben S. 34 f.

irgendwie erheblicheren Theils der Laien so gut als gar nicht zu denken war, da der abgesetzte Erzbischof Manasses seinen Platz noch immer behauptete und namentlich in letzterer Beziehung seinen Sprengel fast vollständig beherrschte, berührt uns nicht weiter. Nur die Thatsache haben wir festzuhalten, daß auf jeden Fall der Ausdruck der wahren Absichten Gregors in den beiden letztgenannten, nicht in jenem ersteren Schreiben zu suchen ist, wie es von selbst die Natur dieses als einer officiellen, für die größte Oeffentlichkeit innerhalb des Sprengels berechneten Urkunde im Gegensatz zu den beiden anderen als vertraulichen Anweisungen an Gesinnungsgenossen ergiebt. Und auch die Angaben dieser Verfügungen müssen ihrem Werthe nach unter einander differiren, je mehr auf der einen Seite immerhin noch das Schreiben an die Suffragane der Gefahr ausgesetzt ist, in unrechte Hände zu kommen, während die Stellung des Grafen von Roucy, als der eigentlichen Seele der gegen Manasses gerichteten Unternehmungen, in jeder Beziehung die größte Offenheit in Anspruch zu nehmen geeignet war.

Der unter dem 25. März d. J. 1081 ausgefertigte bekannte Brief des Papstes an den Bischof Hermann von Metz*) enthält Nichts, was ein neues Licht auf den unsrer Betrachtung zu Grunde liegenden Gegenstand werfen könnte, geht überhaupt in dieser Beziehung nirgends über Andeutungen hinaus. Das ganze Schreiben, oder vielmehr, um den bezeichnenderen und sachlich bei Weitem angemesseneren Ausdruck zu wählen, das ganze Manifest des Papstes ist eben eine theoretische Abhandlung im Sinne jener Zeit über Werth und Verhältniß des Papstthums und des Königthums zu einander. Diese Frage, an sich selbst sowohl betrachtet, als in ihrer nächstliegenden

*) reg. VIII, 21.

praktischen Bedeutung — der Berechtigung oder Unzulässigkeit eines päpstlichen Bannspruches gegen den König — ist, wie schon immer betont wurde, überhaupt die entscheidende, ist der eigentliche Gegenstand des Kampfs und der Discussion. Unsre Specialfrage ist nur eine unmittelbare und, wenn auch an sich wichtige, so doch in diesem Zusammenhang untergeordnete Consequenz jener; sie wird als mit dem Standpunkt des Papstes von selbst gegeben und bereits vollständig aufgeklärt vorausgesetzt. Es versteht sich von selbst, daß kein König einen Kleriker ordiniren, noch viel weniger absetzen kann.*) Nun war das Recht der Absetzung mindestens für die höheren geistlichen Würden auf Grund einer besondern Entwicklung schon längst in durchaus allgemein anerkannter Weise ausschließlich in die Hände des Papstes übergegangen, und auch in Betreff der Ertheilung der eigentlichen Weihen war es nie einem Laien eingefallen, irgend welche Ansprüche zu erheben. Aber insofern gerade die Uebergabe von Ring und Stab, Symbolen, von deren Besitz oder Ertheilung die damalige Zeit den Rechtstitel auf die Erwerbung der Kirchengüter noch nicht trennte, als ein wesentlicher Bestandtheil der religiösen Weihehandlung betrachtet wurde, ist auch für diesen letzteren Punkt die angeführte Aeußerung des Papstes maßgebend. Freilich constatirt sie nur, was schon anderweit hinlänglich ausgesprochen und gesetzlich festgestellt war. Auch sonst läßt sich unser Gegenstand nur andeutungsweise und wie unter dem oben genannten Gesichtspunkt berührt erkennen in Aussprüchen, wie, daß der König ein Verächter des christlichen Gebots, der Kir-

*) a. a. O. p. 460: Aut quis eorum potest aliquem clericum in sancta aecclesia ordinare? quanto minus pro aliqua culpa eum deponere. Namque in aecclesiasticis ordinibus maioris est potestis deponere quam ordinare.

chen und des Reichs Berauber und Zerstörer, der Ketzer Vater und Genosse sei, daß die durch Erlangung ihrer Würden von ihm, durch Furcht und Hoffnung an seine Sache geketteten Priester schlechte genannt werden müssen, die, indem sie simonistisch ordiniren, Gott verkaufen.

Die Lage hatte sich in der Zwischenzeit bereits wesentlich zu Ungunsten des Papstes verändert; zumal seit dem Tode des Gegenkönigs Rudolf war in seinen Angelegenheiten, insofern dieselben namentlich durch den Kampf im Reiche dargestellt wurden, ein erheblicher Rückgang eingetreten, und immer Schlimmeres drohte die nächste Zeit. Es ist daher nichts weniger, als unerklärlich und irgendwie ein Zeugniß gegen unsre Anschauung von einem constanten Wirken Gregors auf bestimmte, weit jenseits aller bisherigen Normen liegende Ziele hin, wenn wir von dieser Zeit an in allen Beziehungen ein ziemlich plötzliches, merkliches Nachlassen zu constatiren haben. In einer Weise, welche auch unsern Gegenstand berührt, macht sich dies namentlich den Königen von Kastilien und von England gegenüber bemerklich. Es ist nirgends Etwas davon zu finden, daß der erstere von ihnen die früher gestellten Forderungen des Papstes auch nur irgendwie erfüllt habe, und doch wird er jetzt in einer Weise behandelt,*) welche deutlich zeigt, wie sehr es Gregor daran lag, nicht noch mehr Feinde sich zu machen. Dem für das erst noch zu erobernde Toledo erwählten Erzbischof wird allerdings die Bestätigung versagt und eine Neuwahl angeordnet; — doch wird jene Verweigerung auch nur durch den Mangel der erforderlichen Bildung bei dem Betreffenden begründet. Jedenfalls war dies das Mindeste, was Gregor unter im Uebrigen nicht

---

*) reg. VIII, 25.

gerade abnormen Verhältnissen zu jeder Zeit und in jedem Falle hätte fordern dürfen; und will man in den Worten des päpstlichen Schreibens selbst die Gestattung einer gewissen Mitwirkung des Königs bei dem Wahlverfahren erblicken, so stehen dieselben einer solchen Annahme bei weitem nicht in dem Grade entgegen, als diejenigen einer früheren Verordnung, denen doch mit Vorliebe diese Bedeutung gegeben wird.*) Seine wahren Wünsche deutet der Papst höchst behutsam an. Man betrachte die Schlußworte der einschlagenden Aufforderung, — und man wird sich mit eben so großer Sicherheit sagen müssen, daß Gregor einen der Seinigen, einen Nichtspanier niederer Abkunft, für den wichtigsten Erzstuhl des Reichs auserkoren hatte und auf ihn erhoben zu sehen wünschte, als daß dieser Wunsch überhaupt kaum in vorsichtigerer, in höherem Grade auf Vermeidung jedwedes Anstoßes berechneter Form eingeführt werden konnte.**) Auf jeden Fall aber soll der in Spanien befindliche päpstliche Legat bei der vorzunehmenden Neuwahl in erster Reihe mitwirken. — Im britischen Reiche wird der Erzbischof Wilhelm von Rouen, gegen den wir Gregor i. J. 1079 wegen eines Makels in Betreff seiner Abkunft Maßregeln ergreifen

*) reg. III, 3. vgl. auch ep. coll. 26. und die oben an beide geknüpften Bemerkungen.

**) Neque vero te pigeat aut pudeat, extraneum forte vel humilis sanguinis virum, dummodo idoneus sit, ad ecclesiae tuae regimen, quod proprie bonos exoptat, asscire; cum Romana respublica, ut paganorum tempore, sic et sub christianitatis titulis inde maxime Deo favente excreverit, quod non tam generis aut patriae nobilitatem, quam animi et corporis virtutes perpendendas adiudicavit. Schon die vorhergehenden Worte der Aufforderung: ut ... eligatur inde, si inveniri potest, sin autem, aliunde expetatur talis persona, cuius religio et doctrina ecclesiae vestrae et regno decorem conferat et salutem, würden für sich allein geeignet sein, im Anschluß an frühere Wahrnehmungen uns zu Vermuthungen in dieser Richtung anzuregen. Vgl. reg. II, 41. VI, 21.

sahen, welche sich in ihren letzten Bezügen offenbar gegen den König selbst und die ganzen dortigen Zustände richteten, anerkannt, wird der Umstand, daß er anher weder nach Rom, noch zu den päpstlichen Legaten in Frankreich sich begeben, in mildester Weise gerügt und ein Druck auf ihn nur durch Geltendmachung der Verpflichtung jedes Erzbischofs, das Pallium binnen drei Monaten nach erlangter Weihe persönlich in Rom abzuholen, und durch das Verbot der Ertheilung von Weihen bis zur Erfüllung jener Verbindlichkeit ausgeübt.*) Es ist das erste und einzige Mal, soweit uns seine Verordnungen erhalten sind, daß Gregor dieses zwar schon vor längerer Zeit festgestellte, aber nur zu sehr in Vergessenheit gerathene und von allen Seiten, auch von den Päpsten, mehr überschrittene, als innegehaltene Gebot in dieser Fassung betont. In einem andern Falle wird nur die Nothwendigkeit der persönlichen Abholung in Rom hervorgehoben.**) Das Pallium wurde für nothwendig zum vollen Besitz der erzbischöflichen Würde gehalten; und wenn dadurch, sowie durch die Nachtheile, welche der Nichtbesitz desselben mit sich brachte, das Papstthum eine nicht unerhebliche Wirkung auf die Gemüther der neu erhobenen Prälaten ausüben konnte, so benutzte es nicht minder die Freiheit, welche das Herkommen gab, um je nach der persönlichen Gesinnung des Einzelnen die Erlangung des gewünschten Palliums ihm zu erleichtern oder erschweren. In der Regel allerdings war dasselbe in der letzten Zeit auf Ansuchen des Betreffenden ihm von Rom aus überschickt worden; aber gleichzeitig sehen wir es auch dem Einen geschickt, dem Andern unter Hinweis auf die unbedingte Nothwendigkeit des persönlichen

---

*) reg. VIII, 24.
**) reg. I, 24

Erscheinens zu Rom vorläufig abgeschlagen, sehen wir in andern Fällen, wie in dem vorliegenden, sogar die dreimonatliche Frist wieder hervorgesucht. Freilich war der selbst in dieser letzten, schärfsten Form ausgeübte Einfluß bei weitem nicht demjenigen gleich, den das neue Papstthum in Betreff der Erhebung von Erzbischöfen in erster Linie beanspruchte, freilich konnte die Geltendmachung jenes Rechts nach bereits erfolgter Weihe des Betreffenden an Wirkung dem geforderten päpstlichen Bestätigungsrecht für die Wahlen der Erzbischöfe vor der Weihe keineswegs gleichkommen. Nur konnte auch die Würde des Papstthums durch jene ganz nach persönlichen Rücksichten abgemessene Art des Verfahrens Nichts gewinnen; und die Anschuldigungen seiner Gegner wider dasselbe müssen wir in dieser Beziehung als wohlbegründete erkennen.*) — Die ganze Handlungsweise des britischen Königs selbst aber wird durchaus wieder in der anfänglichen Weise beurtheilt; ja er wird sogar, obgleich er nicht in Allem nach Wunsch des Papstes verfährt — worunter denn dem ganzen Zusammenhange nach in erster Linie die Investiturfrage zu rechnen ist — dennoch als Wehrer der Simonie, als Vertheidiger des Cölibats, als Mehrer des Kirchenguts und ganz besonders, weil er nicht mit den Bösen einen Bund gegen Rom eingegangen ist, vor Anderen gepriesen. Im Hinblick

*) Vgl. bes. Theod. Vird. ep., Martene-Durand, thes. nov. anecd. tom. I, pg. 227. — Eins der bekanntesten Verfahren aus früherer Zeit, ein sehr charakteristisches und auch für die allgemeine Geschichte nicht unwichtiges, ist jenes, auf Grund dessen unter Alexander II. dem Erzbischof Sigfried von Mainz die Ueberschickung des Palliums versagt wurde — s. die kirchenrechtliche Begründung bei Petr. Dam. ep. VII, 4 —, während gleichzeitig Gebhard von Salzburg dasselbe zugesandt erhielt, s. vita Gebeh. et succ. eius, M. G. SS. XI, p. 35. — Auch Hugo von Die bittet in seinem Bericht über die Synode zu Autun für den dort erhobenen Erzbischof Gebuin von Lyon um die Uebersendung, bei Mansi XX, p. 488.

darauf, so befiehlt Gregor seinen Legaten, wird er mild zu behandeln, ob seiner Trefflichkeit werden Vergehen „seiner Unterthanen und derer, die er liebt“, unter Umständen zu dulden sein.*)

In den derzeitigen Verhältnissen des römisch-deutschen Reichs, wie sie sich seit Kurzem gewendet, lag die unmittelbarste Gefahr für die Bestrebungen des Papstes. Eine Aussöhnung, ein Vergleich mit dem König Heinrich indeß ist ein Ding der Unmöglichkeit. Ein neuer Gegenkönig soll also erwählt werden, aber auch nur ein solcher, welcher von vornherein, unter Verzicht auf jede selbsturfachliche Action, in der für jene Zeit bindendsten Form sich dem Papst zur Verfügung stellt.**) Wir kennen aus dem frühern Verlauf unserer Betrachtung die Verpflichtungen, welche Rudolf gegen Jenen eingegangen war. Dennoch hatten dieselben, wie der Papst selbst gesteht, diesem nicht genügt, sondern nur die allerdings besten Hoffnungen in ihm erweckt. Das Verhalten des Gegenkönigs, soweit es immer noch ein selbständigeres und durch bindende Rücksichten auf die Interessen seiner Partei im Reiche geleitetes gewesen war, hatte zeitweilig Gregors Unzufriedenheit in hohem Grade hervorgerufen und ihm zur Begründung höchst zweideutiger Maßregeln gegenüber der genannten Partei dienen müssen. Der Inhalt jener Versprechungen ist daher für das von dem neuen Gegenkönig zu Leistende durchaus nicht maßgebend; er soll so-

---

*) reg. VIII, 28. In der zuletzt angeführten Wendung sind natürlich die Vergehen des Königs als mit inbegriffen, wenn nicht sogar ganz vorzugsweise gemeint zu betrachten. Sie weist ziemlich deutlich darauf hin, daß, wenn ein Conflict zwischen König und Papst ausgebrochen wäre, derselbe, wie anderwärts, so auch hier seinen ersten Ausdruck und seine Entwicklung in einer zunächst aufgeworfenen Frage über die königlichen Räthe gefunden haben würde.

**) reg. VIII, 26.

gleich hinlänglichere Bürgschaften für sein Verhalten stellen, er soll unbedingt der Kirche so gehorsam und demüthig ergeben und dienstwillig sein, wie es einem christlichen König ziemt und wie es von Rudolf sich dereinst hoffen ließ. In einem förmlichen Lehnseid, welchen der zu Wählende auf jeden Fall ablegen soll, sind Jene zusammengefaßt, und auch unsre Frage ist in dem vorgeschriebenen Formular in ausgedehnter Weise behandelt. „Ueber die Ordination der Kirchen", so heißt es, „und über die Länder oder die Schatzung, welche die Kaiser Konstantin oder Karl dem h. Petrus gegeben haben, und über alle Kirchen oder Güter, die dem apostolischen Stuhl von irgendwelchen Männern oder Frauen zu irgendwelcher Zeit dargebracht oder geschenkt worden sind und in meiner Gewalt sich befinden oder befunden haben, werde ich mit dem Papste ein derartiges Abkommen treffen, daß ich nicht die Gefahr der Begehung eines Kirchenraubes oder des Verderbens meiner Seele laufe." Mit Unrecht hat man bisher meist beliebt, gerade auf die Vollmacht zu einer Minderung der Bedingungen, welche der Papst in Bezug auf die Eidesformel ertheilt, wie auch darauf, daß der geforderten Einigung über die kirchlichen Fragen die Natur eines gütlichen Abkommens gegeben wird, ein ganz besonderes Gewicht zu legen, in diesen Umständen eine Schwenkung des Papstes zur Milderung nicht sowohl der durch die Umstände bedingten Art seines Auftretens im einzelnen Falle, sondern seiner sachlichen Ansprüche zu erblicken. Man hätte dabei vor Allem nicht übersehen sollen, daß Gregor denselben Legaten zugleich auch die Vollmacht zur Erweiterung der Bedingungen ertheilt, und daß sein Befehl, lieber die Neuwahl noch länger zu verhindern, als einen „Unwürdigen" zum Throne gelangen zu lassen, vielmehr ganz entschieden in der entgegengesetzten Richtung sich bewegt. Nur von formellen Zugeständnissen kann die

Rede sein; die Sache blieb bei jeder Fassung des Eides vollständig gleich. Leistet der König auch nur das Versprechen der Treue und des Gehorsams — das Geringste, womit sich der Papst zufriedengestellt erklärt —, so wird er doch immer der Lehnsmann des Letzteren und ihm auch von dieser Seite zum Gehorsam verpflichtet, während die Kirchengesetze in voller Geltung bleiben und alle in jenem Eid auch nicht zum Ausdruck gekommenen Ansprüche des Papstes vollgültig vertreten. Handelte es sich aber auf der andern Seite um eine Erweiterung der vom Papst vorgeschriebenen Eidesformel, so kann es nicht undeutlich sein, daß dieselbe sich namentlich — denn in Betreff der eigentlichen Lehnspflichten war schon durch das einfache Versprechen der Treue im üblichen Sinne alles Wesentliche festgestellt — in der von uns behandelten Richtung bewegen mußte. Die einzelnen Objecte, welche in dem darauf bezüglichen Theil der Formel, dem umfangreichsten derselben, aufgezählt werden, entsprechen unter angemessener Berücksichtigung äußerlich verschiedener Verhältnisse durchaus denen, welche wir in den Eiden namentlich der Normannenfürsten behandelt sehen: — das Abkommen in Bezug auf die Länder und die Schatzung, welche Constantin und Karl dem h. Petrus gegeben haben, wird in derselben Weise gehalten sein, wie das Versprechen jener Andern, die Regalien des h. Petrus mit voller Macht vertheidigen, von ihren Reichen, Bestandtheilen einer unter jenen Schenkungen, einen Tribut zahlen zu wollen. In Betreff der „Ordination der Kirche" hat der Papst selbst ohne Zweifel nur an die Aufnahme negativer Bestimmungen, etwa eines ausdrücklichen Verzichts auf das Investiturrecht, gedacht.*)

---

*) Man vergleiche die Wendung der Eidesformel: ut ... perditionem animae meae non incurram, mit den Schlußworten des auf die

Denn so wenig die Frage darüber, wem in letzter Instanz das Recht der Besetzung zustehe, noch endgültig abgeschlossen war, in jener Richtung war sie es doch vollständig: jede Wirksamkeit einer weltlichen Gewalt auf diesem Gebiete war absolut ausgeschlossen, und an ein Zurückgehen des Papstes von dem bisher Festgestellten war um so weniger zu denken, als das oft genug constatirte Hinausgehen über dasselbe den Charakter aller bezüglichen Bestimmungen als nur vorläufiger hinreichend manifestirte. Andrerseits dürfte an die ausdrückliche Anerkennung eines päpstlichen Ernennungsrechts für alle bischöflichen Stühle, als zur Zeit noch nicht gehörig vorbereitet, kaum zu denken sein. Desto klarer liegt das Wesen des „über alle Kirchen und Kirchengüter" zu treffenden Uebereinkommens zu Tage:*) zu nichts Anderem wird sich der neue Gegenkönig verpflichten müssen, als was wir die Normannenfürsten und Andere von Anfang an geloben sahen, „alle Kirchen mit ihren Besitzungen in die Gewalt des Papstes zu überlassen". Und sei dem noch, wie ihm wolle, seien alle unsre Schlüsse selbst den erheblichsten Bedenken ausgesetzt: das wenigstens liegt in den eignen Worten des Papstes ausdrücklich bezeugt und über jeden Zweifel erhaben vor, daß er alle jene Güter als einzig und allein dem apostolischen Stuhl dargebracht auffaßte, daß von diesem Gesichtspunkt seine Bestrebungen in Betreff derselben geleitet wurden.

Nach dem vollständigen Abschluß der Investiturfrage im

Laien bezüglichen Investiturkanons v. J. 1080 (reg. VII, 14a. oben S. 210): ut in adventu Domini spiritus salvus fiat.

*) Zu beachten ist auch hier die Aehnlichkeit, welche zwischen den Ausdrücken des vorliegenden Entwurfs und den uns von früher her bekannten Eiden obwaltet (vgl. reg. I, 21a. VIII, 1a. 35). Das periculum sacrilegii liegt natürlich in derselben Richtung.

eigentlichen Sinne kann kaum mehr als einer Erwähnung werth noch das Verfahren erscheinen, welches Gregor gegen einen vom König von Frankreich ernannten Bischof von Terouenne einleitet.*) Von weit größerer Wichtigkeit ist auf dem zur abschließenden Behandlung noch vorbehaltenen positiven Gebiet der Frage über die zu erreichende Art der Besetzung von Bischofsstühlen eine auf Grund gegenseitiger Vertraulichkeit und Gleichheit der Interessen mit großer Offenheit gehaltene Declaration Gregors über seine wahren Absichten in Bezug auf jene, wie auf seine Stellung zu dem herkömmlichen Begriff der kanonischen Wahl. Sie ist enthalten in den Worten einer Verfügung vom 24. October d. J. 1081,**) durch welche Gregor seinen Getreuen, den Bischof Hugo von Die, eben so reichlich für seine unendlich wichtigen Dienste belohnt, als er ihm die ausreichendsten Mittel zur ferneren Leistung derselben zur Verfügung stellt. Kurz genug ist der Erlaß gehalten; — wozu bedurfte es auch hier des frommen Wortschwalls und der Uebersetzungen politischer Gedanken in religiöse Frasen, welche der Oeffentlichkeit gegenüber zur Verdeckung von Plänen ganz anderer Art gut genug sein mochten? Der Erzbischof Gebuin von Lyon, dem wir früher schon in unsrer Untersuchung begegneten, war gestorben. „Mit aller Kraft", so schreibt nun der Papst, „sollst du dich bemühen, daß auf den wichtigen Stuhl zu Lyon baldmöglichst ein Erzbischof erhoben werde, der in Wahrheit ein Streiter Christi und ein Verfechter der Gerechtigkeit, der für diese nicht allein Mühen zu ertragen, sondern auch selbst den Tod zu leiden gewillt sei. Kann nun ein solcher nicht alsbald gefunden werden,***) so befehlen

---

*) reg. VIII, 36. ep. coll. 40. 41.

**) reg. VIII, 41.

***) Vgl. oben S. 198. vgl. 92. 230.

wir dir kraft unsrer apostolischen Gewalt, daß du auf Bitten deiner Brüder" — (der Suffragane von Lyon) — „und kraft der Wahl der Söhne jener Kirche, des himmlischen Beistandes unzweifelhaft gewiß, die Leitung der genannten heiligen Kirche von Lyon ergreifest, in Nachahmung unseres Herrn und Vaters, des h. Apostels Petrus, der von dem niederen Sitz zu Antiochia auf den römischen erhoben wurde." Ziehen wir hiervon noch den geringen Theil von Frase ab, der auf Rechnung der Zeit und der päpstlichen Kanzlei zu setzen ist, und lassen wir alles Unwesentliche bei Seite, so haben wir hier zu früheren Fällen hinzu, und zwar in neuer Abart, einen weiteren Fall einfacher päpstlicher Ernennung. Was ändert es daran, daß auf Grund dieses Verfahrens Klerus und Laienschaft von Lyon, deren Absichten ursprünglich in ganz anderer, wenn auch unter einander abweichender Richtung sich bewegt hatten, schließlich doch die Formalität einer Wahl des Hugo vollzogen?*)

Vermuthlich im Laufe des Jahres 1082 sind zwei Schreiben ergangen, welche zu den bereits behandelten hinzu uns noch zur Betrachtung auffordern. Das eine von ihnen, an Roger, den Grafen von Sicilien und Calabrien, gerichtet,**) meldet diesem, daß der Papst die erbetene Consecration des erwählten Bischofs von Melito in Sicilien, als welche angeblich dem Bischof von Reggio zustehe, vorläufig verweigern müsse, und erst nach erfolgtem Schiedsspruch einer von ihm bezeichneten Specialcommission über die Wahrheit jener Angabe denselben entweder nach Reggio verweisen oder selbst weihen werde. Es ist in der That leicht, in reinen Formfragen, wenn von der andern Seite sonst irgendwie Werth darauf gelegt werden

*) Hugo Flav. M. G. SS. VIII, p. 460.
**) reg. VIII, 47.

könnte, gewissenhaft zu sein. Und hier liegt eine solche vor, während die Sache sich vollständig gleich bleibt: der Erwählte war dem Papst, wie dies das übrige Verfahren des Letzteren unzweifelhaft darlegt, genehm. Weit wichtiger ist die hinzugefügte Bemerkung: er, der Papst, wolle zwar aus Rücksicht gegen den Grafen den erwählten Bischof von Traina (ebenfalls in Sicilien) weihen, obgleich derselbe ohne Mitwirkung des apostolischen Legaten und seine eigne Zustimmung erhoben worden sei; doch dürfe dieses Letztere in Zukunft nicht wieder vorkommen. Derselbe Anspruch also, welcher wenigstens der Möglichkeit der Anwendung nach bereits von der Synode d. J. 1080 festgestellt worden war, wird hier, wie vor Kurzem in Spanien,*) als ein allgemeiner, für jeden einzelnen Fall verpflichtender aufgeworfen. Aus dem zweiten Schreiben**) ersehen wir nur, daß Gregor über Wahl und Person des erwählten Bischofs von Corsica, der um Ertheilung der Weihe in Rom nachgesucht hatte, von seinem Legaten, dem Kardinal Hermann, Bericht verlangt. Der Letztere hatte demnach augenscheinlich die Wahl geleitet; und es ist mehr als einmal hervorgehoben worden, von welcher Beschaffenheit und von welchem Einfluß auf das Ergebniß die Theilnahme einer derartigen Persönlichkeit an einem solchen Vorgange allein sein konnte. Auch dieses Verfahren aber bekundet, in seiner Analogie zu dem allgemeineren vorher genannten und zu früheren Fällen ähnlicher Art, um den mildesten Ausdruck zu gebrauchen, das Vorherrschen einer Tendenz zur vorwiegenden Uebertragung jeder höhern Weihe auf den Papst und zur Bestimmung jeder Wahl durch ihn oder seine Bevollmächtigten; es bestätigt, gleich anderen,

---

*) S. oben S. 221.
**) reg. VIII, 50.

von Neuem, daß es nicht zu viel gesagt war, wenn wir die im Wortlaut des Wahlgesetzes vom Jahre 1080 enthaltene Wahrung des Rechts der Metropoliten als eine illusorische bezeichnen zu müssen glaubten.

Hiermit ist, so weit wir blicken können, das Material für die uns zur Behandlung vorliegende Frage erschöpft. Keine weiteren Zeugnisse der Thätigkeit Gregors in dieser Richtung sind uns aus den letzten Kampfesjahren erhalten; und nur wie zum Abschluß spricht sich — sei es, zu welchem Zwecke auch es wolle*) — aus der letzten Zeit seines Wirkens noch einmal das volle Bewußtsein der entscheidenden Stellung aus, welche die Frage über die Besetzung der Kirchenämter zu seinem ganzen Leben und Streben für die von ihm erfaßte, kraft göttlicher Mission, wie er behauptete, zur Herstellung auf Erden ihm vorgezeichnete Freiheit der Kirche einnahm.**)

---

*) Sehr richtig scheint mir in dieser Beziehung Floto, a. a. O. Bd. 2. S. 286, zu urtheilen, dessen Ansicht mit ihren Consequenzen durch das im Laufe unsrer Untersuchung Beigebrachte nur bestätigt werden dürfte.

**) ep. coll. 46, in dem Erlasse an alle Getreuen in Christo, welcher von der Synode zu Salerno aus erging. Vgl. reg. VI, 5b (p. 333, in dem Investiturkanon, wenn auch hier mit speciellem Bezug auf die Investitur); ep. coll. 27: vos tamen ipsi nostis, quod in constituendis episcopis neglecta sanctorum patrum instituta hunc, qui modo funditur, sanguinem genuerunt et adhuc, nisi provideantur, peiores prioribus errores fovendo parturiunt.

Schluß.

Ueberblicken wir nun das Ganze dessen, was sich uns bisher ergeben, so sehen wir, wie zunächst im Allgemeinen eine durchgreifende Bewegung gegen die bestehenden Verhältnisse sammt dem durch sie bedingten Zustande der Abhängigkeit der Kirche von staatlichen Einflüssen sich geltend macht, welche sich im Wesentlichen auf eine Loslösung beider Factoren von einander und die Beschränkung eines jeden von beiden auf den ihm traditionell zugewiesenen Kreis richtet; wie dieselbe im Besondern in Bezug auf die uns vorliegende Frage, gegenüber dem bestimmenden Einfluß der Staatsgewalt auf die Besetzung geistlicher Würden durch Ausübung des Investiturrechts, die kanonische Wahl im eigentlichen Sinne zur Geltung zu bringen strebt; — wir sehen, wie auf ihren Schultern Gregor mit seinen Bestrebungen sich erhebt, der in richtiger Erkenntniß der Unmöglichkeit jener Veränderung, wenn nicht zugleich das Wesen der Kirche in seiner ganzen bisherigen Entwicklung vernichtet werden soll, eine totale Umgestaltung der Verhältnisse, da denn einmal eine solche als nothwendig sich erweist, in Absicht nimmt, nach Maßgabe des auf dem einzig richtigen Gegensatz begründeten Planes, daß die Kirche, um den zugleich kürzesten und bezeichnendsten Ausdruck zu gebrauchen, fernerhin domina, non ancilla sein solle; — wir sahen aber auch, wie der Begriff der Kirche bereits seit langer Zeit im vollen Zuge nach einer Identität mit demjenigen des römischen Papstthums hin begriffen war und von Gregor durchaus in diesem Sinne gefaßt wurde. „Gott selbst — dies ist die Grundlage seiner Anschauung, wie sie in den gewohnten kirchlichen Formen ihren Ausdruck findet — hat unmittelbar die römische Kirche gestiftet durch den Apostelfürsten Petrus, welchem Christus vor seinen übrigen Jüngern alle Gewalt über die Seelen verlieh. Sie allein kann daher, mit den göttlichen Eigenschaften der Heiligkeit und Untrüglichkeit für immer ausgerüstet, Anspruch auf den Namen einer allgemeinen Kirche machen, sie allein muß als Urquell jeder andern geistlichen Gewalt betrachtet werden, die nur ein Ausfluß der ihrigen, daher ihr in jeder Beziehung Gehorsam und Rechenschaft schuldig ist; sie allein darf Maßregeln von allgemeiner Gültigkeit gegenüber jedweder Einzelbefugniß anordnen und vollziehen. Sie übt diese ihre Befugniß, kraft welcher sie mit der christlichen Kirche auf Erden überhaupt identisch ist, durch ihr rechtmäßiges Oberhaupt, den Papst, der, als der unmittelbare und volle Erbe Petri, in derselben Stellung zu ihr sich befindet, wie dieser, wie weiterhin der Urgrund und Ursitz jener Gewalt, Gott. Indem der Papst in seiner Person die Gottheit auf der einen Seite, auf der andern die Gesammtheit der Kirche in allen ihren Beziehungen darstellt, ist es für ihn selbst ebensowohl die schwerste Sünde, sich der ihm auferlegten Mission der Durchführung des Reiches Gottes auf Erden zu entziehen, als es für Andere dem Götzendienst gleichkommt, der letzteren, so wie sie durch des Papstes Wort angeordnet wird, Hindernisse in den Weg zu legen. Wenn nun zwar die Gewalt der Kirche ihrer Natur nach eine rein geistige, wenn aber ferner die Materie sammt Allem, was aus ihr entspringt, nach

Gottes Anordnung dem Geiste in jeder Hinsicht unterworfen ist, so folgt, daß alle weltlichen Verhältnisse und Gewalten nicht bloß jeder Einwirkung auf Geistliches als eines frevelhaften Uebergriffs sich zu enthalten haben, sondern vielmehr dem Geiste, d. i. der Kirche, d. i. dem Papste, in allen ihren Beziehungen unterworfen sind. Es giebt auf Erden keinen Höhern als ihn, er ist der absolute Beherrscher der gesammten Geister- und Körperwelt."

Dies ist in seinen allgemeinsten Grundzügen der Plan Gregors, wie er sich aus den eigenen Aeußerungen desselben aller Orten ergibt,*) und wie wir ihn als feststehende Grund-

*) Zeuge und Beleg dafür ist das ganze Registrum von Anfang bis zu Ende; am zusammenhängendsten und weitesten entwickelt, wenn auch mit Ueberspringung mancher Mittelglieder, sind jene Ansichten bekanntlich besonders in dem oft genannten dictatus papae (reg. II. 55a). Bemerkenswerth daran ist für uns noch besonders die verhältnißmäßig bedeutende Zahl von Sätzen, welche sich mit den Bisthümern beschäftigt. Ueber Zeit und Zweck der Abfassung scheint mir die von Giesebrecht, G. d. d K. Bd. III, S. 261. ausgesprochene Ansicht überhaupt abschließend zu sein, und es ist kein Grund vorhanden, von ihr zu Gunsten einer neuerdings aufgestellten Vermuthung desselben in Betreff der Abfassungszeit (Ges. d. röm Kirche 2c. S. 149) abzuweichen. Im Uebrigen dürfte der Werth des dictatus bei Weitem nicht so pathetisch hervorzuheben sein, als dies gewöhnlich geschah; er ist nicht größer und nicht geringer, als derjenige jedes von Gregor ausgefertigten Schriftstücks mit nur irgendwie allgemeineren Beziehungen. — Einzelne Anführungen — die d. V. ja im vollen Maße zu Gebote stehen — sind unterlassen worden, weil sie eben wirklich überflüssig sind, zumal da das einzige Interesse, welches ein gewisser Theil derselben hätte haben können: bestimmte Vorkommnisse in ihrem Gebrauch oder Fortgang nach statistischen Gesichtspunkten zu verfolgen, sich entgegen den anfänglichen Erwartungen d. V. zur Zeit als illusorisch erwies. Nicht als ob die Thorheit hätte begangen werden sollen, Geistesproducte nach Zahlen zu berechnen: — aber es gibt doch gewisse Seiten im Denken und Ausdruck, die einer solchen Betrachtung in gewisser Hinsicht wohl unterworfen werden können; und besonders aus den letzteren läßt sich oft genug auf bestimmte, an sich fast unwillkürliche Vorgänge im Geiste schließen, d. h. eine ausgesprochene, unter allen Verhältnissen feststehende Richtung des letzteren auch von außen her untrüglich constatiren. Es ergab sich

lage seiner Thätigkeit annehmen müssen, ohne Einzelheiten weiter zu berücksichtigen, die nach der Verschiedenheit des Ausdrucks, welchen sie je nach den mitwirkenden Umständen im besondern Falle finden, und eben weil auf Grund dieser ihrer Natur oft die durchgreifende, erst nach specieller kritischer Untersuchung in ihren Ergebnissen überwältigende Analogie fehlt, zu Controversen Anlaß geben können, — Controversen, wie sie für einen wichtigen Punkt erst die gegenwärtige Untersuchung zu einem relativen Abschluß bringen möchte. Auch auf die Frage, ob das bezeichnete Ideal Gregors in seinen letzten Zielen ein moralisch gutes war, ob die Thätigkeit des Papstes nach bestem Glauben eine wirkliche Besserung bezweckte oder nicht, ist in gleicher Weise und aus gleichen Gründen die Antwort uns versagt; auch die letztere kann erst durch dieselbe Art der Untersuchung festgestellt werden. So viel wird dagegen festzuhalten sein, daß einerseits, wie man in unlösbare Widersprüche geräth, wenn man vom rein religiösen Standpunkte aus die Würdigung versucht, so gerade unsere Zeit mit ihren politischen Gesichtspunkten und ihren überall angelegten politischen Maßstäben zu einem wirklichen Verständniß der Handlungsweise des Mannes in hervorragender Weise geeignet sein dürfte; daß

---

jedoch, wie gesagt — vielleicht freilich auch nur, weil eine falsche Methode angewendet wurde — im Wesentlichen Nichts, als etwa z. B., daß die Identificirung des eignen Urtheils mit demjenigen des h. Geistes erst etwa von der Mitte des Registrum an sich bemerklich macht — (vorher hatte freilich auch das große iudicium, um welches sich Alles dreht, noch nicht stattgefunden) —, ebenso die Berufung auf die Person und Autorität der Maria, ebenso, obschon in weniger hervorstechender Weise, die Identificirung mit Petrus oder mit Gott durch immo, wie z. B. nostrum, immo Dei verbum und Aehnliches, die unbedingt den höchsten und stolzesten Grad dieses Verfahrens bezeichnet. Vielleicht läßt sich in dieser Richtung noch mehr gewinnen, und jeder Fingerzeig wird mit Dank aufgenommen werden.

andrerseits in Betreff der Denkmethode desselben an sich allerdings kein Zweifel aufkommen kann. Staunend müssen wir die Klarheit und Folgerichtigkeit anerkennen, mit welcher der angedeutete Plan von dem einmal eingenommenen Standpunkte aus aufgebaut ist; und wie wir denselben für nichts Anderes, als für das Ergebniß einer längern Entwicklung und des inneren Ringens eines kühnen und scharfen Geistes, der vor keiner Consequenz zurückscheute, halten können, so müssen wir zugleich, ohne Rücksicht auf seinen Inhalt, gestehen, daß, sowie einmal die Grundlage gewonnen war, alle andern wesentlichen Bestandtheile des Planes sich sofort ergeben mußten. Daß das Erstere der Fall war, mindestens seitdem Gregor begann, von hervorragender Stelle aus in selbstthätiger Weise an den Ereignissen sich zu betheiligen, das beweist seine ganze Thätigkeit von Anfang an, davon zeugt jedes seiner Worte, jede seiner Handlungen aus der Folgezeit. Fest und abgerundet, wie aus einem Gusse, stehen sie da, nach diesem einen Maßstab wollen und müssen sie bemessen werden;*) und auch

---

*) Dies wesentlich im Hinblick auf Meinungen, wie sie uns wohl zuweilen aufstoßen: es sei verkehrt, entsprungen aus falscher Sucht zu schematisiren, wohl gar aus dem eitlen Bestreben, sich einer angeblich großen Auffassung fähig zu zeigen, wenn man Gregor in jener Weise betrachte, ihm jede Entwicklung abschneide. Das Letztere soll keineswegs geschehen, aber mehr können wir auch nicht zugestehen, als wir zugestanden haben; und will man gegen die Fassung der Pläne durch Gregor wenigstens während seines Pontifikats, worauf es hier allein ankommt, einen rein äußerlichen, aber darum nicht minder schlagenden Grund haben, so betrachte man nur sein Alter zur Zeit seiner Gelangung auf den päpstlichen Stuhl. In einem solchen ist die Bildung von Ueberzeugungen längst abgeschlossen, zumal in Zeiten des Kampfs, wo sie ohnehin schon viel früher und energischer von Statten geht. Das eben war ja bei allen sonstigen Mängeln das Hauptverdienst J. Voigts, was sein Buch geeignet machte, eine neue Epoche zu begründen, daß er in Gregor zuerst die Einheit entdeckte und durchführte; und diese Anschauung hat denn auch seit-

in Bezug auf unsere Specialfrage hatten wir Gelegenheit, sein Auftreten weit über seinen Pontifikat zurück zu verfolgen und als ein solches zu erkennen, welches, von gleichen Principien getragen, in derselben Richtung constant sich bewegt. Wie aber allerdings jede grundsätzliche Entscheidung innerhalb der gegebenen Thatsachen in verschiedener Weise ihren Ausdruck finden kann, wie bei aller Festhaltung des Princips die Verschiedenheit der praktischen Maßnahme für den einzelnen Fall und seine Modalitäten stets offen gelassen ist, wie endlich Maßregeln von durchgreifend umgestaltender Art gegenüber der gewaltigen Widerstandskraft und dem Beharrungsvermögen des Bestehenden nur unter Concessionen an das Letztere in die Wirklichkeit eingeführt und erst nach längerer Entwicklung unter allmäliger Vernichtung der Hindernisse durchgeführt werden können, so ist dies auch für diesen Kreis der Fall gewesen, von Gregor erkannt*) und befolgt worden. Die Aufgabe einer Geschichte desselben wird im Wesentlichen nur darin bestehen, jene Grundsätze zu constatiren und dann darzulegen, wie er, „in dem Maße, als die Umstände es nöthig machten oder erlaubten, die spitzen Kanten herauskehrte.“**)

---

dem allgemein den verdienten Platz behauptet. Als bestes und nächstliegendes Mittel, um sie in wahrhaft überwältigender Weise vor Augen zu sehen, bietet sich für Jeden die Lectüre des Registrum. In dieser Hinsicht sind denn auch Schriften über Gregor, selbst wenn sie im Ganzen nur auf fleißiger Benutzung des Registrum beruhen, immer von einem, ihnen eigenthümlichen Werthe, wie z. B. die von de Vidaillan (die beste unter den französischen Darstellungen, die Giesebrecht, G. d. d. K. III, S. 1045. meiner Ansicht nach viel zu hart beurtheilt), von Söltl u. A. Schon Bernold, M. G. SS. V, p. 444, drückt diesen Gedanken in einer seinem Standpunkt entsprechenden Form ganz richtig aus.

*) reg. II, 43: quia nemo repente fit summus et alta aedificia paulatim aedificantur.

**) Ein sehr bezeichnender Ausdruck Gfrörers, Greg. VII. u. s. Zeitalter, Bd. II, S. 431, dessen Anschauung, wie sie sich in dem bezeichneten

Wenn das Vorhandensein der oben in ihren Grundzügen ausgeführten Anschauung bei Gregor feststeht, so folgt a priori, daß wir auch in Betreff der Besetzung der geistlichen Würden das Ziel seiner Bestrebungen in derselben Richtung zu suchen haben werden, um so mehr, als selbst nach Wegräumung der durch den Einfluß der weltlichen Gewalt in den Weg gelegten Hindernisse die dann sich zunächst ergebende Art der Besetzung sammt den anderswie begründeten Einwirkungen des Papstes auf sie jener Anschauung noch keineswegs gemäß war; es folgt, daß Gregor für unsere Frage in gleichmäßiger Uebergehung der fehlerhaften früheren conträren Gegensätze den contradictorischen im Sinne seines Planes ziehen, d. h. jeden andern bestimmenden Einfluß, außer demjenigen des Papstes allein, negiren mußte.

Ist nun ein derartiges Beweisverfahren für sich allein im Bereiche geschichtlicher Thatsachen zur Feststellung der Wahrheit keineswegs hinreichend, sondern kann die letztere vielmehr erst durch den mit jenem übereinstimmenden Beweis a posteriori — aber dann auch mit um so größerer Evidenz — gewonnen werden: so wird es sich jetzt darum handeln, das Ergebniß der Prämissen, welche in dem von uns zusammengestellten und, wie wir glauben, seinem Wesen nach hinreichend beleuchteten Material enthalten sind, zu ermitteln. Und für diesen Zweck dürfte es allerdings angezeigt erscheinen, nochmals ausdrücklich auf alle die im Einzelnen von uns gemachten Beobachtungen zu verweisen. Nichts Anderes dürfen wir voraussetzen, als daß sie in ihrer Gesammtheit mindestens nach den Hauptmomenten in der Erinnerung zurückgeblieben sind.

Abschnitte darlegt, überhaupt sehr beachtenswerth erscheint, obgleich gegen Vieles begründeter Widerspruch sich erheben läßt.

gebung bei einem entsprechenden Fortgang der Dinge von der noch äußerlich bedingten zur unbedingten Feststellung eines solchen gelangt sein würde.

Wir hatten festzustellen, daß Gregors Bestrebungen in der genannten Richtung allerdings zunächst die höheren Würden innerhalb der Weltgeistlichkeit, Erzbisthümer und Bisthümer, betrafen und müssen gestehen, daß dies vorerst ebenso durch die Verhältnisse geboten erscheinen mochte, als es bereits eine hinreichende Gewähr für die Ordnung aller kirchlichen Verhältnisse und für die Verwendung aller einzelnen Persönlichkeiten im alleinigen Sinne des Papstes an die Hand gab. Indeß konnte dies an sich weder den absolutistisch-centralistischen Tendenzen des Papstthums genügen, noch lag überhaupt eine derartige Beschränkung des Bereichs der unmittelbaren Wirksamkeit für die oberste Gewalt im Begriff der Hierarchie; und in der That mußten wir sehen, daß wenigstens von den negativen Bestimmungen gegen den herkömmlichen Einfluß der weltlichen Gewalt bereits alle geistlichen Würden ohne Ausnahme umfaßt wurden. Wenn es sich nun ergab, daß alle derartigen, die bestehenden Verhältnisse fundamental umgestaltenden Maßregeln erst nach mehrmaligem Hervortreten in einer nach Maßgabe der jeweiligen widerstrebenden Elemente temperirten Form zu ihrem allseitigen, endgültigen Abschluß gelangten, so wird auch für diesen Fall anzunehmen sein, daß bei einem weitern entsprechenden Fortgang der Dinge die nach den wirklich eingetretenen Umständen offen gebliebene Frage in gleicher Weise zu einem angemessenen Austrag gelangt sein würde. Die kirchenrechtliche Begründung konnte dann erhebliche Schwierigkeiten nicht verursachen und würde gefunden worden sein, so sehr auch vor der Hand der Papst in richtiger Würdigung der Verschiedenheit der Eindrücke auf die Gemüther, so wie sie waren, nicht sowohl durch Aufstellung von Grundsätzen, als durch Schaffung von Thatsachen zu wirken unternahm. Eine Reihe der wichtigsten Rechte, namentlich in Betreff der höhern Geistlichkeit, stand dem römischen Stuhl bereits allein zu, eine Reihe von andern übte er in fortwährender Concurrenz mit denjenigen der zuständigen Obern aus und durfte auf Grund seiner allgemein anerkannten Stellung innerhalb der Christenheit in beliebiger Ausdehnung davon Gebrauch machen. Wenn die zuletzt erlassene Bestimmung die unmittelbare Besetzung der höhern Aemter nur noch kraft des Devolutionsrechts in Anspruch nahm und allerdings factisch auf jeden einzelnen Fall anwendbar war, so bestand daneben bereits die vom Papstthum allüberall vertretene Anschauung, daß jede geistliche Gewalt nur ein Ausfluß der seinigen sei,*) und daß kraft seiner Stellung die Ordination der Kirchen ihm als Pflicht zustehe.**) Anknüpfungspunkte gab es in hinreichender Menge, um auch in dieser Beziehung von dem Gebiet der Negation auf dasjenige des Positiven überzugehen, und bei der Dehnbarkeit aller Begriffe — wie überhaupt eines jeden, der noch innerhalb der Entwicklung steht, — bei der Stellung der Gegner zu dem Begriff des Papstthums selbst, sowie der letztere im Laufe der Zeit sich gebildet, konnte nirgends ein Widerspruch erhoben werden, dem nicht auf die leichteste Weise zu begegnen gewesen wäre.

Ist damit die Frage nach der einen Seite hin ausreichend präcisirt, soweit es sich nämlich um den maßgebenden Einfluß auf die Besetzung der geistlichen Würden an sich handelte, und wird ihre Lösung von Gregor in der Weise versucht, daß nicht

---

*) reg. II, 55a. vgl. oben S. 66 f.

**) reg. V, 19: Officii nostri cura exigit, ut ecclesiis pastoribus viduatis sollicite subvenire properemus. vgl. I, 69.

in reiner Negation des herkömmlichen Verfahrens jedweder äußere Einfluß über den Kreis der kanonisch berechtigten Wähler hinaus geläugnet, sondern der Schwerpunkt einfach von der lehnsherrlichen Gewalt auf die päpstliche übertragen wird, so kann im Anschluß daran die ohnehin nicht schwer zu beantwortende Frage über die Stellung des kirchlichen Besitzes innerhalb der neuen Organisation weitere Schwierigkeiten nicht verursachen. Von Anfang an sahen wir die Bestrebungen zur Herstellung eines kanonischen Wahlverfahrens, mag nun ein jeder unter den einzelnen Factoren mit diesem Ausdruck bezeichnen, was er auch wolle, in engster Verbindung mit solchen in Betreff der Kirchengüter. Würde und Besitz gehören unzertrennlich zusammen;*) wer das Eine von Beiden beansprucht oder erlangt, beansprucht oder erlangt zugleich das Andere. Nun ist jede Befassung von Laien mit kirchlichen Dingen durch die Natur der letzteren absolut ausgeschlossen. Sie findet ihren Ausdruck, soweit es sich um die Besetzung kirchlicher Würden handelt, in der Belehnung mit dem Kirchengut: und diese wird von Gregor in jeder Form unmöglich gemacht. Seine Verordnungen lassen selbst in ihrer anfänglichen, der Gewalt der entgegenstehenden Verhältnisse am meisten angemessenen Form höchstens eine zeitweilige Suspension des Strafmaßes für die Ueberschreitung von der einen Seite, aber nirgends eine Vermittelung in Bezug auf die Sache selbst zu. Nur auf Formalien konnte sich eine solche beziehen, wenn zeitweilig auf gegebene Umstände verschiedener Art hin ein derartiges Angebot von päpstlicher Seite erging. Wir sahen das Bestreben Gregors,

---

*) Für Gregor bezeichnend reg. I, 7. II, 49, um aus leicht erklärlichen Gründen besonders auf den Anfang seiner Laufbahn Rücksicht zu nehmen.

alles Kirchengut von den Schranken des Lehnswesens nach unten hin, insofern das Letztere in den Vergabungen an geistliche Vasallen durch die kirchlichen Würdenträger seine Alles überwuchtende und bis in die kleinsten Verhältnisse eingreifende Gewalt geltend machte, zu befreien, und müssen uns gestehen, daß nicht um geringfügiger Ziele willen, nicht als Selbstzweck eine derartige Maßregel in Angriff genommen werden konnte. Sie hat während seines Pontifikats bereits einen definitiven Abschluß gefunden in einer Weise, die jede derartige Verwendung entweder einfach unmöglich machte oder wenigstens in sehr vielen Fällen bereits die Verfügung über den Besitz der Kirchen in die Hand des Papstes legte, in allen im Anschluß an die betreffende Bestimmung ihn dahin legen konnte bei dem offenkundigen Bestreben, die Befugniß zur Ertheilung der Weihe für jedweden Kleriker in ausgiebigster Weise zu benutzen. Zugleich aber sehen wir, daß nirgends ein principielles Auftreten des Papstes gegen das Lehnswesen sich bemerklich macht, daß vielmehr derselbe ebenso sehr nur geneigt sein konnte, vom Standpunkte dieser Institution aus, welche die gesammten Verhältnisse beherrschte, Alles zu betrachten und zu operiren, als dieselbe mit der gegebenen Organisation seines speciellen Machtbereichs vollständig übereinstimmte, und daß er eine totale Umgestaltung des vorhandenen Staatensystems eben auf Grund jener auf das Bestimmteste ins Auge faßte.

Mit dem Aufhören der Belehnung durch weltliche Gewalten hörte jede lehnsmäßige Verbindlichkeit gegen die Letztern auf. Wer sollte auch z. B. jenen den an erster Stelle hervorzuhebenden Kriegsdienst leisten, wenn den Kirchendienern die vertretenden Vasallen fehlten, ihnen selbst aber dies verboten war? Ist die Sache aber an sich noch nicht klar, so wird sie es durch die Weise, in welcher der Papst über kirchliche Güter verfügte.

Er vergibt sie, nicht nur da, wo er Ansprüche auf die gewöhnliche Landeshoheit erhob,*) sondern an Orten, wo ihm nach dem bestehenden Staatsrecht nicht die geringste Befugniß zustand; er vergibt sie zugleich mit der Würde und überträgt auf sich die Verpflichtungen, welche sonst dem weltlichen Lehnsherrn zu leisten waren. Er läßt, wo anderweite Verhältnisse es möglich machten, in seine eigne Gewalt alle Kirchen mit ihrem Besitz stellen.

Die Erlangung des Besitzes der Kirche war an die Ueberreichung von Ring und Stab geknüpft, und allein diejenige Art der letzteren wurde von kirchlicher Seite als die gültige betrachtet, die bei Empfang der Weihe stattfand. Die Erfüllung der Pflichten, welche der Besitz erforderte, mußte überall nur gegen denjenigen geboten erscheinen, der die Weihe ertheilte; und längst wurde diese im Namen des Papstes empfangen. Der Eid der Treue und des Gehorsams wurde bei derselben Jenem geleistet; er bedingte bereits einen Conflict mit dem Lehnseid, der noch anderweit abzulegen war. Wie wäre es nun, wenn man nach Abschaffung des letzteren jenen andern Eid in einen solchen der lehenmäßigen Treue gegen den Papst verwandelte? Wer Ansprüche auf weltliche Hoheit erhebt, wie Gregor,**) dem muß ein solcher Uebergang der leichteste sein; und wirklich ist er ge-

---

*) reg. II, 46.

**) Allgemein: reg. VII, 14a: quia, si potestis in coelo ligare et solvere, potestis in terra imperia regna principatus ducatus marchias comitatus et omnium hominum possessiones pro meritis tollere unicuique et concedere (ein Anspruch, den man nicht erhebt, ohne ihn im Ernste durchführen zu wollen); I, 63. VII, 6. vgl. I. 10; — speciell: reg. I, 7. IV. 28. vgl. I, 6. II, 50; — II, 13. 63. 70; — II, 74; — V, 4. VI, 12; mit weniger scharf hervortretenden Bezügen I, 29. II, 7. VIII, 20. 23; dazu alle die Lehnseide, die wir ausführlicher betrachteten.

macht worden. Und wenn die Würde selbst schon von vornherein vom Papst vergeben wird, wie Jener erstrebt, so kann dagegen noch viel weniger ein Zweifel aufkommen.

Ein constantes Streben nach diesem Ziele ist es, welches bei aller Zurückhaltung Gregors Worte, welches mit schlagender Evidenz seine Handlungen in unserer Frage belegen. Nicht wird es paralysirt durch das ihm parallel gehende andere nach Herstellung eines dem Papstthum untergeordneten Systems von weltlichen Lehnsstaaten, so sehr ja auch nach Erreichung des einen oder des andern im einzelnen Falle die Milderung sich statthaft erweisen kann, ohne daß der Freiheit der Kirche zu nahe getreten würde. In strenger Gliederung nach den herkömmlichen Gesichtspunkten geordnet, sollen zwei große Reiche auf Erden entstehen, allüberall beherrscht, allüberall geleitet von der Fürsorge des einheitlichen und mit göttlicher Machtvollkommenheit ausgerüsteten Hauptes. Das Ziel, welches Gregor ins Auge faßte, ist nie erreicht worden. Die Kirche hat mit dem allgemeinen Gang der Dinge sich weiter entwickelt, und Vieles hat sie erreicht, was Jener im Einzelnen erstrebte, Vieles verloren, ohne doch je die Grundidee, auf der sie in der einmal gefundenen Organisation beruht, und die hoch über den Geschicken des Einzelnen steht, der sie jeweilig in die Hand nimmt, aufzugeben. Es ist nicht unsere Aufgabe, den Gang der Dinge auch nur in seinen allgemeinsten Umrissen weiter zu verfolgen oder zu würdigen. Welcher aber, so darf man fragen, war der Werth der Bestrebungen Gregors VII. zur Herstellung einer „schriftgemäßen kanonischen Wahl“ der geistlichen Würdenträger, und sollen wir es beklagen, daß er sein Ziel nicht erreicht?

Die Antwort überlassen wir dem Urtheil unparteiischer Richter und die Benutzung des Gefundenen in Verbindung mit den zu hoffenden Ergebnissen ähnlicher Untersuchungen zur Würdigung der Gesammtbestrebungen Gregors VII. der Hand des Meisters, der einst sein Bild in neuer Form uns entwerfen soll.